应用型本科高校"十四五"规划经济管理类专业数字化精品教材

编 委 会

顾 问

潘 敏

主任委员

张捍萍

副主任委员

黄其新　王 超　汪朝阳

委 员（以姓氏拼音为序）

何 静　李 燕　刘 勋
肖华东　邹 蔚

THEORIES, METHODS AND CASES OF PUBLIC RELATIONS OF TOURISM ENTERPRISES

旅游企业公共关系理论、方法与案例

主　编 ◎ 周在泉　史常凯
副主编 ◎ 吴卫东

华中科技大学出版社
http://www.hustp.com
中国·武汉

内容提要

本书主要介绍旅游企业公共关系的基本理论、基本方法和礼仪知识。具体而言,本书包括:公共关系与公共关系学;旅游企业公共关系的一般理论(旅游企业公共关系部门与人员、旅游企业内部公共关系、旅游企业外部公共关系);旅游企业公共关系实务(旅游企业的形象塑造与传播、旅游企业公共关系活动的沟通策略和过程管理、旅游企业公共关系危机管理);旅游企业公共关系礼仪(旅游企业公共关系礼仪概述、旅游企业公共关系专题活动及其礼仪、旅游企业涉外公共关系及其礼仪);旅游核心企业(饭店、旅行社、景区)的公共关系及其礼仪。本书融理论与实践于一体,各章附有学习目标、导入案例、拓展案例、思考与练习等模块,以利于学生自学和训练。

本书可作为高等院校旅游专业教材,对于从事旅游经济和旅游管理方面的人士也有重要的参考价值。

图书在版编目(CIP)数据

旅游企业公共关系理论、方法与案例/周在泉,史常凯主编. —武汉:华中科技大学出版社,2022.7
ISBN 978-7-5680-8438-3

Ⅰ.①旅… Ⅱ.①周… ②史… Ⅲ.①旅游企业-公共关系学-教材 Ⅳ.①F590.65

中国版本图书馆 CIP 数据核字(2022)第 120057 号

旅游企业公共关系理论、方法与案例 周在泉 史常凯 主编
Lüyou Qiye Gonggong Guanxi Lilun、Fangfa yu Anli

策划编辑:周晓方 宋 焱
责任编辑:贺翠翠
装帧设计:廖亚萍
责任校对:张汇娟
责任监印:周治超

出版发行:华中科技大学出版社(中国•武汉)　电话:(027)81321913
　　　　　武汉市东湖新技术开发区华工科技园　邮编:430223
录　　排:华中科技大学出版社美编室
印　　刷:武汉市籍缘印刷厂
开　　本:787mm×1092mm 1/16
印　　张:21.5 插页:2
字　　数:510千字
版　　次:2022年7月第1版第1次印刷
定　　价:59.90元

本书若有印装质量问题,请向出版社营销中心调换
全国免费服务热线:400-6679-118 竭诚为您服务
版权所有 侵权必究

总 序

在"ABCDE+2I+5G"(人工智能、区块链、云计算、数据科学、边缘计算+互联网和物联网+5G)等新科技的推动下,企业发展的外部环境日益数字化和智能化,企业数字化转型加速推进,互联网、大数据、人工智能与业务深度融合,商业模式、盈利模式的颠覆式创新不断涌现,企业组织平台化、生态化与网络化,行业将被生态覆盖,产品将被场景取代。面对新科技的迅猛发展和商业环境的巨大变化,江汉大学商学院根据江汉大学建设高水平城市大学的定位,大力推进新商科建设,努力建设符合学校办学宗旨的江汉大学新商科学科、教学、教材、管理、思想政治工作人才培养体系。

教材具有育人功能,在人才培养体系中具有十分重要的地位和作用。教育部《关于加快建设高水平本科教育 全面提高人才培养能力的意见》提出,要充分发挥教材的育人功能,加强教材研究,创新教材呈现方式和话语体系,实现理论体系向教材体系转化、教材体系向教学体系转化、教学体系向学生知识体系和价值体系转化,使教材更加体现科学性、前沿性,进一步增强教材的针对性和时效性。教育部《关于深化本科教育教学改革 全面提高人才培养质量的意见》指出,鼓励支持高水平专家学者编写既符合国家需要又体现个人学术专长的高水平教材。《高等学校课程思政建设指导纲要》指出,高校课程思政要落实到课程目标设计、教学大纲修订、教材编审选用、教案课件编写各方面。《深化新时代教育评价改革总体方案》指出,完善教材质量监控和评价机制,实施教材建设国家奖励制度。

为了深入贯彻习近平总书记关于教育的重要论述,认真落实上述文件精神,也为了推进江汉大学新商科人才培养体系建设,江汉大学商学院与华中科技大学出版社开展战略合作,规划编著应用型本科高校"十四五"规划经济管理类数字化精品系列教材。江汉大学商学院组织骨干教师在进行新商科课程体系和教学内容改革的基础上,结合自己的研究成果,分工编著了本套教材。本套教材涵盖大数据管理与应用、工商管理、物流管理、金融学、国际经济与贸易、会计学和旅游管理7个专业的20门核心课程教材,具体包括《大数据概论》《运营管理》《国家税收》《品牌管理:战略、方法与实务》《现代物流管理》《供应链管理理论与案例》《国际贸易实务》《房地产金融与投资》《保险学基础与应用》《证券投资学精讲》《成本会计学》《管理会计学:理论、实务与案例》《国际财务管理理论与实务》《大数据时代的会计信息化》《管理会计信息化:架构、运维与整合》《旅游市场营销:项目与方法》《旅游学原理、方法与实训》《调酒项目策划与实践》《茶文化与茶艺:方法与操作》《旅游企业公共关系理论、方法与案例》。

  本套教材的编著力求凸显如下特色与创新之处。第一,针对性和时效性。本套教材配有数字化和立体化的题库、课件PPT、知识活页以及课程期末模拟考试卷等教辅资源,力求实现理论体系向教材体系转化、教材体系向教学体系转化、教学体系向学生知识体系和价值体系转化,使教材更加体现科学性、前沿性,进一步增强教材针对性和时效性。第二,应用性和实务性。本套教材在介绍基本理论的同时,配有贴近实际的案例和实务训练,突出应用导向和实务特色。第三,融合思政元素和突出育人功能。本套教材为了推进课程思政建设,力求将课程思政元素融入教学内容,突出教材的育人功能。

  本套教材符合城市大学新商科人才培养体系建设对数字化精品教材的需求,将对江汉大学新商科人才培养体系建设起到推动作用,同时可以满足包括城市大学在内的地方高校在新商科建设中对数字化精品教材的需求。

  本套教材是在江汉大学商学院从事教学的骨干教师团队对教学实践和研究成果进行总结的基础上编著的,体现了新商科人才培养体系建设的需要,反映了学科动态和新技术的影响和应用。在本套教材编著过程中,我们参阅了国内外学者的大量研究成果和实践成果,并尽可能在参考文献和版权声明中列出,在此对研究者和实践者表示衷心感谢。

  编著一套教材是一项艰巨的工作。尽管我们付出了很大的努力,但书中难免存在不当和疏漏之处,欢迎读者批评指正,以便在修订、再版时改正。

丛书编委会
2022年3月2日

前 言

《旅游企业公共关系理论、方法与案例》是一本面向高等院校旅游专业的教科书，也可供其他相关专业教学使用。

公共关系学是当代管理学科领域中最活跃的实践性学科之一，而旅游业是现代产业领域中增长速度最快的行业之一。旅游企业公共关系理论和实践研究需要符合旅游业迅速发展的需要，也要符合旅游教育发展的需要。因此，旅游企业公共关系学几乎是全国所有旅游专业及相近专业都开设的一门重要课程。

本书系统地介绍旅游企业公共关系的基本理论和原理、旅游企业公共关系操作策略和礼仪知识。本书还研究旅游企业如何在复杂的竞争环境中，运用各种传播技术实现与目标公众的信息沟通；研究旅游企业如何建立并维护自身的良好形象；研究旅游企业如何进行危机公关。学习本书能使学生系统地掌握旅游企业公共关系的基本理论和基本知识，培养他们分析问题、解决问题的能力并使他们能够完成最基本的旅游企业公共关系策划。

本书在内容、形式上力求创新。具体表现在如下四个方面。

第一，本书按照五个模块来编写，从理论到实务，从一般旅游企业的公共关系到具体旅游企业（饭店、旅行社、景区）的公共关系，体现层层递进的关系。这五个模块是：公共关系学概述（第一章）；旅游企业公共关系的一般理论（第二章至第四章）；旅游企业公共关系实务（第五章至第八章）；旅游企业公共关系礼仪（第九章至第十一章）；三种旅游核心企业的公共关系及其礼仪（第十二章至第十四章）。

第二，案例是本书一大特色。本书案例分为三个类型：评述式案例、描述式案例、拓展式案例。分别放在每章之前、章节之中和每章之后。这种安排既方便教师教学,也方便学生自学,还有利于一般社会读者阅读理解。

评述式案例作为每章的导入案例,通过一个典型案例引起学生观念上的思考,产生联想。在本书中主要用于引入新课,起到启下的作用。

描述式案例以同步案例的形式穿插在课文中,起到理解所讲授的理论知识或运用理论知识启迪思维的作用,也可活跃课堂气氛,激发学生的求知欲。

拓展式案例放在每章后,内容和形式都不拘一格,培养学生自主探究学习的能力。

第三,除文字案例外,每章还附有一到两个视频案例。视频的播放时间一般几十秒到数分钟,不会占用大量的教学时间。这些视频案例都是作者在十几年教学实践中所收集、积累而来,案例既典型又真实,以二维码资源的形式提供。

第四,本书从公共关系的角度引入了礼仪的介绍,涉及旅游企业专题活动中的礼仪以及不同旅游企业(饭店、旅行社、景区)的礼仪。这一点是作者在国内同类教材中尚未见到的。

本书主编周在泉、史常凯,副主编吴卫东。编写具体分工为:第一章至第八章由周在泉编写;第九章、第十章由吴卫东编写;第十一章至第十四章由史常凯编写。全书由周在泉统稿。

本书是作者多年来从事教学和科研实践积累的产物。同时,本书借鉴了国内外学者的研究成果,除在书中注明出处的部分以外,还在书后附有参考书目,谨在此向各位学者表示诚挚的谢意!不排除有遗漏之处,在此表示歉意和感谢!本书还得到了江汉大学"城市圈经济与产业集成管理"学科群经费资助,在此表示感谢!当然,书中难免存在不当和疏漏之处,欢迎读者批评指正,以便在修订、再版时更正。

周在泉 史常凯

2021 年 12 月

目 录

第一章　公共关系与公共关系学 …………………………………………… 1
　第一节　公共关系的基本含义　2
　第二节　公共关系的构成要素　13
　第三节　公共关系学的产生与发展　17
　第四节　公共关系学在中国的发展　24

第二章　旅游企业公共关系部门与人员 …………………………………… 33
　第一节　一般公共关系组织机构　34
　第二节　旅游企业公共关系部门　46
　第三节　旅游企业公共关系人员　52

第三章　旅游企业内部公共关系 …………………………………………… 61
　第一节　旅游企业内部公共关系概述　62
　第二节　旅游企业内部公共关系的公关方法　69
　第三节　针对非正式组织的公关策略与方法　75

第四章　旅游企业外部公共关系 …………………………………………… 79
　第一节　旅游企业外部环境与外部公众　80
　第二节　针对顾客公众的公关策略与方法　86
　第三节　针对媒体公众的公关策略与方法　93
　第四节　针对政府和社区公众的公关策略与方法　101

第五章　旅游企业的形象塑造与传播 ……………………………………… 110
　第一节　塑造良好的组织形象　111
　第二节　旅游企业 CIS 导入与组织形象塑造　116
　第三节　旅游企业的组织形象传播体系　120
　第四节　旅游企业的组织形象传播策略　131

第六章　旅游企业公共关系活动的沟通策略 ……………………………… 139
　第一节　旅游企业公关活动中的口头语言沟通　140
　第二节　旅游企业公关活动中的文稿撰写艺术　148

第三节　旅游企业公关活动中的实像传播　157

第四节　广告传播在旅游企业公关活动中的应用　159

第七章　旅游企业公共关系活动的过程管理　164

第一节　旅游企业公共关系调研工作　165

第二节　旅游企业公共关系计划的制订工作　175

第三节　旅游企业公共关系计划的实施工作　182

第四节　旅游企业公共关系活动的总结评估工作　187

第八章　旅游企业公共关系危机管理　192

第一节　公共关系危机概述　193

第二节　旅游企业公关危机发生前的管理　202

第三节　旅游企业公关危机来临时的管理　205

第四节　旅游企业公关危机后的管理　211

第九章　旅游企业公共关系礼仪概述　216

第一节　公共关系礼仪概述　217

第二节　国内日常交往礼仪　220

第三节　旅游企业公关礼仪综述　230

第十章　旅游企业公共关系专题活动及其礼仪　234

第一节　旅游企业公共关系专题活动概述　235

第二节　新闻发布会及其相关礼仪　238

第三节　展览会及其相关礼仪　243

第四节　社会赞助及其相关礼仪　251

第五节　组织会议及其相关礼仪　257

第十一章　旅游企业涉外公共关系及其礼仪　262

第一节　旅游企业涉外公共关系概述　263

第二节　旅游企业涉外公关的程序与类型　267

第三节　旅游企业涉外公关礼仪实务　271

第十二章　饭店公共关系及其礼仪　278

第一节　饭店公共关系概述　279

第二节　饭店内部公共关系　284

第三节　饭店外部公共关系　286
　　第四节　饭店的基本公关礼仪　291

第十三章　旅行社公共关系及其礼仪　294
　　第一节　旅行社公共关系概述　295
　　第二节　旅行社公共关系协调　299
　　第三节　旅行社基本公关礼仪　304

第十四章　景区公共关系及其礼仪　309
　　第一节　景区公共关系概述　310
　　第二节　景区公共关系的协调　313
　　第三节　景区 CIS 导入与形象塑造　320
　　第四节　景区的基本公关礼仪　325

参考文献　331

第一章 公共关系与公共关系学

◇ **学习目标**

知识目标：
了解现代公共关系的萌芽与产生过程；理解常见公共关系误区；掌握公共关系与公共关系学的含义。

能力目标：
能够结合现实分析常见的公共关系误区。

情感目标：
领会学习公共关系学对现代企业经营管理的意义。

◇ **学习重难点**

公共关系的含义；公共关系学的产生；我国古代公共关系思想的萌芽；现代公共关系的萌芽与产生

◇ **本章关键词**

公共关系；公共关系学；公共关系构成要素；公众

◇ **导入案例**

名言新解

中国古代有一些名言，似乎是无须证明的要诀真言。

名言之一：桃李不言，下自成蹊。

这句话来源于《史记》，原文是：太史公曰：传曰"其身正，不令而行；其身不正，虽令不从"。其李将军之谓也？余睹李将军悛悛如鄙人，口不能道辞。及死之日，天下知与不知,皆为尽哀。彼其忠实心诚信于士大夫也?谚曰"桃李不言,下自成蹊"。此言虽小,可以谕大也。

名言之二:酒香不怕巷子深。

传说在清同治十二年(公元1873年),洋务运动的代表张之洞出任四川学政,他沿途饮酒作诗来到泸州,刚上船就闻到一股扑鼻的酒香。他心旷神怡,请仆人去给他打酒。谁知仆人一去就是一个上午,日到中午,张之洞等得又饥又渴,才看见仆人慌慌张张抬着一坛酒一阵小跑。正在生气之时,仆人打开酒坛,顿时酒香沁人心脾,张之洞连说"好酒,好酒",猛饮一口,顿觉甘甜清爽,于是气也消了,问道:"你是从哪里打来的酒?"仆人连忙回答:"小人听说营沟头温永盛作坊里的酒最好,所以,小人倒拐拐,走弯弯,穿过长长的巷子到了最后一家温永盛作坊里买酒。"张之洞点头微笑:"真是酒香不怕巷子深啊。"

■ 资料来源:https://www.yebaike.com/22/528891.html.

思考题:

把这两句话用到现代企业经营中恰当吗?

第一节　公共关系的基本含义

"公共关系"一词源自英文"public relations"。"public"译为"公共的""公开的""公众的","relations"即"关系"之谓,两词合起来用中文表述便是"公共关系",在中国香港和台湾地区又称"公众关系",简称公关,用PR表示。

顾名思义,"公共关系"中的"公共"是相对"私人""个人"而言的,那么公共关系应该区别于一般的私人关系和人际关系。统而言之,公共关系可以说是社会组织与社会组织之间、社会组织与公众之间的一种社会关系。与私人关系和人际关系比较起来,公共关系的关系主体变化了,其间应该遵循的规则更加复杂、更加规范。人是社会的人,人要适应社会,在社会上生存,就必须处理好各种关系,如与父母、兄弟姐妹、亲戚朋友、同事、领导等的关系。社会组织也是一样,作为社会上的一个实体,它要生存发展,就要与相关社会组织和公众发生密切的联系。这是通过字面来理解公共关系,通过与"私人关系""人际关系"的对比来理解公共关系,这种理解仅仅处于表层,远没有深入公共关系的实质。作为一门学科的公共关系学,对公共关系应该有科学的理解和界定。

一、公共关系的多种定义

自从"公共关系"这一概念诞生以来，人们给其下一个准确定义的努力就没有停止过。由于每个人的认识角度不同，对公共关系内涵的理解也各异，于是形成了许许多多公共关系的定义。20世纪70年代中期，美国著名的公共关系学者莱克斯·哈罗就收集到47种公共关系的定义；还有人认为，公共关系的定义已有上千种之多；甚至有人认为，有多少公共关系学者，便有多少种公共关系的定义。

根据美国公共关系学者爱德华·伯尼斯的定义，公共关系是一项管理职能，通过制定决策及程序来获得公众的谅解和接纳。公共关系主要执行组织的信息传播、关系协调与形象管理事务的咨询、策划、实施和服务等管理职能。

（一）传播说

传播说强调公共关系是组织的一种特定的传播管理行为和职能，认为公共关系离不开传播沟通。将公共关系解释为一种传播活动，是早期人们对公共关系的一种认识，至今仍影响着公共关系领域。传播说中有影响的公共关系定义有以下几种。

《韦氏词典》中公共关系的定义为：通过宣传手段与一般公众建立的关系，是公司、政府组织、军事机构等向公众报告活动、政策等情况，或试图建立有利的舆论的职能。

美国著名的公共关系学者斯科特·卡特里普和阿伦·森特于1952年合著的《有效的公共关系》一书中把公共关系定义为：通过优良的品格和尽责的行为来影响公众舆论的一种有计划的活动，它是以相互满意的双向交流为基础的。

（二）特定关系说

按照特定关系说，"关系"体现公共关系的本质属性，公共关系是一种特定的社会关系，正确认识公共关系、处理公共关系是开展公共关系的出发点和归宿。特定关系说中有影响的公共关系定义有以下几种。

美国普林斯顿大学的资深公共关系教授希尔兹认为，公共关系就是人们所从事的各种活动所发生的各种关系的通称，这些活动与关系是公众性的，并且都有社会意义。

英国公共关系学会的定义是，公共关系是在组织和它的公众之间建立和维持相互了解的、有目的、有计划的持续过程。

（三）管理职能说

按照管理职能说，公共关系是企业的众多管理职能中的一种。管理职能说中有影响的公共关系定义有以下几种。

国际公共关系协会(IPRA)的定义是,公共关系是一种经营管理职能,属于一种经常性和计划性的工作,不论公私机构或组织,均通过它来保持与相关公众的了解、同情和支持,亦即审度公众的意见,使本机构的决策与措施尽量与之配合,再运用计划的大量资料争取建设性的合作,而获得共同利益。

1978年8月,世界公共关系协会在墨西哥城召开的大会上做出了这样的定义:公共关系的实施是分析趋势、预测后果,向组织领导人提供咨询意见,并采取一系列有计划的行动以服务于本组织和公众共同利益的艺术和社会科学。

（四）公众利益论

按照公众利益论,公共关系是指通过保护与组织有关的公众的利益来维持自身的声誉。

斯科特·卡特里普认为,公共关系是这样一种管理功能:它确定、建立和维持一个组织与各类公众之间的互益关系,各类公众是决定其成功的关键。

莱克斯·哈罗在分析了众多公共关系定义后提出了一个更为详尽的说法:公共关系是一种独特的管理职能,它帮助一个组织建立并保持与公众之间双向的交流、理解、认可与合作;它参与处理各种问题与事件;它帮助管理者及时了解公众舆论,并对之做出反应;它确定并强调管理者为公众利益服务的责任;它作为社会发展趋势的监视系统,帮助管理者掌握并有效地利用社会变化,保持与社会变动同步;它运用健全的、正当的传播技能和研究方法作为主要的工具。

（五）经营艺术说

经营艺术说认为,公共关系还只是一门不精确的学科,许多公共关系问题不存在唯一正确的答案,公共关系在实际运作中要讲究创造性,讲求形象思维,需要从整体上把握公共关系及其工作。因此,公共关系是一种艺术。

如前所述,1978年8月世界公共关系协会在墨西哥城召开的大会上提出的定义就体现了其艺术性。

从上述各种定义不难看出,当公共关系进入各个国家和地区后,这些国家和地区的人们运用它在政治、经济、文化等领域开展丰富多彩的公共关系实践活动,同时促进了公共关系理论的研究和发展。各个国家和地区的人们对公共关系的认识既有理性意义上的一致性,但又明显地带有本国或本地区公共关系实践活动所形成的特殊性。人们对公共关系的新认识,在不同程度上丰富和发展着公共关系这门有着良好前景的新兴学科。

公共关系定义的多样性源于公共关系含义的多维性,我们不必强求一个统一定义。公共关系学的研究对象相对来说是比较确定的,只要我们从总体上把握公共关系的实质,形成共识,就能对学科理论做深入研究。本书给公共关系下这样一个定义:公共关系是指某一组织为塑造组织形象、改善与社会公众的关系,利用各种传播手段在组织与公众之间进行的有计划的持续沟通交流的行为方式。

二、公共关系含义解析

在日常生活和工作中，人们常常顺口谈到"公共关系"一词，其表达的意思往往有很大不同，需要根据场合或者上下文来理解。例如，"看来我们需要公关一下了"，这里的"公关"就成了一个动词。

一般来说，对公共关系的含义可以从以下四个方面来理解。

（一）作为名词的公共关系，表示一种公共关系状态

公共关系状态是指一个组织所处的社会关系状态和社会舆论状态，即这个组织在公众心目中的现实形象。任何组织都处在一定的公共关系状态之中，这是一种客观存在的形态。社会关系状态是指组织与相关公众之间相互交往和共处的状况，社会舆论状态是指公众舆论对组织的反应与评价状况。组织的公共关系状态是客观存在的，它制约或促进着组织的生存和发展。

一般来说，公共关系有四种状态：第一种是高知名度、高美誉度，这是组织最理想的状态；第二种是高知名度、低美誉度，这是最不理想的状态，是组织所处的一种危机状态；第三种是低知名度、低美誉度，这是组织的原始状态；第四种是低知名度、高美誉度，这是组织的一种较为稳定和安全的状态，说明组织处于发展阶段，有很好的发展前景。任何组织所处的公共关系状态，都属于这四种状态中的一种。

公共关系状态既是开展公关活动的出发点，也是公关活动的结果。

（二）作为动词的公共关系，一般称为公共关系活动，口语简称"公关"

公共关系活动就是运用传播沟通的方法去协调组织的社会关系、影响组织的公众舆论、塑造组织的良好形象、优化组织的运作环境的一系列公共关系工作。

公共关系活动可以细分为日常的公关活动与专门的公关活动。

1. 日常的公关活动

日常的公关活动是指那些为与公众建立良好关系，人人都可以做到的活动，如谦虚有礼、诚实待人、微笑服务等，这种活动一般不需要周密的策划，不需要拨给专门经费，就可以完成。

2. 专门的公关活动

专门的公关活动是指公关活动策划与实施,它是企业策划部门、公关公司、策划公司、广告公司等在工作中常用的技术手段。成功的公关活动能持续提高品牌的知名度、认知度、美誉度、忠诚度、顾客满意度,提升组织品牌形象,改变公众对组织的看法,累积无形资产,并能从不同程度上促进销售。

(三)作为一种现代理念的公共关系,表示组织的一种公共关系意识

公共关系意识,可以理解为公共关系思想、公共关系观念,是一种现代化经营管理的思想和原则。它是组织将公共关系理论和原则融合为自身思想的一部分,融合为一种内在习惯和行为规范,并自觉用以指导组织发展及个人行动的观念。

公共关系意识包含三个层面:管理层的公关意识、公关人员的公关意识及全员公关意识。管理层的公关意识是指组织的经营管理者所应具备的一种以建立、维护良好的公共关系为导向的管理思想。它要求管理人员从全局的、战略发展的角度对公共关系工作进行规划、部署,并以建立、保持良好的公共关系作为其他工作的前提条件和指向标。公关人员的公关意识是一种综合性的职业意识,也是公关从业者的基本素质。它要求公关人员充分理解公共关系的精髓,将其转化为自己的内在习惯和行为准则,自觉树立维护形象、严守信誉、注重沟通、创新高效的工作作风。此外,它要求公关人员要有敏锐的职业嗅觉,善于观察周边的环境、事件,挖掘其与公关目标相关的潜在价值,从而有效地加以利用。全员公关意识是指组织全体员工所具备的维护组织形象、保持良好公众关系的思想。它要求员工意识到自己的一言一行、一举一动都直接或间接地代表、反映了组织形象,从而自觉约束自身行为。

从内容上说,公共关系意识主要包括形象意识、公众意识、沟通意识、真诚意识、战略意识、危机意识、责任意识、合作意识、创新意识、时效意识、审美意识等。

(四)作为一门学科的公共关系,表示包含一系列理论的公共关系学

作为一门学科,公共关系学的研究对象从总体上看,包括所有的公共关系的社会现象和活动规律。公共关系作为社会组织运用传播手段处理其与各类公众的关系的行为,它的社会现象和活动规律可以具体分为三个方面:一是作为社会组织管理职能的公共关系的现象和规律;二是作为社会组织与其公众间的信息传播活动的公共关系的现象和规律;三是作为处理与各类具体公众的关系的公共关系的现象和规律。

公共关系学的主要研究范畴有公共关系的历史研究、理论研究和实务研究。

1. 公共关系的历史研究

公共关系的历史研究主要探讨公共关系的历史源流,研究公共关系产生的历史原因,探讨公共关系发展的历史事实,揭示其发展的历史轨迹,总结其历史经验教训,寻求其历史发展规律,为现实的公共关系实践提供经验和借鉴。

 2. 公共关系的理论研究

公共关系的理论研究主要探讨公共关系的基本性质特征、基本功能、思想观念和工作原则;探讨公共关系活动规律、策略及效果;研究公共关系的组织、公众、传播渠道等的性质特征以及相互之间的关系。公共关系理论研究的目的是为现实的公共关系实践活动提供理论依据,并用于指导现实的公关实践。

 3. 公共关系的实务研究

公共关系的实务研究的主要内容有公共关系的组织机构研究、公关人员及其角色研究、公共关系的各种媒介和各种传播沟通技巧研究,以及公共关系的各专项业务问题和应用领域的业务研究。如新闻发布活动、公共关系广告策划制作、危机管理、议题管理、赞助管理、开放活动策划与实施等;又如政府公关、军队公关、警察公关、企业公关、财经公关、学校公关、医院公关等应用领域的业务研究。

三、公共关系的特征

公共关系是社会关系的一种表现形态,科学形态的公共关系与其他任何关系都不同,有其独特的性质,了解这些特征有助于我们加深对公共关系概念的理解。

(一)感情纽带性

公共关系是一种创造美好形象的艺术,它强调成功的人和环境、和谐的人事气氛、最佳的社会舆论,以赢得社会各界的了解、信任、好感与合作。我国古人办事讲究"天时、地利、人和",把"人和"作为事业成功的重要条件。公共关系就是要追求"人和"的境界,为组织的生存、发展或个人的活动创造最佳的软环境。

（二）双向沟通性

公共关系是以真实为基础的双向沟通，而不是单向的公众传达或对公众舆论进行调查、监控，它是组织与公众之间的双向信息系统。一方面，组织要吸取人情民意以调整决策、改善自身；另一方面，组织要对外传播，使公众认识和了解自己，达成有效的双向意见沟通。

（三）广泛性与渗透性

公共关系的广泛性指的是其公众的广泛性。因为公共关系的对象可以是任何个人、群体和组织，既可以是已经与组织发生关系的任何公众，也可以是将要或有可能发生关系的任何与组织暂时无关的人们。

公共关系的渗透性是指公共关系存在于组织的任何行为和过程中，即公共关系无处不在、无时不在，贯穿组织的整个生存和发展过程。

（四）整体形象性

公共关系的宗旨是使公众全面地了解自己，从而建立起自己的声誉和提高知名度。它侧重于一个组织或个人在社会中的竞争地位和整体形象，以使人们对自己产生整体性的认识。它并不是要单纯地传递信息，宣传自己的地位和社会威望，而是要使人们对自己各方面都有所了解。

（五）长期活动性

公共关系的实践告诉我们，不能把公共关系人员当作"救火队"，而应把他们当作"常备军"。公共关系的管理职能应该是经常性与计划性的，这就是说公共关系不是水龙头，想开就开、想关就关，它是一种长期性的工作。

四、公共关系的职能

公共关系的职能包括以下几个方面。

（一）调查和收集公众信息

面对现代社会中公众复杂多样的变化动向，组织决策者只凭主观想象或经验，解决不了问题，必须依靠公共关系工作作为组织制定决策的依据。

公共关系工作的主旨,首先是辅助组织决策者形成正确的决策,正确的决策必须以全面准确地把握相关公众的全部信息为前提。于是,调查和收集公众信息就成了公共关系工作的第一项职责。

 1. 信息调查和收集的内容

公共关系信息收集的主要内容,从总体上讲,就是一切影响组织的内外环境信息。具体细分可有四个方面的内容。

第一,有关组织的各种基本信息。例如,组织形象的信息,组织产品和服务的信息,与评估组织的经营状况、科技开发、人事决策以及发展规模等有关的信息。

第二,有关组织的竞争或协作对象的各种信息。

第三,有关组织的各类公众的信息。

第四,有关组织的社会环境信息。例如,与组织生存发展有关的政治、经济、法律、人口、科技、自然环境、文化、教育、社会舆论等方面的状况、变化、发展趋势的信息。

第五,国外市场信息。例如,国际市场的发展动向,目标国的政治、经济、法律、文化等方面的信息。

 2. 信息调查和收集的制度建立

公共关系部门应建立一套制度来保证信息调查和收集的有效完成。

(1)建立健全组织的接待制度。接待制度建立的关键是要有一套合理的有关信件接收、来访接待、问题处理、信息反馈的制度。

(2)建立组织与外界的信息交流制度。例如,建立与业务主管部门、政府有关部门、新闻媒介、协作对象、竞争对象、社会团体等较为稳固的、经常性的信息交流关系。

(3)建立对大众传播媒介的监测制度。例如,对与组织的业务、经营活动等关系最为密切的媒介进行定时监测并对其发布的有关资料进行收集。

(4)建立公共关系的调研制度。例如,定期对组织的各类公众的利益、产品和服务、经营管理、环境保护、政府关系、媒介关系等进行自查或调研。又如,结合开展公关活动、制订公关计划的需要,不定期地对组织的舆论环境、组织形象、产品形象、公关活动的效果等进行较深入的调研。

(5)建立公共关系的预测制度。例如,定期或不定期地对影响组织生存和发展的政治、经济、文化、科技等因素的变化及其影响进行预测。又如,通过调研对组织的发展、各类公众态度的变化等进行预测。

(二)提供咨询建议,参与组织决策

公共关系工作的决策建议职能包括:分析调查材料,提出组织决策的建议;劝说组织决策者坚持符合公众需求和社会文化发展动态的决策;协助组织贯彻实施正确决策。

公共关系人员应当为组织决策提出建议。公共关系人员参与组织决策最早是由爱德华·伯尼斯提出来的,这是他在公共关系发展史上的重大贡献之一,也为任用公共关系职业人员的组织和大多数公共关系人员所认同。组织与公众关系的状况不是靠公共关系人员的游说、宣传吹捧出来的,而是取决于组织的决策与行为。

提供咨询建议、参与决策就是要求公共关系部门在组织决策时,能向组织决策者提供有关公共关系方面的情况和意见。公共关系部门参与决策的职责主要有两个方面:一是向组织决策者提供全面决策的公共关系咨询服务,二是向组织中其他管理职能部门提供部门决策的公共关系咨询服务。

公共关系部门向组织决策者提供公共关系咨询服务的主要内容有以下几个方面。

(1)组织公共关系状况的基本估计。其内容应包括组织的知名度、美誉度、组织形象等方面的基本分析。

(2)组织面临的各类主要公众的客观资料。这包括公众的基本构成、基本态度、基本行为以及其他发展动态的分析评价资料。

(3)其他咨询服务内容。例如,对组织的方针决策、计划方案、发展规划等做出公共关系方面的评价。

(三)宣传组织决策,树立组织形象

如今市场竞争异常激烈,市场化的运作不断深化,各经营单位的运作模式非常相似,在行业中个体形象的知名度和美誉度是决定组织发展的关键因素,因此,知名度和美誉度的先期营造都需要宣传。

公共关系工作使用传播,是为向公众表明组织的决策及行为。公共关系传播工作,首先要向社会和公众说明组织的决策,不仅要说明组织的总体战略决策,也要面向特定的公众说明具体的相关决策、管理措施、组织在实施决策过程中的监督检查机制等。如果出现突发的危机事件,公共关系传播更要迅速、准确、全面地向社会和公众传播组织处理危机的态度和具体措施,要采取主动,尽快让公众知道事情真相。让公众不仅知其然,还要知其所以然,这是公共关系传播工作的责任。

(四)评估公共关系工作的效果

公共关系工作从公众调查开始,到收集公众的反馈信息,再到评估效果,这是一个小的周期。评估公共关系工作的效果,要看公众调查是否全面准确、组织决策方向是否定位正确、公共关系宣传是否打动公众的心灵。这一任务的主要目的是继续追踪调查,发现组织与公众关系存在的新问题,进一步调整公共关系战略。

评估公共关系工作的效果,重点应放在公众对组织的评价上。首先,要了解公众舆论对组织的反应。其次,要注意了解公众对组织决策与行为的评价。弄清肯定评价有多少、否定评价有多少,分别是哪些公众群体做的,等等。认真分析不同公众做出不同评价的原因,从中发现组织决策方面和公共关系工作方面存在的问题。再次,要了解公众在实际行为上对组织的反映,注意公众在实际行为上是如何对待组织的。这是评估公共关系工作是否有实效、组织决策和行为是否满足公众需求的重要内容。

(五)建立关系网络

建立关系网络是指组织与各界公众建立起经常性的、制度化的信息沟通机制。组织与公众间的关系常常处于矛盾运动状态中,因此必须有经常性、制度化的信息沟通机制及时地协调它们之间的关系,使组织与公众间保持良性互动状态。这就需要公共关系人员协助组织建立起与公众间的关系网络。

经常性的双向信息沟通还能使组织与公众建立情感上的联系,增强相互信任感、亲近感,这反过来也会促进信息沟通的效力。

建立关系网络有利于处理组织面临的危机。处理危机是公共关系工作的一项重大责任。但是,公共关系工作不是当矛盾激化到不可收拾时才着手的。危机有可预测的和不可预测的。不论应对哪种危机,公共关系工作都应该早做准备,与各界公众建立关系网络就是重要的预备措施。同时,是否能保持好与各界公众的关系网络,也是危机能否顺利解决的条件。解决危机,关键还是要靠双向信息沟通。如果有稳定的关系网络作为基础,组织与公众之间有情感上的相互信任,危机处理中的信息沟通才更容易进行。

组织应该特别注意与大众传播媒介建立良性互动的关系网络。大众传播媒介是公共关系工作最主要的手段之一,更是公共关系工作的主要对象。现代社会中,大众传播媒介在社会生活中的作用和影响越来越突出,各界公众的根本利益和需求往往会通过大众传播媒介反映出来,在一定意义上可以说,大众传播媒介就是公众。所以,组织要想与公众保持经常性的联系,必须与大众传播媒介建立稳定的关系网络。

(六)策划公共关系专题活动

所谓策划公共关系专题活动,是指公共关系人员根据组织形象的现状和目标要求,分析现有条件,谋划、设计专题活动及其最佳行动方案的过程。策划方案是公共关系专题活动的具体行动方案,是公共关系专题活动评估的依据和标准。公共关系专题活动包括庆典、展览、展销、开放参观、联谊活动、赞助活动等。

公共关系专题活动对于改善组织的公共关系状态有着极为重要的意义。它往往能够使组织集中地、有重点地树立和完善自身的形象,扩大社会影响。成功的公共关系专题活动,往往使组织形象出现意想不到的飞跃,是塑造组织形象的重要方法。由于公共关系专题活动的特殊作用,举办公共关系专题活动有着特殊的要求:往往只可成功,不可失败。成功的公共关系专题活动有巨大的效应,不成功的公共关系专题活动也会产生巨大效应,当然是负效应。

（七）内部教育功能

内部教育功能体现在两个方面：一是对公共关系人员的教育，二是对其他人员的教育。

对公共关系人员的教育包括三个方面。一是提高公共关系人员的职业道德修养。二是全面提高公共关系人员的专业素质。公共关系人员在中国出现得较晚，目前的企业公共关系人员多半是从其他行业转过来的。因此，全面提高公共关系人员的专业素质，可谓是重中之重。三是全面灌输危机意识，认清公共关系工作面临的严峻形势。

由公共关系部门主导的对其他人员的教育主要包括三个方面的内容。

一是对员工的文化素质、道德观念、业务技术的教育。在这方面，公共关系部门应提供一定的资金，支持协助组织开展各种专项的员工培训计划，如文化补习、法制教育、职业道德规范教育等活动。有计划、有步骤地把组织的员工逐渐培养成为具有较高文化修养和较高道德风尚的好公民、好员工。

二是独立开展对组织各层领导和员工的系统的公共关系观念教育。这种观念教育促使领导层在决策时能有公共关系的观念，能处处考虑组织的形象，使决策更趋合理；员工在工作中能处处考虑公众利益、集体形象，在内以主人翁的态度保持良好的服务质量和产品质量，在外能自觉地宣传组织的成就、维护组织的形象。

三是有针对性地对各层领导和员工进行公关技能教育，提高他们在传播沟通、社会交往中的能力。如有针对性地进行接待规则、礼仪习俗、演讲技巧、交谈技巧、电视采访、广播谈话等方面的培训。

◇ **同步案例1-1**

公共关系认识误区

1989年，24集电视剧《公关小姐》在电视台开播。这部电视剧具有跨时代的意义，随着该剧的全国热播，"公关热"被推向全国。令编导意外的是，剧中所呈现的美丽的公关小姐在豪华酒店与权贵富贾交际的场面令人印象深刻，于是很多人以为，公关就是美女加美酒，从而产生一些联想。而在社会上，很多企业领导更是将公关当成行贿、送礼的手段。时至今日，仍然有很多企业对公共关系有许多误解。

■ 资料来源：《公关小姐》令国人认识公关行业.新民周刊,2006(40).

思考题：

你怎样理解上述认识误区？你认为社会上对公共关系还有哪些认识误区？

第二节　公共关系的构成要素

公共关系的结构是由组织、公众、传播三要素构成的。公共关系的主体是组织,客体是公众,联结主体与客体的中介是传播。这三个要素构成了公共关系的基本范畴,公共关系的理论研究、实际操作都是围绕着这三者的关系层层展开的。

一、公共关系的主体：组织

公共关系的主体是指在公共关系活动中处于发动者、组织者、控制者、实施者地位的各类社会组织。

公共关系的主体是社会组织。一般意义上的组织是指为了一定的目标,通过分工与合作所构成的人的集合。管理学家巴纳德认为,由于生理的限制、心理的限制、物质的限制和社会的限制,人们为了达到个人的目标或共同的目标,就必须合作,这样就形成群体、形成组织。他说:"组织是两人以上有意识的协调和活动的合作系统。"组织的主要构成要素包括共同的目标、人员、共同遵守的规则。因此,社会组织是人类社会的组合方式,是社会关系有组织、有秩序的体现。

社会组织的特点有群体性、导向性、系统性、协作性、变动性、稳定性等。人们组合成为组织必定是为了完成某种共同目标,但目标的存在方式又各不相同,这就决定了社会组织必然具有多种类型,如营利性组织、非营利性组织、互利性组织、公益性组织等。

二、公共关系的中介：传播

传播是公共关系的过程和方式,是联系公共关系的主体与客体的中介手段,是公共关系的主体与客体相互作用的途径。公共关系通过主、客体之间的信息交流来协调双方的关系,达到共同繁荣、共同发展的目的。当组织明确了公共关系目标,确定了目标公众,并有了公共关系活动的设想之后,便要考虑如何运用媒介把目标和设想变成行动。

对于传播活动,从广义上讲,人类社会乃至自然界普遍存在着传播现象;狭义的传播,则是指人类的信息传播过程,是一种特有的社会现象。正因为人与人之间、群体与群体之间有了信息的沟通,人类文明才能协调发展。如传递信息、发布新闻、交流意见、互通情感等,都可以看成组织与公众之间传播活动的过程。公共关系的主体与客体之间正是通过这种信息的双向交流建立起相互信任、相互理解、相互支持的合作关系。如果没有传播这座桥梁，公共关系也就无从谈起。

由于组织对公共关系的认识不同，其传播活动也各异，有的处于自发的状态，有的处于自觉的状态。所谓"自发式"传播，是指组织对输出的信息未加筛选，对传播过程也未加控制的"自由式"传播，当然其结果可能不会对组织的形象产生积极的效益。而公共关系学所讲的传播活动则是自觉的传播活动，是根据公共关系目标对传播内容进行精选，对传播过程进行有意识的策划和控制的传播活动。因此公共关系学需要研究传播学原理，以便更好地利用各种传播媒介和手段，达到最佳传播效果。

公共关系传播包括两种主要形式，即大众传播（报纸、杂志、广播、电视、互联网等）和人际传播（交际、会议、谈判、演讲、内部刊物、专题活动等）。不论采用哪种传播形式，都需要遵循传播学的共同规律。

三、公共关系的客体：公众

（一）公众的含义

公共关系的客体也称为公众。公共关系也称作公众关系，因为公共关系的工作对象就是公众。要做好公共关系工作，就必须了解和研究公众。在公共关系学里，公众与"大众""群众"是有区别的。公众不是泛指社会生活中的所有人或大多数人，也不是泛指社会生活中某一方面、某一领域的人，而应具体地称为"组织的公众"。公众与组织之间必须存在着相互影响和相互作用。例如，企业的公众包括员工、股东、顾客、竞争者、政府有关部门、社会团体、媒体、社区、供应商、合作者、国际公众等。

（二）公众的分类

下述对公众的分类不会很严格，通常有些公众无法严格地归入某一类别。但是对公众进行分类仍然是非常有意义的。分类一方面可为主体指出哪些公众是重点对象，另一方面可以了解各类公众的特点、权利和要求，从而为制定正确的公关策略服务。

1. 内部公众和外部公众

按主体与客体的归属关系，公众可分为内部公众和外部公众。

内部公众是指组织本身的各类成员，主要包括股东与员工两大类。员工公众又可分为一般员工、领导、企业内非正式组织等。

外部公众与内部公众相对应,是指除内部公众外的与组织的生存和发展有着利益关系的全部公众。顾客是组织面对的数量最多的公众,是维系组织生命的动脉。新闻媒介具有双重性,既是公共关系的客体又是实现公共关系目标的重要中介,公共关系人员的日常工作之一就是搞好与新闻媒介的关系。其他外部公众各具其重要性。

内部公众与外部公众的划分是相对而言的。在公关实践中,任何一类公众都既是本组织的内部公众又是其他组织的外部公众。内部公众与外部公众的划分,旨在为具体公关工作的计划制订提供依据,使对内公关与对外公关都有的放矢。

2. 首要公众、次要公众和边缘公众

按公众对组织的重要程度来分,公众可分为首要公众、次要公众和边缘公众。

首要公众是指对组织最重要的公众;次要公众指那些对组织的生存和发展有一定影响,但没有决定性意义的公众;边缘公众是指对组织的生存和发展影响甚微,甚至不产生影响的团体或个人。对边缘公众,不需要花费专门的力量去研究分析,但要注意到这些公众可能向首要公众或次要公众转化,以便不失时机地开展工作,争取良好的公关效果。

一般来说,企业的员工、顾客是首要公众。但是由于企业种类复杂,对于不同类型的企业,情况是不一样的。例如,对于旅行社而言,游客是首要公众,而对于住宿接待业而言,虽然游客也可以称为首要公众,但是往往它们最重要的公众是旅行社。对于景区企业而言,导游或司机有时可能是比游客更重要的公众。

因此,应该充分认识到不同组织的重点公众往往不同。此外,公众的重要程度在很大程度上还取决于领导者的观念和组织的战略目标。随着组织自身和环境的变化,公众的重要性也会发生变化。组织在一定时期应正确抓住重点公众、兼顾一般公众。

3. 顺意公众、逆意公众和独立公众

按公众对组织的态度,公众可分为顺意公众、逆意公众和独立公众。

顺意公众是指那些对组织的决策、行为和产品等持肯定和支持态度的公众,逆意公众刚好相反,独立公众是那些持中间态度或观点不明朗的公众。

组织应本着多交友、少树敌的原则,不断强化顺意公众的态度,争取独立公众的态度转变,防止逆意公众态度的进一步恶化。

4. 非公众、潜在公众、知晓公众和行动公众

按公众一般发展过程,公众可分为非公众、潜在公众、知晓公众和行动公众。

非公众是指由于空间和需求特点等原因,与组织没有相关性而远离组织的公众。

潜在公众是指由于潜在需要、潜在的公共关系问题,将来可能与组织发生某种关系的公众。

知晓公众由潜在公众发展而来,是指已意识到自己的需要和面临的问题与特定组织有关,并会进一步了解有关信息的公众。

行动公众是指准备或已经采取行动以求得问题解决的公众。

此外,按照公众的存在形式,公众可分为组织公众、规律性公众和临时性公众。按组织的价值判断,还可将公众分为受欢迎的公众、不受欢迎的公众和被追求的公众。

◇ 同步案例1-2

危机中的公众类别

某日,两游客到广州某快餐店用餐,点了两杯红茶后发现其中有极浓的消毒水味道。当时现场副经理解释,其原因可能是店员前一天对店里烧开水的大壶进行消毒清洗后,未把残余的消毒水排清。该副经理同时表示该消费者可以提出赔偿要求,并在7时15分通知该店店长和地区督导赶到现场以妥善解决此事。但结果却是店长和督导两人直到9点多才相继出现。而在其间长达两个多小时里,员工与两位消费者多次发生争执,即使工商局的工作人员赶到现场进行调停,近一个小时的努力最终仍以破裂收场,从而导致消费者愤然报警。

两位游客就此事向该店提出要求,店方应就事件向消费者做出合理的解释、合理的答复和合理的赔偿。店方却做出如两天内当事人身体不适可以到医院诊治,医药费给予报销,但拒绝做出调查方案的决定。店方的行为引起了两位消费者的不满,于是两位消费者在媒体上将此"消毒水"事件曝光。在事发两天后,南方某媒体记者与该店所属总公司取得联系想了解事情的相关情况,公司高层却保持沉默,表示此事仍在调查中,不发表任何看法。

事隔一周之后,店方才发表了数百字的声明,用主要文字描述事件过程,同时声明该店一向严格遵守政府有关部门对食品安全的所有规定和要求,并保证提供的每一项产品都是高质量的、安全的、有益健康的。

■ 资料来源:改编自叶秉喜.麦当劳的傲慢与偏见.中国市场,2004(10).

思考题:
如何找出本案例中的公众类别?

第三节 公共关系学的产生与发展

一、中国古代公共关系思想的萌芽

中国古代的公共关系思想及活动为现代公共关系提供了相当丰富的思想材料。中华民族守仁、达礼、重然诺、讲信义、善辞令的优良传统是现代公共关系思想所追溯秉承的历史之源。

（一）"和为贵"的思想

中国古代公共关系思想的萌芽出现于春秋战国时期。《论语》有云："礼之用，和为贵。先王之道，斯为美。小大由之，有所不行。"意思就是说：礼的应用，以和谐为贵。历来"和"的思想在中国传统文化中占有十分突出的位置，是儒家思想倡导的伦理、政治和社会原则。

在当时社会，列强林立，各种势力不断重新组合，社会动荡不安，这在客观上为各种思想的发端提供了现实的土壤。各种思想、言论的冲撞与吸收，终于造就了"百家争鸣、百花齐放"的文化盛世。在那时人们的日常交往中，自觉的公共关系意识和思想得到一定程度的体现。

孔子在《论语》中说："有朋自远方来，不亦乐乎！"孟子说："天时不如地利，地利不如人和。"这些都同现代公共关系活动的基本原则和追求目标基本一致。

"和为贵"的思想体现在以下四个方面。

第一，崇尚和谐的修身之道。中国传统文化关于"治国、平天下"的理论，强调"三纲""八目"（《礼记·大学》）。"八目"之中，"修身"是根本。前三目是修身的方法，后三目是修身的目的。修身之道，讲究的就是一个"和"字，即所谓"君子和而不同"（《论语·子路》）、"君子和而不流"（《礼记·中庸》）。修身中的养生之道，讲究的是"身心之和"以及和于天地之气的"天人之和"。人的七情六欲，讲究的是"发而皆中节，谓之和"（《礼记·中庸》）。

第二，追求和谐的齐家之道。中国传统文化格外重视作为社会细胞的家庭的重要性。齐家之道，讲究的是"家和万事兴"。家庭关系的核心是夫妻关系。夫妻之道，讲究的是"妻子好合，如鼓瑟琴"。在中国古代，从民间到皇家，都很重视家庭生活中的夫妻之和。

第三，和气生财的经营之道。生财之道，讲究的是"和气生财"。商业或企业的经营，在法律上是以盈利为最终目的的,然而,在指导思想上则以追求买卖双方相应之和为最高境界。儒家文化讲究"君子爱财,取之有道",反对用不正当的手段获取不义之财。

第四,以和为贵的交际之道。人与人之间的交际之道,讲究的是"和为贵"。伦理之道,讲究的是君臣之和、父子之和、兄弟之和。将相和的故事在我国深入人心。廉颇与蔺相如的关系在一定意义上诠释了"和为贵"的儒家"和合"思想,具有重要的历史启示和现实意义。首先,对待群体内的矛盾冲突,一定要考虑后果,主动化解,决不能意气用事。其次,和合精神来自容人之量,高层人物更要有容人之量。这个"量"指人的胸怀。人的胸怀,固然与人的修养有关,更与人的眼界和责任意识有关。再次,和合精神作为化解群体内部矛盾的重要原则,其实践需要所有人共同来营造良好的氛围。最后,要实现团结合作的和合局面,实践和合精神,一些从属性因素也不可忽视。

(二)"执礼"的思想

孔子对礼非常重视。如何实现"礼仪之邦",孔子认为最根本的方法就是隆礼,即"克己复礼",也就是要克制自己的起心动念、言行举止,使之不违背道德原则。因此要求人们"非礼勿视,非礼勿听,非礼勿言,非礼勿动"(《论语·颜渊》)。而且孔子认为礼是治理国家的根本。他说:"为政先礼。礼者,政之本与!"(《大戴礼记·哀公问于孔子》)孔子还强调"执礼""立于礼""不知礼,无以立也"(《论语·尧曰》)。所以孔子说"三十而立",是指人这时懂得了礼,言行都很恰当。此外,孔子还强调礼不仅有外在的规范意义,更重要的意义在于它内在的道德价值。

现代公共关系中所提倡的"礼"包括言行举止及个人职业道德,这与孔子所强调的"礼"的外在规范性和内在道德价值是一致的。

(三)"言必信"的诚信思想

诚信自古是立国、立业、立人之本。老子说"信不足焉,有不信焉""轻诺必寡信,多易必多难"。《论语·学而》中有子说:"信近于义,言可复也。"意思是说,所守的诺言如果符合于义,那么所说的话就能够兑现,也就是说自己说过的话能兑现,经得住检验。

孔子说:"人而无信,不知其可也。大车无輗,小车无軏,其何以行之哉?"意思是,在车辕前面有一个用以套牲口的横木,横木两头有一个连接车辕的活销,大车的活销叫輗,小车上的叫軏。车辕没有輗或軏,就套不住牲口,自然无法行走。孔子用这个生动的比喻强调人而无信,便不能做人。孔子认为诚信是做人的一项重要原则和道德原则。

毋庸置疑,在当今市场经济以及全球化时代,诚信更是组织生存的不二法则。一个组织要传播自己,首先要保证信息的透明与公开,保证信息的可信性,才能得到社会及公众的普遍接受与信任。

二、现代公共关系学的萌芽与产生

（一）现代公共关系萌芽与"揭丑"运动

"公共关系"概念的提出始自19世纪的美国，最初主要是出于政治上的需要，如竞选总统便是各竞选者"树立形象"的公关活动。1882年，美国律师多尔曼·伊顿在耶鲁大学发表题为"公共关系与法律职业的责任"的演讲，首先提出了现代意义的"公共关系"概念，并将其解释为"大众利益"。这一提法针对当时企业"非人性"的做法，如环境污染，无节制榨取工人剩余劳动价值而造成劳资关系紧张等事实，以及新闻广告宣传中不考虑公众利益，甚至滥用现代传媒手段愚弄欺骗公众的种种行为，提倡应关注公众利益，并把它作为公共关系的核心问题。

"揭丑"运动，又称"清垃圾"运动或"扒粪"运动。南北战争后，越来越多的美国人变得崇尚物质主义和拜金主义，社会生活一派混乱。一些企业为了使自身扬名，置公众利益于不顾，任意编造谎言和神话，利用新闻媒介"愚弄公众"的现象引起了新闻媒介的不满，报纸、杂志率先刊载揭露实业界那些"强盗大王"的恶劣丑闻。据统计，1903—1912年，有2000多篇揭丑文章发表，同时还有社论和漫画，形成了美国近代史上著名的"清垃圾"运动。

一些企业管理者也看到，新闻媒介既然可以揭丑，当然也可以用来树立形象。所以，处于酝酿萌芽阶段的公共关系活动，经历了一个利用新闻媒介做夸大虚假的广告宣传，继之被新闻媒介"揭丑""扒粪"，到自觉地运用其来传播信息，真诚考虑公众需要，以建立良好形象的运动过程。如此一来，公共关系作为一种树立组织新形象的工作的重要性日益凸显，公共关系职业应运而生。

（二）艾维·李与现代公共关系职业的产生

1903年，美国著名记者艾维·李在美国纽约开办了第一家正式的公共关系事务所，标志着现代公共关系职业的产生。

现代公共关系职业的产生是美国经济发展和社会矛盾交互作用的产物。19世纪末，大财团垄断了美国五分之三以上的经济命脉。他们控制政府，无视劳工利益，无节制地扩大生产和榨取工人血汗，导致社会公众对垄断财团日渐不满，劳资纠纷频繁。一些有远见的企业家开始意识到公共关系的重要性，纷纷就教于公共关系专家，希望帮助企业重塑形象，求得公众谅解。这样，运用各种传播手段帮助企业与公众"对话"的公共关系职业应运而生。

公共关系的职业化是现代公共关系产生的标志。艾维·李正是由于创办了第一家公关事务机构，并且第一个提出了公共关系的思想和基本原则，被誉为"现代公共关系之父"。

（三）爱德华·伯尼斯与公共关系学的产生

爱德华·伯尼斯是美国第一批从事公共关系学研究的学者之一。1913年，他受聘福特汽车公司公关部经理。第一次世界大战爆发后，他又参加了威尔逊总统成立的"公共信息委员会"。其间，他曾卓有成效地完成了向国外新闻媒介提供美国参战的背景和解释材料的任务。战后，他和夫人在纽约开办了公共关系公司。1923年，他的公共关系学名著《舆论之凝结》出版发行。同年，他在纽约大学首次开设公共关系学课程，将公共关系学开始引入大学讲坛。以后，他又编写出版了《公共关系学》教材，为公共关系学发展成一门独立的学科奠定了理论基础。伯尼斯的《舆论之凝结》最早提出了"公共关系咨询"的概念，并将公共关系思想主题定位于"投公众所好"，认为公共关系工作要了解公众的喜好、要求和态度，然后再以公众态度为出发点进行有的放矢和投其所好的工作，达到争取公众合作的目的。伯尼斯的理论创造和出色的实践活动，使得科学的公共关系出现在学术领域，并为学术界所接受。

（四）现代公共关系学的产生

现代意义上的公共关系学之所以首先在美国兴起，主要有以下四个方面的原因。

1. 传播手段和通信技术的进步——提供了技术条件

公共关系是和现代化的传播方式、传播手段联系在一起的。在农业社会，落后的经济活动方式只能产生落后的传播手段，信息传播受到时间、空间的局限。在这种条件下，是不可能产生现代意义上的公共关系的。在19世纪到20世纪初的美国，科技水平不断提高，有了公路、邮政、报纸等，于是有了报刊宣传运动，有了公共关系的萌芽。

从公共关系的萌芽到21世纪的今天，交通工具越来越现代化，汽车、轮船、火车、飞机等的出现，为人们的交往提供了物质条件。现代公共关系的重要传播工具也越来越现代化，电话、电报、广播、报刊、电视、互联网等使人们的联系沟通突破了时间、地域的限制。用计算机和通信卫星装备起来的传播技术更是达到了高度自动化和准确化，地球上任何地方发生的事情瞬间就可以传遍全球，"传播无国界"已成为事实。人们可以借助现代化的传播媒介实现大范围、全方位的信息交流与分析，并对公众舆论实施有效的影响。因此，大众传媒的不断完善和发展是现代公共关系兴起的重要技术条件。

2. 移民文化和现代管理思想的发展——提供了文化条件

由移民组成的美国，其文化体系中有三个突出的特性：个人主义、英雄主义、理性主义。个人主义的典型表现是富于自由浪漫的色彩，英雄主义的突出特点是富于竞争的精神，理性主义的明显标志是遵规守法、崇尚教条、重视数据和实效。管理科学的鼻祖泰勒的思想及其制度,便是理性主义的典型代表。泰勒制度的核心是通过"时间和动作分析",强调对一切作业活动的计量定额,强调严格的操作程序。"人是机器"是这一时期最具有代表性的口号。这种将人视为机器的机械唯理主义的管理,虽然在短期内取得了明显的效果,促进了劳动生产力的发展,但同时促使劳资矛盾日趋尖锐甚至逐渐激化。在严峻的现实面前人们逐渐意识到纯理性文化的局限,于是人文主义受到重视,注重人性的管理迅速获得人们的认同。20世纪30年代初,由参加霍桑实验的哈佛大学教授梅奥和罗特利斯伯格提出并创立的人群关系理论,便体现了理性文化逐渐向人性文化转变的客观事实。随着大众传播媒介以及社会化大生产的发展,人们的社会交往更加频繁,社会生活更加开放。这种尊重人性、重视尊严的人性文化逐渐取代理性文化的趋势,成为公共关系兴起的文化基础。

 3. 市场经济的发展——提供了经济条件

封建社会的经济模式是自给自足的小农经济,生产组织方式以家庭为基本单位,以村落为活动区域。这种社会环境下的社会联系是以血缘、地缘、姻缘为主要形式的人际关系。这种关系的突出特点是非常狭隘、相当固定、极端封闭。受经济水平的限制,这种特点一直延续到资本主义社会前期。

美国南北战争之后,北方的工业经济与南方的种植园经济归属于同一政府管理,社会环境趋于稳定。政府的有效管理促进了国内市场体系的健康发育。19世纪末至20世纪初,在工业革命的基础上,商品经济得到迅速发展。商品经济社会以社会化生产、社会化交换为重要特征。任何社会组织都需要得到社会的广泛承认和整体支持,才能生存和发展。这便成为公共关系兴起的必要条件。

在商品经济的发展过程中,市场经历了由卖方市场向买方市场的逐步转变。在生产力尚不发达的资本主义前期,市场中供小于求,供求关系的不平衡使得销售者可以趾高气扬、态度恶劣、恣意妄为、随意涨价、刻薄公众,根本不能体现自愿平等、互惠互利的交易原则。在这种以卖方市场为主导的情况下,卖方完全可以不考虑公众的需求,因此也就不需要公共关系。但随着生产力的提高,产品供给日渐充分,市场上的供求关系发生了根本变化。消费者具有了更多的选择优势,可以根据产品质量、价格、服务以及人情关系等条件决定向谁购买所需商品。在这种以买方市场为主导的条件下,作为卖方的企业或商家必须主动与买方联络感情、建立关系,才能有效地维持生存和发展。因此,搞好公共关系、增进组织与公众的相互理解、提高组织声誉就显得越来越重要了。

美国进入资本主义的垄断时期后,垄断资本间的广泛竞争深入地影响着整个社会,不仅使生产结构和人际关系发生了迅速变化,而且市场体制也出现深刻变化。在经济活动已经由以生产为中心转变到以市场为中心的情况下,一个企业或部门能否更好地生存和发展不仅取决于产品的质量,而且取决于它适应市场、开拓市场的能力。换句话说,就是看其能否争取到广大消费者或社会舆论。愈来愈多的企业管理人员认识到市场机制的重要作用。这在客观上成为企业通过开展公共关系活动与社会各界和广大消费者建立互相信赖、互相合作关系的有利条件。

总之,市场经济取代小农经济、买方市场取代卖方市场、市场为中心取代生产为中心,成为公共关系在美国兴起的经济基础。

4. 取代封建专制的民主政治——提供了政治条件

在统治者依靠高压政策、愚民政策实施统治的专制政治条件下,公众既不需要关心政治,也无法干预政治,公众舆论不可能对社会进程产生重要影响。在政治生活以"民怕官"为主要特征的社会里,公共关系是没有任何用处的。

在机器化大生产的工业社会中,政治生活的核心是民主政治。在民主政治条件下,市民的社会化程度逐渐提高,社会联系日益紧密,共同意识不断增强,民主意识趋向浓烈。有组织的社会公众越来越强烈地要求了解和参与政治生活,舆论对政治行为的影响力也越来越大,成为政治生活中不可忽视的力量。政治运动促进了资本主义工业社会民主政治的进一步发展。民主政治的重要标志是政治必须体现大多数人的意愿,满足大多数人的要求。这就需要有与此相应的民主制度作为保证。这在美国主要是通过代议制、纳税制和选举制来实现的。

代议制是由各种利益集团推选出自己的代表来进行公共事务的决策与管理。这是民主政治的基本体现与保证。而促使公众关注并参与公共政治的动力,则主要来自经济上的纳税制和政治上的选举制这两种制度。

纳税制促使纳税人有权了解政府的政治运作情况,由此产生关心并参与政治的需要。纳税制也迫使政府有义务将政府决策与事务运作情况定期向纳税人公布,接受纳税人的监督。

选举制赋予公众知情权、议政权,要求政治具有透明度。公众需要通过认真比较,精心挑选能真正代表自己意愿的人物去行政、执政,并且有权监督自己的代表能否准确地反映自身阶层的利益和意见。对于被选举者来说,为了登上或保住"席位",更需要及时倾听公众的呼声,关心和解决公众所关心的问题。

由于代议制的民主政治在经济上依靠纳税来支持,在政治上依靠选举制作为保障,当权者不得不重视与社会各界公众搞好关系。

在这种民主政治的社会中,其政治生活的特征表现为"官怕民"。政府机关、社会公共组织与其公众之间主要体现为服从关系,此外还有民主协商、民主对话、民主监督的关系。这为公共关系的兴起提供了政治条件。

三、现代公共关系学的发展

现代公共关系学一经产生便跨洋越海,首先进入英语系国家。1926 年,英国成立了官方公共关系机构"皇家营销部"。在 20 世纪 30 年代经济危机期间,该机构全力支持英国政府"买英国货"的号召,开展了全方位的公共关系活动,取得了惊人的成功。

从20世纪30年代的世界经济大危机到第二次世界大战,公共关系日渐为公众所了解、信服和重视,获得了长足的进步与发展。1939—1945年,《公共关系季刊》《公共关系杂志》《公共关系新闻》等专业性杂志在美国相继出现。1935年,美国公立学校公共关系学会成立。1947年,波士顿大学创办了第一所公共关系学院。

第二次世界大战结束后,公共关系进入了一个全面发展的时期。公共关系活动日益成为一种世界现象。1946年,法国出现公共关系机构,同年,荷兰也出现了公共关系事务所。以后,欧洲非英语国家,乃至亚洲、非洲、拉丁美洲地区都出现了相应的公共关系机构。1948年,美国公共关系协会成立,制定了《公共关系人员职业规范守则》,从而使公共关系活动进入了制度化、规范化的轨道。1955年,国际公共关系学会在伦敦成立。从此,公共关系作为一门世界性的行业而独立存在。

第二次世界大战后,由于新技术革命的不断深入发展,社会信息化、产业自动化程度提高,人与环境的依存程度进一步加深,这一切促使现代公共关系必须朝着理论系统化、技术手段现代化、公共关系活动国际化的方向发展。进入21世纪,随着互联网的广泛运用,人类在沟通传播领域经历了一场革命,如今,网络公共关系正方兴未艾。

◇ **同步案例1-3**

暴力驱逐亚裔乘客,美联航陷入公关危机

2017年4月9日,在美国芝加哥奥黑尔国际机场,美联航一架飞往肯塔基州路易维尔的航班因安排航空公司机务人员乘机,而要求4名乘客推迟行程让座,其中越南裔医生陶大卫拒绝下机而被机场保安人员强行拖拽。其间陶大卫摔倒撞上扶手,导致脑震荡、鼻梁骨折、掉落两颗牙齿。现场视频被同机乘客发布到网络后,引发舆论哗然,这起事件也让美联航陷入公关危机。

据报道,芝加哥检察长约瑟夫·弗格森表示,这些安保人员的处理行为不当,令事态从"非危险情况"升级为"身体暴力"。此外也披露,事发后有两名安保人员试图互相袒护,一人做出误导性陈述,另一人则企图隐瞒事件的部分细节。

事后陶大卫和美联航方面达成和解协议,但没有透露赔偿金额。美联航也宣布,今后将在超卖机位的情况下,为自愿放弃座位的乘客提供高达1万美元的补偿。

■ 资料来源:环球时报,2017-10-19.

思考题:
移动通信等传播技术的进步给企业公关带来了什么样的挑战?

第四节 公共关系学在中国的发展

一、公共关系的引进

公共关系于20世纪60年代传入我国香港和台湾地区。80年代初伴随着对外开放,公共关系步入我国内地,并逐步发展起来。由于东南沿海地区经济比较发达,加上又是我国对外开放的窗口,所以公共关系实务率先在东南沿海地区传播与发展起来,主要集中在宾馆、饭店和旅游业。

1989年电视连续剧《公关小姐》一经播出,一时间先进的公共关系理念和酒店管理方式,以及职业女性的风采成为国人的谈资。这部一举拿下"飞天奖"和"金鹰奖"的电视剧在当年既有效地传播和普及了公共关系的观念和知识,也推动了公共关系学在中国的发展。在一定意义上说,开创我国现代公共关系事业的是具有较高管理和经营水平的宾馆和饭店。在其后短短的几年内,公共关系也开始为一些大企业所重视和采用,并在实践中显示出威力。

二、公共关系学在中国的蓬勃发展

进入21世纪,中国企业已经逐渐走向世界,扎根于市场。公共关系的发展呈现新的特点。

第一,公关活动日益普及化、国际化。2010年7月,国际公共关系大会在中国举行,大会参会代表突破500人。中外著名企业总裁、国际公关公司全球CEO、国内外著名公关专家和学者列席会议并围绕大会主题"创新中的责任"发表精彩演讲。大会闭幕式上发布了中国公共关系行业绿色宣言,该宣言积极倡导低碳环保与绿色责任。大会总结了中国公共关系市场的最新成果,推动了中国公共关系行业的职业化、专业化和规范化发展。

第二,公关实务专业化。经过多年的发展,中国公共关系行业逐渐迈入公关实务专业化的道路。具体表现为以下几个方面。一是公关实务从内容到形式越来越丰富。从企业公关、政府公关发展到各行各业公关;从一般的新闻发布、媒介宣传、市场推广的营销公关到政府关系协调、大型活动策划等,公关手段与技巧更加丰富多彩。二是专业服务进一步细分,专业服务更加到位。公关公司从简单项目执行向高层次整合策划和顾问咨询方面转变。公关公司的业务操作规范更加国际化、标准化,服务水准将纳入国际统一的标准体系中。针对不同行业组织的专门化公关公司也已出现,如金融公关公司、旅游公关公司等。

第三,公关传播手段高科技化。随着新世纪科技的不断发展,各类组织已越来越认识到信息网络、现代传媒技术对公关传播的重要意义。实际上网络传播已经成为一种主流媒体并支持着公关传播的开展,如电子邮件、企业网址、网上新闻发布、网上展览、网络市场调查、网上新产品推广等,使公关传播的平等性、双向性、反馈性得到很大提升。

三、公共关系的现代理念

(一)坚守诚信理念

1. 现代市场经济中存在的诚信问题

进入21世纪以来,公共关系已经在理论和实践中取得了长足发展。然而,当代中国公共关系发展现状却不容乐观,如三鹿奶粉事件已经为我们敲响了市场经济诚信缺失的警钟。当前道德世界所呈现的无序失衡集中表现为诚信资源的缺失,经济方面有悖诚信现象尤为突出:见利忘义,大搞虚假宣传,假冒伪劣产品充斥市场;企业逃废悬空债务屡见不鲜,加大了金融风险;上市公司违规募资,股市黑幕现象时有发生;等等。这些与社会主义市场经济极不协调的现象使本应该充满关爱和温情的人际交往乃至公关活动被单纯的利益驱动所取代,严重损害了组织形象,使公众一时陷入无限的怀疑之中。诚信资源的缺失增加了市场交易的成本,降低了市场的运营效率,有碍市场经济的进一步发展,也会使公共关系建设走向歧途。

2. 诚信是公共关系的底线伦理

"诚信"最基本的含义就是诚实守信。早在古代商业活动中商人们就发现,除去自然变故外,最重要的经商条件就是商人乃至整个经济秩序的信用、信誉、信赖和信托程度。儒家伦理的信义观在我国传统的商业文化中,早已被视为最基本的道德规范。信义观念也是西方经济学家的一贯主张。保持良好的信用和信誉可以让只有少量财富的人,更好地利用别人的财富发财致富。守信用可以让个人和社会都较快地增加财富。讲信义、守信用、重信誉是市场经济的本质和内在要求。换言之,市场经济运行的前提条件是经济活动的参与者能够彼此恪守交往规则和以诚相待。诚实守信是维护和发展交往双方共同利益的根本保证,否则,经济活动就会因失去秩序保障而难以正常进行。

信用的确立离不开经济活动中主、客体之间诚信行为的选择与表现,所以,开展公关活动的所有从业人员以及与此相关的各种社会监控力量,都应当把诚信作为普遍的最低限度的职业操守,这是公共关系赖以生存和发展的底线伦理。"诚信者,天下之结也。"(《管子·枢言》)诚信是人们结交相处的基本准则,是人类社会最起码、最一般的行为规范,当然也就成为公关活动中的伦理起点和普遍要求。

3. 诚信公关的工作方法

把承担社会责任作为重要公关战略。组织要勇于承担社会责任,只有把经济绩效和社会责任结合起来,才能实现自身的发展。组织开展公关活动,要了解利益相关方的愿望和动机,倾听那些对组织声誉带来影响的声音,视社会责任为一种确保组织长期成功的有效投资,并最终使组织的使命更多地接近社会的各种期望。

以诚信制度规范员工和组织的行为。组织要建立一定的诚信制度,让诚信理念深入每一位员工的心里,将诚信作为组织的一种价值观,与员工的个人价值观达成统一。唯有如此,诚信才能在每一位员工代表组织的行为中表现出来。

讲信用、守合同。市场经济本质上是一种契约经济,也是一种信用经济。讲求信用是与市场经济相适应的道德观。而合同是保证组织正常进行生产经营的法律规范。信守合同是每一个组织必须具备的基本道德和法律行为,合同订立后,应按合同全面履行。这也是开展诚信公关的一个重要方面。

把坚守诚信理念作为对外公关的基石。诚信理念的树立一方面要靠道德自律和行业约束,另一方面要将组织公关活动与社会监督机制结合起来。通过公众反馈以及新闻媒体报道对组织的行为进行舆论监督。

(二)全员公关理念

1. 全员公关概念

全员公关是指一个组织中的全体人员都要具备公共关系的观念,而且每个人都是开展对外公关的主体。公共关系活动仅靠专职的公关人员去开展是不够的,必须要求组织全体人员的配合才能完成。每一位员工应该而且必须要有强烈的公关意识,不仅在工作中要时时处处严格要求自己,维护组织的形象,在组织之外的任何场合更要宣传组织、展示组织的形象。只有人人公关、时时公关,才能维护组织良好的形象与声誉。

2. 培养全员公关意识

既然全员公关在组织提升社会形象和效益上有如此重要的作用,就应该在组织内普及公共关系教育和培训,培养全员公关意识。

公共关系教育和培训的重点是思想教育和意识教育,培养全员的公共关系意识;其次是公关知识的普及教育,使全体成员都认识到组织的形象、声誉等无形资产比资金、设备更为珍贵、更为难得,创造和维护良好的形象和声誉要靠全体成员共同努力。公共关系是一项长期战略,是一种自觉的行动,是一项经常性工作,要把它与全体服务人员的服务业务、各职能部门的日常行政、后勤员工的保障服务等结合起来。

3. 做好员工的公关管理

对于员工的公关管理,要有意识地将员工逐步纳入组织形象管理的重要参与者,加强员工学习组织的理念、文化,不断地培养员工的公关意识,包括团队意识、产品形象意识、传播意识等。建立完整的全员公关操作机制,针对每个部门、每个员工的具体情况,给出相应的评价,使之不断进步。

4. 全方位树立组织的良好形象

组织的形象由领导人形象、员工的形象、产品的形象以及组织外观形象、标识形象等多个部分组成。

其中,组织领导人在各种场合代表组织,其形象与组织整体形象密切相关,或者说,领导人是组织形象的象征。就全员公关来说,领导人是全体员工的表率,具有最高要求。

员工的形象即员工作为组织的一员的精神风貌。组织要根据自身形象的需要使员工优化匹配,在招聘、选拔、录用人才之前,进行组织分析、工作分析及人员分析等。一方面,组织为员工提供足够的上升空间,对员工关心,为员工提供学习机会,使员工尽快适应组织形象的需要。另一方面,就全员公关来说,首先要求员工做到与组织形象协调一致,不做有损组织形象的事;其次要求员工不断提高自己的能力,保持健康、积极的心理品质;最后要求员工认可组织的文化、价值追求和发展目标。无论是领导人还是员工,都必须具有团队意识、创新意识和服务意识。

（三）公众利益为先理念

 1. 公众利益为先的重要性

公众是公共关系传播的沟通对象。没有公众的理解和支持，组织就不能生存和发展，所以要树立公众利益为先理念。组织应时时刻考虑自己的行为对公众利益的影响，自觉地将公众的意愿和利益作为决策和行为的依据，自觉地将了解公众、顺应公众、满足和服务公众作为组织基本的行为准则，自觉地保持组织利益与公众利益的一致性。

组织树立公众利益为先理念，一是有助于端正组织的经营方向，只有明确了方向，摆正了位置，弄清了使命，组织才能够持续经营；二是有助于提升组织形象，如果一个组织能够将自己的服务质量视为生命，把公众利益摆在首位，必能使社会公众对自己形成良好的印象和评价；三是有助于提高组织的经济效益，组织能够考虑社会公众的利益才能得到社会公众的认可，从而得到更多的消费者，实现更大的经济效益。

 2. 坚持互惠互利的原则

公众利益为先理念落实到公关工作中，就是要坚持互惠互利的工作原则。公共关系强调把公众利益放在首位，并不是说组织不追求自己的利益。任何组织都有自己的利益，公共关系所追求的利益目标是在公众利益实现的基础上实现组织自身的利益。组织利益的实现是通过为公众提供符合公众要求的产品和服务而取得的。

坚持互惠互利的原则，要求组织在公关实践中做到以下几点。

(1)全面理解公众利益。根据马斯洛需要层次理论，人的需要包括生存需要、安全需要、爱的需要、尊重需要和自我实现的需要五个方面。总体上讲，人的需要包括物质需要和精神需要。所以，满足公众需要，既包括满足公众的物质需要，也包括满足公众的精神需要。

(2)区分公众利益的性质。对于公众的利益要求，组织并不是无条件地去满足，要区分是积极健康、合乎法律和道德的利益要求，还是消极颓废、对个人和社会有害的利益要求。

(3)切实提高服务质量。服务是组织的发展条件，没有良好的服务，就不能满足需求层次越来越高、需求越来越多样化的客户群体。服务是组织在竞争中保持优势的源泉，各个类型的组织都有不同方式的服务，现代社会的竞争是服务的竞争。

（四）科学公关理念

公共关系要讲究科学性，公共关系运用的是社会承认的科学工作方法和沟通手段，而不是靠灵感或者经验来工作。科学公关理念就是使公关决策和公关活动建立在科学的理论和方法的基础上。

 1. 公关方法科学化

公共关系是塑造组织形象的科学和艺术。它以社会学、心理学、传播学、新闻学、组织行为学、广告学等众多的学科为理论基础。例如，公关活动的主体是各类组织，社会学、组织行为学中关于社会组织的理论，必然成为公关活动极有价值的理论基础；公关活动的效果最终要落在每个现实的公众身上，因此必须借助心理学的概念、范畴和理论方法，去把握人心理和行为的形成和转变规律、预测人的行为倾向；公关活动的手段是传播，因此传播学、新闻学、广告学关于传播的过程、效果等理论必然对公关活动具有直接的指导作用；公关活动的核心是策划，因此思维科学、领导科学的理论和方法对公关活动有一定的指导作用。

在组织环境日益复杂化的今天，组织的公关活动应具有较强的目的性和预见性，以保证组织与复杂变化的环境相适应。为此，加强对公关活动的管理必须采用科学的方法，其中最典型的是公关的四步工作法，即公关调研、公关计划、公关实施、效果评估。具体来讲，开展公关活动的基本步骤应是：第一，通过环境和形象调研确定公关问题；第二，根据公关问题确定公关目标，制订公关计划；第三，根据计划实施传播沟通活动；第四，通过调查、反馈评价公关活动的效果，寻找新问题，确定新目标，开始新的公关活动。这四个步骤相互衔接，循环往复，形成一个动态的环状模式，体现出公关工作的计划性、整体性和系统性。

 2. 坚持科学性的工作原则

公共关系作为一项专业化程度很高的工作，必须遵循科学性的工作原则，必须在科学理论的指导下进行工作。具体而言，要做好以下几点。

(1)公共关系工作必须专业化。对于大多数中小型企业，公共关系机构专业化是奢侈的，但至少要做到公共关系人员专业化。任何将公共关系工作看成某些人员的兼管工作，或认为公共关系就是迎来送往、谁都可以做的观念是不能使公共关系职能充分发挥的。

(2)公共关系人员进行公共关系工作时必须自觉地接受多种科学理论的指导。如利用社会学知识研究社会组织和社会群体，利用心理学知识分析公众的合理状况，利用传播学知识分析如何扩大传播范围和提高传播质量，等等。

(3)组织的任何公关计划和公关决策必须建立在对组织环境和公众充分调研、深入分析的基础上。进行公关调研必须采用科学的方法，既要进行定性分析，又要进行定量分析。

(4)组织重大的公关决策必须遵循科学的决策程序。遵循公共关系工作的科学性原则，同时必须认识到，公共关系工作不仅是一门科学，同时是一门艺术。在进行公关活动时，要注意把科学性和艺术性有机地结合起来。例如,公共关系工作主要是传播,传播就要特别讲究传播的技巧,如演讲的技巧、沟通的技巧、撰写公关稿件的技巧等。策划公关活动更需要讲究艺术性,使公关活动富有创造性。只有把科学性和艺术性紧密地结合起来,才能使公共关系工作达到预期的目的。

四、公共关系教育的发展

从目前来看,我国的公共关系还存在着许多问题,对公共关系存在着认识上的误区和运用上的偏颇。与公共关系的发展趋势和市场需求相比,我国公共关系教育明显滞后。关于公共关系的研究主要停留在纯理论研究,还缺乏对公关技术的研究,因此需要建立一套完整的专业公关业务培训机制和培训课程以弥补当前公关教育和研究的不足。

(一)加强组织伦理建设,遵守职业道德

职业道德是社会对各种不同职业所提出的专门化的道德要求。任何一种职业的从业人员只有认真履行自己的职业责任才能得到社会的认可,享受社会所给予的权利。有的组织在实施公共关系实务过程中,过于看重自身利益得失,忽视社会各层面的道德和规范,造成视角的偏差和行为的偏颇,从而使公共关系行为与一定的社会规范相抵触,触犯公众利益,损害组织形象。因此,组织在制订公共关系相关活动的计划时,应依据相关公共关系职业道德准则和社会伦理要求,规范公共关系操作步骤。

(二)组织管理者树立正确的公共关系理念

组织能否很好地运用公共关系为自己塑造良好形象,很大程度上取决于组织管理者的公关理念以及公关素质,其中最重要的就是组织管理者能否正确认识公共关系的重要性,并在此基础上加以运用。组织在社会中生存,不可避免地要与社会环境进行物质、信息和能量的交换,组织的生存、发展、目标及活动均受到外部环境的影响,要想组织在未来的竞争中脱颖而出,有远见的组织管理者会从组织的长远利益出发,关注组织的公共关系状态,在日常工作的各个环节从全局和战略角度加以协调和管理,努力使组织各部门与公关活动的实施相互配合。

(三)提高公共关系人员的素质

公共关系人员要注重自身素质的提高,树立强烈的公关意识,了解公共关系的相关理论与实务,努力学习与公共关系相关的如社会学、心理学、传播学等方面的知识,提高与公共关系事业发展相关的工作能力,注重与其他公共关系人员的群体组合和优化,在与社会公众的协作与交往中,努力寻求准确的目标与方法。

（四）加强公共关系事务管理

在组织公关活动运作过程中，最常见的问题就是缺乏系统性和操作程序，从而导致公共关系演变成急功近利的行为而达不到应有的效果。加强公共关系事务管理，即依据公共关系工作的内在联系和规律，按照一定模式来设计、组织、控制公共关系的实施过程，可将纷繁无序的公共关系工作改进为一种有目标、有计划、有步骤的活动。公共关系人员依照一定的步骤和程序，运用科学有效的管理方法处理和解决各种问题，这样才可使组织形象塑造过程更具有计划性、连贯性和规范性。

◇ 同步案例1-4

诚信，企业的立业之本

"零团费"与"负团费"是境外地接社给予境内组团社的一种优惠待遇，地接社没有收到游客所交费用，那么地接社的利润只能来自旅游过程中的购物和自费项目。

港澳游、东南亚游乃至欧洲游，大多是采用的"零团费"与"负团费"，这是旅行社行业公开的秘密。然而当游客到旅行社咨询报名时，旅行社一般都是否认的。对于业界以外的人来说，这是一个奇怪的现象。对于业界内的人来说，这是一个潜规则。

旅行社也有苦衷，由于国家旅游局规定禁止"零团费"与"负团费"，旅行社是不会也不能告知报名的游客真相。但这又是境外地接社的一个潜规则，旅行社又不能不做生意。于是就出现这种奇怪的现象。游客被蒙在鼓里，到了境外后，才知道参加的是购物团。

2010年3月，51人的港澳旅游团从安徽出发，香港接待社为D旅行社。这实际上就是一个购物团，如果游客不购物或者购物量不大，导游和司机会倒贴钱。该团在港旅游期间，香港接待社所派导游Z多次胁迫游客购物，并进行人身侮辱。该团游客将导游在旅游大巴上谩骂游客的言行暗录下来，回内地后将录像传至互联网上，引起社会广泛关注。这给旅行社的诚信带来严重的负面影响。

这种现象为什么能持续下去？由于绝大多数游客都不会选择投诉，所以旅行社的这种业务仍然能够做下去。

然而，这种现象真的能持续下去吗？

■ 资料来源：国家旅游局公布十大旅游"恶案".广州日报，2011-04-13.

思考题：
"零团费"与"负团费"是怎样损害旅行社的诚信的？

◇ **思考与练习**

1. 什么是公共关系?
2. 公共关系的构成要素包括哪些?
3. 现代公共关系在美国产生的原因有哪些?
4. 在未学习公共关系学时,你是怎样理解公共关系的,你周围的人是怎样理解公共关系的?

◇ **拓展案例**

二维码 1-1　　　　紧急公关

第二章　旅游企业公共关系部门与人员

◇ **学习目标**

知识目标：
了解公共关系组织机构的类型，了解公共关系人员的知识结构和能力结构。
能力目标：
掌握设置公共关系部门的原则及公共关系部门的日常工作。
情感目标：
理解公共关系人员的基本素质。

◇ **学习重难点**

公共关系部门的日常工作；公共关系人员基本素质的培养

◇ **本章关键词**

公共关系组织机构；公共关系部门；公共关系人员

◇ **导入案例**

"上海第一公关"一夜成名

　　尽管时间已过去了多年，但上海富豪环球东亚酒店营销总监高莉莉的第一公关范例如今依然被大学酒店管理相关专业的教学引用。
　　当时，高莉莉就任新建的金沙江大酒店的公关经理，获悉"真由美"（当时十分轰动的日本电影《追捕》女主角）的扮演者中野良子将携新婚丈夫访沪，高莉莉意识到这是提高酒店知名度的好机会，于是她积极采取一系列措施，电话直接联系中野良子，盛邀她下榻金沙江酒店。当中野良子挽着新婚丈夫踏进金沙江酒店的套房——一个点燃红烛的中国式"洞房"时，她动情地称"在金沙江酒店举行了'第二次婚礼'"。

第二天,海内外各大媒体竞相报道"日本新婚影星夫妇在异国他乡度过了一个出乎意外的蜜月之夜"。一夜之间,默默无闻的高莉莉成了"上海第一公关"。

资料来源:青岛饭店协会 http://www.qingdaoha.com/nwlist.asp? id=122.

思考题:

由本例谈谈公共关系部门在企业中发挥的作用。

第一节 一般公共关系组织机构

公共关系工作的开展,需要专门的机构来加以协调、控制,并在组织上予以保证。根据公共关系的历史与实践,可以将公共关系组织机构分为三类:组织内部的公共关系部门、组织外部的公共关系公司和各种公共关系社团。

一、组织内部的公共关系部门

(一)公共关系部门的含义

组织内部设置的公共关系机构一般称作"公共关系部",也有的称作公共事务部、公共信息部、公关广告部、沟通联系部、公共关系与公共事务部、团体关系部。"公共关系部"这一名称已在国际上得到了广泛应用。

公共关系部门是指组织针对一定目标、为开展公共关系工作而在组织内部设立的专业职能部门。

随着社会的加速发展,社会组织的形象管理工作日趋重要,公共关系部门的工作也日趋繁重。同时,公共关系的多种职能客观上也要求必须有相应的组织机构和人员来承担和实现。在现代社会中,社会组织要建立良好的公共关系,争取有利的发展条件,就必须有相应的组织机构和人员来承担信息采集、环境监测、决策咨询、联络沟通、协调关系等各项工作。

一个组织要想做好公共关系工作,不仅要在组织内部设置公共关系部门,更重要的是,要对公共关系部门的地位和作用、公共关系部门的特点、公共关系部门的设置原则有足够的认识。

（二）公共关系部门的地位和作用

公共关系部门的工作影响组织的信誉和形象，关系组织上下内外的信息交流，关系组织近期和远期的利益，同时关系组织在社会整体中的地位和作用。要充分发挥公共关系的职能，就必须对公共关系部门在组织中的地位和所起的作用有正确的认识。

 1. 公共关系部门的地位

公共关系部门在组织中处于中枢地位。公共关系部门是代表组织进行工作的，其工作处于全局性的地位。如对外代表组织发布信息，收集、储存和处理与组织密切相关的社会信息，分析和估测外界环境的发展趋势和发展方向，参加组织社交活动，协调处理员工、部门、领导之间的相互关系。公共关系部门的工作是全方位的、渗透型的，而不是局限于某个环节或某个方面，要参与组织的决策、执行、检查、评估的全过程，处理组织面临的全部公共关系工作。

公共关系部门是组织的重要职能部门。公共关系部门是由专门人员组成的贯彻组织公共关系思想、实现公共关系目标、执行公共关系职能、开展公共关系活动、处理公共关系日常事务的职能部门。公共关系部门在服从组织整体目标的前提下有自己明确的公共关系目标及实现目标的计划、措施和方法。

 2. 公共关系部门的作用

公共关系部门与组织内部的人事部门、计划部门、业务部门、财务部门一样，是重要的职能部门。公共关系部门在组织中发挥着如下作用。

第一，公共关系部门充当组织的信息情报部门。公共关系的首要职能就是采集信息，任何关系到组织生存、发展的信息都是公共关系部门收集的对象。组织通过对这些信息的收集和整理，了解现状，预测趋势，适应变化。公共关系部门在这方面要做的主要工作有：了解内部公众对组织的意见和建议；了解社会政治、经济、文化的现状及变化，并预测其未来趋势；了解外部公众对本组织方针、策略、行为的看法；等等。

第二，公共关系部门充当组织的决策参谋部门。公共关系工作关系到组织的信誉和形象，关系到与公众的沟通，关系到组织战略目标的实现，因而它不是一般的管理部门，而是组织的"智囊团""思想库"。公共关系部门不是在一线指挥和做最后决策，而是在采集、整理、分析信息的基础上，提供可供选择的决策方案，协助决策者进行决策。在现代社会，任何一个组织不能不考虑决策可能带来的社会后果，公共关系部门要站在组织目标和社会需要的立场上，综合评价各职能部门的活动已经或可能引起的社会效果，维持组织与外部环境的动态平衡。公共关系部门在这方面的具体职能是：为协调组织与公众的关系制定可供选择的行动方案；协助决策者分析和权衡各种方案的利弊；预测组织行为将产生的社会影响及后果;敦促和提醒决策者及时修正可能会导致不良结果的策略与行动。为了保证公共关系部门这一职能的发挥,不仅要求组织决策的民主化和科学化,而且在可能的条件下,还要求组织的决策者亲自领导这一部门或担任这一部门的负责人。

第三,公共关系部门充当组织的"宣传部""外交部"。一个组织要获得公众的了解、理解和信任,取得公众的支持与合作,需要不断向公众宣传组织的策略,解释组织的行为,增强组织的透明度。随着组织与外界交往日益密切,对外联络和应酬交际的任务越来越重,同时组织与外部的各种摩擦和纠纷也随之增多,需要进行协调。公共关系部门作为一个组织的对外机构就担负着这些工作。

（三）公共关系部门的特点

公共关系部门作为职能部门,与其他部门相比,特点非常突出。它不参加基层生产,也不直接参与企业管理,而是向其他部门包括决策部门提供高层次的智力服务。通常来说,公共关系部门具有以下三个特点。

1. 专业性

公共关系部门是从事公共关系的专业部门,其成员须受过专业知识训练,须具有广博的公关业务知识和明确的公关意识,承担着具体的公关任务。其工作带有很强的专业色彩,每一项公关业务都是一系列有目标、计划和步骤的公关行动。公共关系工作受公关理论指导,又讲究公关艺术,其工作内容是交际宣传、组织筹划、收集和整理各种信息资料。

2. 服务性

公共关系部门是决策部门的得力助手,属于较高层次的职能部门,但它又为组织提供信息咨询和智力服务,带有较强的服务性。公共关系部门为决策服务却不是领导,为产品打开销路但又不是推销员,过问组织的生产、管理等诸多事宜却不参与其事。其存在就是为了使组织在激烈复杂的竞争中获取最佳的经济效益和社会效益。

3. 协同性

公共关系部门与组织内其他部门之间是平等合作的关系,而且关系密切。一方面,公共关系部门为其他部门传递信息,提供咨询服务;另一方面,其他部门的公众又是公共关系部门的公关对象,关系密切而微妙。因此,组织必须慎重协调公共关系部门与其他部门的关系,才能通力合作,实现共同的目标。此外,就全局而言,要落实一项公关计划,没有组织内全体部门、人员的协同配合和一致努力,单凭公共关系部门自己的力量是无法实现的。

（四）公共关系部门的设置原则

由于组织规模、经营内容和环境因素的不同，组织内公共关系部门的结构规模也有相应的差异，但其设置原则是一致的。一般来说，设置公共关系部门应遵循以下原则。

 1. 针对性原则

在组建公共关系部门时，要根据不同的工作性质和组织面对的不同公众来设置机构、安排人员，不一定用一个固定的模式。例如，工厂要考虑产品的用户，商店要考虑顾客，宾馆、旅店要考虑旅客，政府机关则要考虑自己面对的工作对象。因此，只有遵循针对性原则组建起来的公共关系部门，才能有效和实用。

 2. 精简原则

精简原则是指在公共关系部门的结构、规模符合公共关系工作需要的前提下，将人员减少到最低限度。精简的主要标志是配备的人员数量与所承担的任务相适应，分工粗细适当，职责明确，并有足够的工作量。

 3. 专业性原则

公共关系部门是组织内部从事公共关系工作的专业部门，在组建时就要明确保证队伍的专业化和工作内容的专业化。

 4. 自动调节原则

公共关系部门具有相对的独立性，能够在确定的范围内自主地履行职责，并能适应客观环境的变化。在公共关系部门内部也要给各工作环节一定的灵活性，使其能够在不断变化的客观环境中主动地处理问题。当然，这种灵活性是以实现总目标为前提的。

二、组织外部的公共关系公司

在当今激烈的市场竞争环境里，不同的社会组织（包括一些个人）客观上都需要开展公共关系工作，但因组织的类型、规模以及行业的特点等方面不同，需要不同类型的公共关系机构。规模较大、资金雄厚的社会组织有条件组建自身的公共关系部门，而规模较小的社会组织无力也没必要专门建立公共关系部门。此外，即便组织设有公共关系部门，它们在某一个专门问题上往往需要求助同行专家,这就为公共关系公司的出现提供了可能和条件。

(一) 公共关系公司的含义

公共关系公司是由各具专长的公共关系专家和各种专业技术人员组成的,专门从事公共关系技术和咨询业务,或受客户(社会组织)委托为其开展公共关系活动提供服务性工作的营利性组织。公共关系公司的经营范围包括咨询诊断、联络沟通、新闻代理、广告代理、产品推介、会议服务、活动策划、礼宾服务、印刷制作、音像制作、培训服务等。

(二) 公共关系公司的组织结构

公共关系公司可从多角度来设立。从工作范围看,公共关系公司有局限于一地的小公司,也有跨地区、跨国界的大公司。从业务内容看,公共关系公司有承担单项业务的公司,也有承担多项业务的公司。从人员组成看,公共关系公司有几个人的小型公司,也有几十人的中型公司,还有几百人的大型公司。大中型公共关系公司一般由四个部分组成:① 行政部门;② 规划审计部门;③ 专业技术部门;④ 国际和地区部门。常见的公共关系公司的组织结构如图2-1所示。

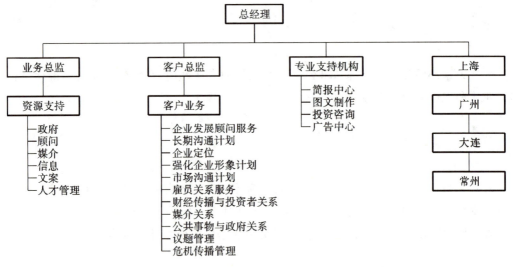

图2-1 常见的公共关系公司的组织结构

(三) 公共关系公司的分类

按照服务技巧和服务对象的不同,公共关系公司可以分为:专门为客户提供某种公共关系技术服务的公司;专门为特定行业提供咨询服务的公司;兼有以上两类职能的公司。

按照经营方式的不同,公共关系公司可以分为:公关与广告业务合营的公司;单独经营,开展综合性公关业务的公司;单独经营,开展专项公关业务的公司。

(四)公共关系公司的特点

公共关系公司从事或代理公共关系业务有如下特点。

(1)观察分析问题的客观性。公共关系公司与委托办理业务的客户没有直接的利益关系,公共关系公司的人员不是客户的员工,因而可以从外部冷静地观察问题,实事求是地分析问题,对问题做出客观的评价和预测。

(2)提出的建议和方案的权威性。公共关系公司是由各具专长的专家组成的,这些专家有着丰富的公共关系实务经验,因此,他们提出的建议和方案更具说服力,容易受到决策者的高度重视。

(3)信息来源的广泛性和渠道的网络性。公共关系公司长期从事公共关系实务,已经建立起一套较为完善的信息网络,同政府部门、社会团体、新闻媒介等有密切联系。信息来源广泛,渠道通畅,客户可以充分地利用有关信息作为决策的依据。

(4)公共关系活动整体规划的经济性。这一点主要是对中小型组织而言。组织内部设置公共关系部门必然会增加人员,从经济的角度考虑,并非最佳选择。根据组织的目标和计划,对于专业性强、规模较大的公共关系活动,经过整体规划之后,如果经济上合算,可委托公共关系公司代理。

公共关系公司也有一些劣势:公共关系公司不隶属于某一客户,对客户的情况了解不多,而且不易被客户充分信任,同时公共关系公司与客户之间还存在着沟通的困难、障碍,这些都在一定程度上影响公司业务的开展。

(五)公共关系公司的职能

公共关系公司的基本职能是帮助客户确立公共关系目标,通过调查研究,对客户进行准确的形象定位、制订并实施公共关系计划,以帮助客户改善形象,在公众心目中建立良好信誉。具体而言,公共关系公司的职能包括以下几个方面。

1. 公共关系咨询

公共关系公司可根据客户的要求,为客户提供政治、经济、文化、教育、科技等方面的情报,为客户提供市场信息、公众态度、社会心理倾向及社区文化习俗等方面的分析资料为客户进行公共关系问题的分析与诊断,为客户的形象设计、形象评价及公共关系决策提供咨询,等等。

2. 传播信息

公共关系公司可代为客户进行各种信息传播,包括:为客户撰写新闻稿件,选择新闻媒体,建立媒体关系,举行记者招待会或新闻发布会;为客户设计、印制宣传资料、纪念物品及统一的标识制品;为客户制作宣传影片、录像带或光盘等视听资料;为客户制订广告投资计划,设计、制作产品广告及公共关系广告;协助客户推广产品信息,制造有利的市场气氛;等等。

 3. 组织活动

公共关系公司可协助客户与相关公众进行有效的联络沟通;帮助客户与政府、社区、媒体等公众建立并维持良好的关系;为客户安排、组织重要的交往活动,如贵宾和社会政要的参观访问等;为客户策划组织各种专题活动,如剪彩仪式、庆典、联谊及各种社会赞助活动等;组织各种会议,如信息交流会、产品展销会及洽谈谈判会等。

 4. 人员培训

公共关系公司可代为客户进行各类人员的知识或技能培训,使其具有足够的公共关系理论知识和实际操作技能,以适应岗位的需要。

以上是专业公共关系公司的基本职能,需要特别指出的是,一个专业公共关系公司不应承接超出自己特定职能的业务项目,对有损客户整体形象的委托项目,也应力劝客户慎重考虑,一般不要简单顺从地听命于客户的主张。此外,专业公共关系公司不应该创办隶属于公司的生产性企业或经营性公司,这也是公共关系人员的职业道德所要求的。

(六)公共关系公司的工作原则

公共关系公司所从事的工作,一方面涉及客户的信誉和形象,另一方面要对社会公众负责。因此,公共关系公司在开展业务过程中应自觉遵守如下原则。

 1. 遵纪守法原则

公共关系公司既是服务性机构,也是一个经济实体。公共关系公司的首要任务是为社会服务,而不能将贸易开发、商品经营作为主营项目。公司的一切行为都要在国家方针、政策的指导之下,开展业务要遵纪守法,以高质量的服务赢得客户和公众的信任。

2. 保密原则

公共关系公司在代理客户的公共关系业务过程中,为保证实现公共关系目标,时常要了解客户的一些秘密,公司应严格为其保守秘密。特别是在双方合作结束之后,公共关系公司更应强化自我约束,不干涉客户内务,不损害客户利益。

 3. 客户至上原则

公共关系公司的宗旨是信誉第一、服务第一、客户至上。一切活动的开展应从客户的立场出发,竭尽全力为客户服务,如制订适宜的公共关系活动预算、提高服务项目和收费标准的透明度等,尽量为客户节省开支。

(七)公共关系公司的选择标准

公共关系公司与其客户有相互选择的权利,组织在选择公共关系公司代理业务之前,都依照如下标准来评价公共关系公司。

 1. 公司信誉

衡量公司信誉的因素主要有:公司成立时间、规模,在公共关系界是否有权威,可以提供哪些服务项目;公司以往的业绩,组织开展过哪些著名的公共关系活动,有多大影响;等等。信誉好、名气大的公司经验丰富,委托其代理业务可靠性强、成功率高,但可能缺乏创意且收费较高;资历浅、名气小的公司可能缺乏经验,但收费一般较低且可能有新颖的设计,能取得意想不到的效果。对此,组织可进行认真对比,最后确定代理公司。

 2. 公共关系人员的素质

公共关系人员的素质决定了公司的服务水准,如公司的从业人员是否受过专门训练,个人专业技术水平能否与客户的要求相一致并努力去满足其要求,能否保证按时完成工作,等等。

3. 公司客户情况

公司现有哪些客户,这些客户情况及对公司的评价如何。

4. 收费标准

一家信誉良好的公司可能是收费较高的公司,因此,组织选择和评价公司实际上是将其信任度、服务质量同收费标准进行比较。任何一个组织都希望花最少的钱取得最好的效果。

三、公共关系社团

(一)公共关系社团的出现

公共关系社团泛指为实现组织目标而自发组织起来的从事公共关系理论研究和实务活动的群众团体,主要包括公共关系协会、学会、研究会、俱乐部、联谊会等。

公共关系社团在国外出现得比较早。1915年7月,金融业的公共关系组织在美国芝加哥成立,它一开始是作为世界广告协会的一个组成部分,主要目标在于促使其成员"变革思想"。1947年它更名为金融公共关系协会,1970年又改称银行和市场协会。1917年4月,美国高等院校新闻协会成立,1930年改称全美高等院校公共关系协会,20世纪70年代又改名为"高等教育促进与支持协会"。1948年,美国公共关系协会成立,其总部设在纽约,下设80多个分会,分布在美国各地,其成员有一万多人。1968年,该协会设立了美国公共关系学者协会,在100多所高校中设立分会,有会员4000余人。

1955年,全球性的公共关系组织——国际公共关系协会建立。现在其会员来自60多个国家和地区,有1500多人。该协会以在世界范围内交换公共关系信息、经验和思想,改进公共关系工作的技巧及道德标准,增进公众对公共关系的了解为宗旨。通过每三年一次的国际公共关系大会和协会创办的刊物及其他非正式联系,为会员提供公共关系领域的最新研究成果和最新管理技术的信息,使他们能及时了解世界各个国家和地区公共关系事业的发展状况、前景和存在的问题,并共同商讨解决问题的对策。

在我国,最早成立的公共关系民间团体是1986年1月在广东地区成立的公共关系俱乐部。同年年底,上海市成立公共关系协会。随后有20多个省、市、自治区相继建立了公共关系协会或学会。在此基础上,全国性的公共关系组织——中国公共关系协会于1987年5月成立。

1991年4月,又一个有很大影响力的全国性公共关系组织——中国国际公共关系协会在北京成立。它侧重于开展高层次、外向型的公共关系活动,以促进国内外公共关系界的相互交流与协作。它作为国际公共关系协会的成员,曾多次派人参加国际公共关系协会大会,并邀请该组织负责人访华。

为了加强相互的联系与合作,各省、市、自治区的公共关系组织从1988年开始,每年召开一次全国性的公共关系组织联席会议。各公共关系组织通过这种方式,及时互通信息,共同研讨全国公共关系事业的发展趋势、存在问题，总结、交流工作中的经验，磋商繁荣公共关系事业之大计。

（二）公共关系社团的特征

公共关系社团作为非营利性的群众组织或社会团体，其自身的性质决定了它具有以下特征。

1. 人员组成的广泛性

公共关系社团的成员由热心于公共关系事业的各行各业人士组成，既包括其所在地区的企业、新闻、科技、文教、法律、党政机关等单位的人士，又包括社团所属行业中有代表性的单位，具有行业分布的广泛性和人员构成层次、职业的差异性等特点。通过这种组织，可以形成四通八达、纵横交错的信息联络网，广采信息，广交朋友，广辟渠道，广泛合作。

2. 组织结构的松散性

现在公共关系社团没有统一的组织模式。组织之间也非隶属关系，组织内部结构根据自身需要灵活设置。

3. 工作内容的服务性

服务是公共关系社团的宗旨。通过优质的服务，既可以满足社会对公共关系的需要，又可以提高自身的知名度、信誉度和权威性。

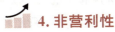

社团本身不是一个经济实体，不应以营利为目的。它不能直接从事经营活动。

（三）我国公共关系社团的类型

为适应我国改革开放和市场经济不断发展的新形势，各地区出现了多种多样的公共关系社团。

1. 综合型社团

综合型社团主要指不同地区范围的公共关系协会，如中国公共关系协会，中国国际公共关系协会,北京、上海、天津公共关系协会等。这种类型的社团一般自筹活动经费,有的是民办官(政府部门)助。其职能多是服务、指导、协调、监督等。

2. 学术型社团

学术型社团主要包括公共关系学会、研究会、研究所等学术团体。通过举办理论研讨会、学术交流会,总结公共关系的经验,研究公共关系的理论问题,把握公共关系的发展趋势,引导公共关系事业的发展方向,对公共关系实践进行理论指导。

3. 行业型社团

行业型社团是一种行业公共关系组织。由于行业的不同,公共关系工作的特点也有所不同。公共关系组织的行业化在国际上已成为一种发展趋势,现在我国有煤炭行业公共关系专业委员会、浙江省新闻界公共关系学会等。行业型社团在组织上保证了公共关系事业得以在某一行业深入发展,是一种很有潜力、大有前途的公关社团组织形式。

4. 联谊型社团

联谊型社团形式松散,一般没有固定的活动方式,没有严格的会员条件,组织名称各异,如公共关系俱乐部、公关沙龙、公关联谊会等。其主要作用是在成员之间沟通信息、联络感情,建立良好的人际关系。

5. 媒介型社团

媒介型社团即通过创办报纸、期刊等传播媒介,并以此为依托组建起来的公共关系社团。这类社团直接利用媒介探讨公共关系理论,普及公共关系知识,交流公共关系经验,传播公共关系信息,树立公共关系形象。目前我国的公共关系主要报刊中,《公共关系导报》等报纸、《公共关系》《公关世界》等期刊在公关界具有一定的影响力。

(四)公共关系社团的工作内容

1. 联络会员

每一个社团都有自己的会员,社团与其会员建立经常性的联系,把社团办成"会员之家",同时与其他公共关系社团建立横向联系,形成网络系统,建立合作关系。这项工作通常由社团内的会员工作部或外联部承担。

2. 制定规范

制定、宣传公共关系从业人员职业道德行为准则,并检查执行情况是社团的一项基础性工作,也是衡量公共关系社团正规化的重要标准。世界各国的公共关系社团都十分重视会员的道德行为。美国、英国等国家的公共关系协会制定了明确的公共关系人员职业道德准则。

3. 专业培训

公共关系社团将专业培训作为一项经常性的工作,有的公共关系社团本身就是一所培训学校。英国公共关系协会经常举行 CAM 证书和文凭两个层次的考核(CAM 为英国传播、广告及市场营销教育基金会的英文简写)。

4. 普及知识

公共关系社团有义务向公众宣传和介绍公共关系的基本知识,并且为会员和公众提供公共关系技巧和管理方面深造的机会。

5. 编辑印制出版物

编辑出版公共关系方面的书籍、报刊,是宣传公共关系知识的重要手段。在美国,公共关系方面的主要出版物有《国际公共关系评论》《公共关系新闻》《公共关系季刊》《公共关系杂志》等;在英国,主要有《公共关系》《公共关系简报》《公共关系年鉴》等。

◇ **同步案例2-1**

博雅公共关系公司

美国博雅公共关系有限公司成立于1953年,是全球领先的公共关系和公共事务公司。公司在公共关系、公共事务、广告及与网站相关的服务领域向客户提供战略思维和项目施行服务。公司的全球无缝网络由44个全资事务所及49个子事务所构成,在全球57个国家开展业务,拥有1600名专业员工。

公司在北京、上海、广州和香港设有运营公司,为客户提供全方位的传播咨询和服务,其中包括公共事务、B2B市场营销、品牌管理、企业及财经传播、危机管理、潜在突发事件或有争议问题的管理、传播培训等。博雅亚太区的业务网络还包括墨尔本、首尔、新加坡、悉尼和东京。博雅公关公司在惠灵顿、奥克兰、曼谷、伊斯兰堡、卡拉奇、马尼拉、孟买、新德里和台北等城市拥有合作伙伴。

■ 资料来源：http://www.bmchina.com.cn/cn/.

思考题：

收集资料，介绍一家著名的公共关系公司。

二维码 2-1

大众中国副总裁谈公关

第二节 旅游企业公共关系部门

旅游业的三大支柱企业是旅游饭店、旅行社和旅游景区企业。公共关系工作是旅游企业的一项长期的、经常的、有计划的工作，因此，有相当规模的旅游企业需要有专门的机构对公共关系工作加以协调、控制，并在组织上予以保证。

一、公共关系部门在旅游企业中的地位

公共关系部门是现代旅游企业经营管理中必不可少的，在旅游企业中有着重要的地位。公共关系部门在企业中扮演一种"边缘""中介"的角色，即公共关系部门处在管理部门与其他职能部门之间、管理部门与企业外部环境之间，负责建立联系、沟通信息、协调行动。

（一）公共关系部门在旅游企业内部管理中的地位

以系统论的观点来看旅游企业的管理结构，公共关系部门作为旅游企业的一个子系统，介于管理关系系统与其他非管理关系系统之间。公共关系部门负责沟通和协调高层管理者

与其他职能部门之间的关系,以及沟通协调各个职能部门之间的关系。它要向各个关系系统提供信息,协调分析、判断和决策。公共关系部门可作为旅游企业的一个职能部门独立存在,亦可作为管理关系系统的一部分(如总经理办公室的一个机构)存在。

例如,酒店的公共关系部门,除要进行日常公共关系工作外,还要负责监督、协调各职能部门实施酒店的经营决策,并及时把各职能部门的执行信息和公众的反应反馈给总经理,提出适当的对策供总经理参考。通过公共关系部门的协调,使各职能部门密切合作,酒店持续保持良好形象,吸引更多的宾客。

(二)公共关系部门在旅游企业外部管理中的地位

在外部经营管理中,旅游企业与外部环境存在着广泛、复杂的关系。经营管理活动需要与外部各界公众相互沟通和相互影响。公共关系部门介于企业与公众之间,对外代表企业,对内代表公众,通过传播活动保持企业与公众之间的双向沟通。

二、旅游企业公共关系部门的设置(以酒店为例)

不同的旅游企业,公共关系部门的设置各有不同。下面以酒店为例来分析。

(一)按隶属关系来分类

1. 高层直属型公共关系部门

高层直属型公共关系部门是指公共关系部门直接向总经理负责,或由一位副总经理兼任公共关系部门的经理,如图 2-2 所示。它不仅体现了公共关系部门在酒店管理中举足轻重的地位及职能的全面性,而且说明了公共关系部门超越酒店的一般职能部门,具有较大的自主权,有利于工作的开展。

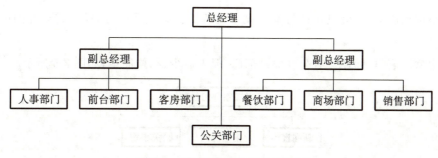

图 2-2　高层直属型公共关系部门

2. 部门并列型公共关系部门

部门并列型公共关系部门是指公共关系部门与其他职能部门平行排列处于同一层级,与酒店的最高领导层有着直接联系的权利和机会,如图2-3所示。

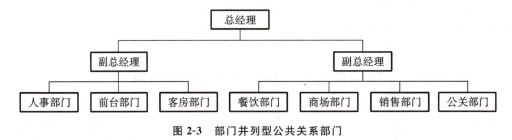

图2-3　部门并列型公共关系部门

3. 部门所属型公共关系部门

部门所属型公共关系部门是指公共关系部门附属于酒店的某个部门,通常是附属于销售部门或前台部门。这种设置中,公共关系部门地位不突出、功能不全面,只突出了公共关系部门在酒店中的促销功能和礼宾接待功能,如图2-4所示。

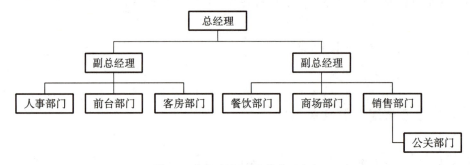

图2-4　部门所属型公共关系部门

（二）按内部分工来分类

（1）小型酒店类：一般只在销售部门设专人负责公共关系事务,而不成立专门的公共关系部门。

（2）中型酒店类：即使设有公共关系部门,但人数少、结构简单,如图2-5所示。

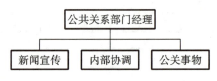

图2-5　中型酒店类公共关系部门

（3）大型酒店或酒店联号集团类：一般有结构比较复杂的公共关系部门，如图2-6所示。

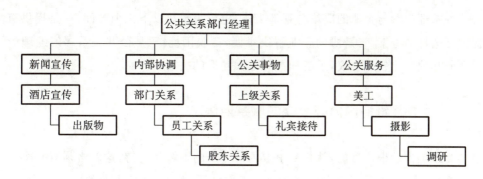

图 2-6　大型酒店或酒店联号集团类公共关系部门

三、旅游企业公共关系部门的作用

（一）公共关系部门的内部分工

公共关系部门的内部分工，一般可分为对内关系处理、对外关系处理和专业技术制作三个方面。

（1）对内关系处理。对内关系主要是员工关系、部门关系、股东关系等。处理这些关系主要运用员工调查、编印内部刊物、举办员工活动、撰写年度报告、召开股东大会等方法和手段，增强员工和股东的归属感、自豪感，调动员工的积极性，增强企业的凝聚力。

（2）对外关系处理。对外关系主要指政府关系、社区关系、媒体关系、顾客关系等。处理这些关系主要运用社会交往、新闻宣传、公众舆论引导等方式，巩固和改善企业与外界各方面（如政府、社区、服务对象、新闻媒体、合作者、竞争者）的关系，广结良缘，推销企业形象，创造良好的外部环境。

（3）专业技术制作。专门负责写作、编辑、出版、广告设计、新闻发布、组织公共关系专题活动等技术性工作，提高企业公共关系活动的技术水平。

（二）公共关系部门的基本任务

公共关系部门是旅游企业重要的职能部门，其工作内容和活动也是多方面的。公共关系部门的基本任务有如下几个方面。

1. 参与企业的决策与管理

公共关系部门参与企业的决策与管理工作，主要表现在以下三个方面：一是提供有关信息和提供可选择的方案；二是协助企业解决难题，摆脱困境；三是公共关系部门经理应该出席董事会或其他高层领导会议，了解和参与重大问题的决策。

 2. 建立并维持同内外公众的联系网络

公共关系工作的根本目的，就是要争取内外公众的了解和支持，这就必须有一个十分通畅的联系网络。公共关系部门应根据企业的工作性质、范围，明确企业的内外公众，然后有计划、有步骤地建立同这些公众的联系网络。比如保持与新闻界的密切联系，组织和安排领导人参与外界的有关活动，制作各类公众联系名单，等等。

 3. 调查研究，了解内外公众的意见

公共关系部门要经常对公众进行调查，收集内外公众对企业的看法、意见。公共关系部门的调查研究工作应包括公众的舆论调查、态度调查、企业形象调查、市场调查、职工思想状态调查等内容。这种调查研究必须经常化、制度化、专门化。了解内外公众的意见是公共关系规划中确定传播对象的前提。

 4. 选择传播信息的方式和渠道

公共关系实务是双向沟通，了解公众意见的真正目的是通过主动行动让公众的意见向支持企业的方向转变。选择能有效地影响公众的信息传播方式和渠道是公共关系部门的基本任务之一。公共关系部门要依靠平时积累的资料，判断对哪些公众宜采用哪一种传播方式和渠道，从而选用最有效的一种。

（三）公共关系部门的日常工作

旅游企业的公共关系部门有大量的日常工作，这些日常工作完成得好坏，直接关系到公共关系部门定期活动和专门活动能否顺利进行。公共关系部门的日常工作大致有：① 随时收集企业内外公众的各种意见；② 拟订介绍企业情况、工作进展、好人好事等的新闻稿；③ 同各种传播媒介的新闻记者保持紧密联系；④ 协同摄影制作者拍摄、整理、保存资料图片；⑤ 及时同有业务往来的公共关系顾问公司保持联系；⑥ 同主管部门、政府有关部门人员保持联系;⑦ 对企业在公众心目中的形象做出评价;⑧ 了解竞争对手的公共关系活动情况;⑨ 设计、筹划、监制企业的各种宣传品和赠品;⑩ 培训公共关系工作人员。

（四）公共关系部门的专门活动

公共关系部门的专门活动是为了达到若干特定的目的而集中人力、物力和经费进行的。每一次公共关系专门活动,都应起到明显的效果。旅游企业公共关系部门的专门活动主要有:① 筹划、安排公共关系广告;② 安排来访者参观;③ 协助专业人员拍摄关于企业情况的录像或电视片;④ 设计并委托制作企业的标志、吉祥物等;⑤ 组织举办展览会;⑥ 组织新产品介绍会;⑦ 组织安排开业仪式;⑧ 组织、安排企业的庆典;⑨ 处理危机事件;⑩ 筹划、安排新闻活动。

◇ **同步案例2-2**

中国国际旅行社公共关系部门的成功预测

2000年底,中东、非洲旅游线路非常火爆,我国许多旅行社纷纷增加投资,扩大旅游规模。

中国国际旅行社(以下简称国旅)的公共关系部门通过信息分析,预测中东地区可能发生重大政治危机,于是向国旅领导层提出如下建议。

(1)向中东派驻观察员,增加情报收集。

(2)适当调整中东旅游线路,不增加资金投入。

(3)加强日本、韩国、澳大利亚和东南亚各国旅游线路开发。

该建议得到国旅领导层的重视和采纳。2001年,"9·11"事件后,中东旅游迅速冷却,国内许多旅行社因此蒙受了大的损失,而国旅不但没有受到影响,反而因未雨绸缪而增加了许多新的顾客,扩大了企业影响,提高了企业利润。

■ 资料来源:https://www.docin.com/p-2565956473.html。

思考题:
旅游企业公共关系部门在预防危机事件过程中可以发挥什么样的作用?

第三节　旅游企业公共关系人员

一、旅游企业公共关系部门经理人员

旅游企业公共关系部门经理人员是指旅游企业公共关系部门的经理、主任等角色。旅游企业公共关系部门经理人员是确立和贯彻落实旅游企业公共关系计划的决定性因素。

（一）旅游企业公共关系部门经理人员的基本要求

1. 能力要求

具有创造力是成为一名出色的旅游企业公共关系部门经理人员的基础，而增强创造力应培养如下特质：深厚的涵养；启发下属创意的能力；获得投资人的信任；计划能力；决断力与责任感；消除员工不安的能力；能从不合理中发现道理的能力。

2. 知识要求

旅游企业公共关系部门经理人员的知识要求包括知识结构、专业经验、眼光、技术四个方面。

在知识结构方面，经理人员要对旅游企业的专业分工有全面的、系统的基本知识，充分理解各个专业的作用和它们相互间的关系，对旅游企业组织活动的各种环境和层面有明确认识。

在专业经验方面，经理人员要熟练掌握旅游企业公共关系专业的理论、方法、工具及其应用，懂得它们是如何发展的。

在眼光方面，经理人员要了解旅游企业组织活动所在的国际社会、经济、政治和自然环境，理解它们之间互相依存的关系，能认识并解释全球趋势，能识别国际、国内旅游企业发展机会。

在技术方面，经理人员要懂得并致力于营销与广告技术的应用，懂得传播技术在工作场所的应用以及它们对旅游企业及社会所产生的普遍影响。

3. 道德要求

第一，恪守道德准则。坚持基本道德原则，身体力行；对旅游企业环境和决策中涉及的道德问题有敏锐的认识；对个人、旅游企业、社会有义不容辞的责任感。

第二，不断提高自我修养。努力提高自己，保持求知欲，尊重知识和学习，不怕承认缺点和无知；能做自我反省，也能省察他人；关心社会，关心自然环境；善于从实践和经验中学习。

第三，重视自己的长处，正确认识自己的短处。能接受批评；能应付逆境；能从错误和失败中吸取教训；能承担责任并与他人分享权利；能独立思考，有自信而不傲慢，不依靠外界的表扬来保持自信。

（二）旅游企业公共关系部门经理人员的主要职责

旅游企业公共关系部门经理人员的主要职责包括以下方面。
(1) 结合企业的工作目标，提出和制订工作计划，确定工作预算。
(2) 争取上级批准，支持计划的落实，组织人力、物力、财力等进行计划的具体实施。
(3) 参与企业决策层会议，提供有价值的参谋咨询建议。
(4) 总结评估企业的公共关系工作，提出调整修正意见。
(5) 协助企业领导解决其他公共关系问题。

（三）旅游企业公共关系部门经理人员的来源

1. 外部招聘

外部招聘的经理人员一般具有成功的经验和较高的素质，能带来新的管理方式，甚至带来新的关系渠道，但往往缺乏企业工作的内部基础，缺乏对企业文化的认同，缺乏与同事之间的沟通和默契。因此，企业必须对外部招聘的经理人员进行培训、给予帮助，使其尽快融入企业环境，以便更好地发挥作用。

2. 内部培养

旅游企业公共关系部门经理人员除来自外部招聘外，内部培养也是其产生的重要途径。旅游企业公共关系部门经理人员的内部培养应从以下两个方面来考虑。

第一，从营销队伍中培养公共关系部门经理人员。企业的营销队伍主要包括市场部门、客户服务部门和销售部门。营销队伍中的主管和员工、分公司经理以及驻外办事处主任都有可能成为公共关系部门经理人员的培养对象。其主要优势在于有本企业的工作背景、对企业发展战略和企业文化有比较深的认同感、具备基本的行政管理能力、有比较丰富的市场运作经验、对企业产品和服务定位有比较好的把握,但其缺乏公共关系部门经理人员作为专业人士所需要的基本知识和运作经验。

第二,从行政管理部门中培养公共关系部门经理人员。行政管理部门中的高级职员可考虑培养成公共关系部门经理人员。其主要优势在于有本企业的工作背景、对企业发展战略和企业文化有比较深的认同感、具备基本的行政管理能力、熟悉相关政策法规、有比较好的驾驭能力、与政府或行业主管部门有良好的关系等。他们同样缺乏公共关系运作的专业知识和经验。

二、旅游企业公共关系顾问

旅游企业公共关系顾问是以高深的理论和实践能力为客户进行商务公共关系方面服务的专家。

(一)公共关系顾问的优势

公共关系顾问相对于旅游企业内部的公共关系职能部门来说,具有如下优势。

第一,能较客观地看待旅游企业的一切。公共关系顾问能以局外人的身份对旅游企业的状况予以科学评价,帮助旅游企业明确目标,具有较强的可信度。

第二,敢于对旅游企业的计划或行为提出否定意见。当旅游企业的情况很糟时,当事者迷、旁观者清,且由于决策层的压力等因素,企业内部公共关系人员较难看准或否定原有计划或目前行为。公共关系顾问的权威性身份和不受旅游企业人事关系制约的地位可以比企业内部人员更能提出否定意见。

第三,经验丰富,专门性技术强。公共关系顾问一般都具有某方面的专长,特别是他们长期从事旅游企业公共关系实践活动,接触过各种各样的客户,处理过大量公共关系事件,形成了较丰富的经验和实务水平。这是旅游企业内部公共关系人员所不能比及的。

第四,具有畅通的关系网。公共关系顾问在长期的公共关系实践中结识了方方面面的社会关系,形成了畅通的关系网。这些关系网在关键时刻都可以发挥作用。而旅游企业的公共关系部门,由于其业务受限,难与公共关系顾问相比拟。

(二)公共关系顾问的业务

公共关系顾问应努力评估和审度来自客户方面及社会各界的意见,将其发现向企业管理部门做出解释说明,并帮助管理部门最后确定改变或改善公众意见的计划。公共关系顾问可以是旅游企业的合伙人,而绝不是它的代替人。

具体概括一下,公共关系顾问的业务主要是:通过调查分析及有关技术手段查出旅游企业存在的问题,分析问题产生的原因,得出结论;针对问题的处理提出建议,供决策者参考;接受委托制订旅游企业公共关系行动计划,负责整个计划的实施工作。

三、旅游企业公共关系员工

(一)旅游企业公共关系员工的分类

旅游企业公共关系员工是指进行具体技术方面或事务方面工作的人员,可以划为专门技术人员和事务性人员两大类。

1. 旅游企业公共关系专门技术人员

旅游企业公共关系专门技术人员主要包括与新闻媒介打交道的具有采访、写作、编辑、摄影能力的专职写作人员、美术设计人员、经济谈判人员、营销人员以及法律财务管理人员等。这些专门技术人员是旅游企业公共关系计划与目标的具体执行者和业务技术的实施者。他们有一技之长,受过专业训练,可以出色地在某一方面完成旅游企业公共关系任务。

2. 旅游企业公共关系事务性人员

旅游企业公共关系事务性人员是指公共关系部门中专门负责行政事务的人员,比如公共关系助理、秘书、办公人员等。公共关系事务性人员是旅游企业公共关系公司或部门中不可忽视的因素。其主要任务是迎来送往、采购接待、传递文件等,如接待内外宾客,安排会议,管理传递文件,接听电话,购买礼品、机(车、船)票,项目的催账,等等。

事务性人员的行为往往直接反映旅游企业公共关系的形象。因此,对公共关系事务性人员的要求主要包括:懂得公共关系知识;善于运用一般公共关系技巧;掌握公共关系礼仪;思维敏捷,善解人意,工作勤恳。

(二)旅游企业公共关系员工的职业修养要求

旅游企业公共关系员工的职业修养是指员工在思想品质、道德意识、政治觉悟、文学艺术、知识技能等方面的长期自我锻炼以及由此达到一定程度与水平。

一个全面修养的旅游企业公共关系员工应该具有道德力量、智慧力量和意志力量的内在统一,即认识、理智和情感的统一。也就是说,旅游企业公共关系员工要具有对情感的控制力和自制力,注重意志修养、行为修养、人格的完善,生活有信念并意志坚定地按照自己确定的公共关系信念去选择行为,这样才会有一种稳定的力量支持行为的完成并持续发展,逐步达到在旅游企业公共关系工作中所追求的目的。

旅游企业公共关系员工应具备如下职业修养。

1. 政治修养

要在思想上、行动上与社会保持一致;具备政治敏锐性,具有远见卓识;具有强烈的事业心、责任感;工作上任劳任怨。

2. 思想作风修养

要保持思想端正、作风正派、诚实可靠、勤奋工作;勇于开拓、富有创造性;谦虚谨慎、尊重客户、善于合作;仪表整洁、谈吐文雅、举止大方,具有优秀员工的工作气质。

3. 职业修养

旅游企业公共关系员工的职业修养包括以下几个方面。

1)职业理想

职业理想也称事业理想,是指旅游企业公共关系员工的职业选择和向往以及在职业活动中所追求的事业成就和奋斗目标。旅游企业公共关系员工根据自己的现实需要和个人具体条件(知识、文化、能力、特长、经验、身体、兴趣、爱好等)选择旅游企业公共关系为理想职业,并希望在从事的职业和工作中有所成就、有所创造和发展。如果单纯为谋生而选择职业,就很难树立高尚的、有价值的职业理想。

2)职业态度

职业态度是职业理想的外化,是指旅游企业公共关系员工在职业活动中的状态、语言、行为的具体表现。如工作上表现为主动或被动、积极或消极。

3)职业责任

职业责任是职业份内应做的事,是指旅游企业公共关系员工自觉把职业份内的事做好。责任心或责任感,也称自觉态度。旅游企业公共关系员工的责任感表现为,在职业活动中,对自己完成职业任务的情况持积极主动、认真负责的态度而产生的情绪体验。

4)职业义务

职业义务是职业行为要求道义的责任,是指旅游企业公共关系员工在职业活动中,对他人、对职业所应尽的责任。在旅游企业公共关系工作中必须承担一定的责任,履行各种义务应是自愿的、无私的,但不排斥为得到报酬或某种利益去做对他人、对集体、对国家、对社会有益的事业,具体工作中应该表现为任劳任怨、甘为人梯的精神。

5)职业纪律

职业纪律也称职业约束,是指旅游企业中要求成员共同遵守的、业已确定的行为规范或要求。

6)职业良知

职业良知也称职业的自觉意识,是指旅游企业公共关系员工在工作中,对道德、责任的内心感知和对行为的自我评价。职业良知表现为明辨是非善恶,具有恻隐之心、同情心、怜悯心等。

7)职业荣誉

职业荣誉是指由旅游企业公共关系员工个人的自尊心、名誉感、自我感、集体主义感所组成的一种对职业的态度与看法。职业荣誉是使人积极向上、建立功勋的强大动力。

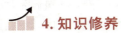

4. 知识修养

旅游企业公共关系学是一门综合性、边缘性的社会应用学科。旅游企业公共关系实务是一项综合性技术很强的艺术活动。因此,从事旅游企业公共关系工作的人员必须具备复合型的知识结构,否则难以胜任现代旅游企业公共关系职业要求。

旅游企业公共关系员工的知识结构主要由如下两个方面构成。

1)公共关系原理与实务知识

公共关系原理知识主要包括公共关系的概念、本质,研究的基本问题,公共关系的历史、职能,公共关系的模式,沟通传播原理,公共关系角色,道德,公共关系人员素质,等等。

公共关系实务知识包括公共关系的基本礼仪、组织形象设计与创建、专题活动策划、新闻制造、公众分类、危机事件处理等。

2)旅游企业公共关系基础理论知识

旅游企业公共关系基础理论知识是指与旅游企业公共关系基本理论及实务相关的一些理论知识。如管理学科类,包括管理学、行为科学、领导科学、管理心理学、市场学、营销学等;又如传播学科类,包括新闻学、传播学、广告学、符号学等;此外还包括其他社会科学,如伦理学、哲学、美学、环境装饰学、生态学、社会学等相关学科知识。

5. 能力修养

旅游企业公共关系员工顺利完成工作所必备的能力修养主要表现为表达能力、社交能力、组织管理能力、自控应变能力、研究创造能力。

1)表达能力

表达能力包括口头表达能力和书面表达能力。

口头表达有演讲和交谈两种方式。演讲是指在特定的场合对公众发表专题讲话,是争取公众、树立形象、制造舆论的重要手段。交谈是一种与个别公众进行人际交往的常用手段。交谈可以争取客户、加强沟通、创造稳固的人事关系，是旅游企业公共关系交往中非常重要的沟通手段。

书面表达能力包括正确地运用语法，写出易懂、具有情报价值和较强说服力的稿件以供公开发表和讲话使用，也包括能写出具有较高政策水平和可供操作的有关文案、制度等，是旅游企业公共关系员工所应具有的基本能力。

2）社交能力

旅游企业公共关系员工的社交能力是与公众迅速沟通、多方协调、获得好感、取得合作的一种综合能力，是衡量一个人是否具有现代素质的标准之一。

3）组织管理能力

旅游企业公共关系员工的组织管理能力表现为：一是组织管理的计划性，这种计划性体现在不仅要知道为何进行，还要明确进行什么、怎样进行、先做什么、后做什么等，能有条不紊地推进工作；二是组织管理的周密性，这就要对工作做全面的、细致的策划考虑，既要注意大的方面如主题、形式等，也要注意小的方面如仪表仪容、端茶倒水等；三是组织管理的协调性，能够注意调动各方面的因素，如人、财、物、信息等，使工作的进展状态良好。

4）自控应变能力

自控应变能力是指旅游企业公共关系员工在遇到突发事件的情况下能稳定情绪、随机应变的一种能力。

5）研究创造能力

旅游企业公共关系是一门科学，也是一种艺术。它的社会功能是沟通、理解、协调、拓展，是富于创造性的智慧的劳动；它涉及面广，灵活性大，其方式也就表现为一种独创性。旅游企业任何一次成功的公共关系活动，必然都是一次思维和行为的创新，也必然是一种新的工作方法的尝试。一个富有创造力的旅游企业公共关系员工，必然想象丰富、独出心裁，能够把各项活动搞得新颖别致、有声有色，产生良好的公共关系效果。如果墨守成规、生搬硬套，必然千篇一律、毫无生气。因此，开拓、创新可以说是现代旅游企业公共关系的主要特征。

6. 心理修养

一个优秀的旅游企业公共关系员工不仅应具备良好的政治、思想作风修养，具有良好的职业道德、广博的知识和卓越的工作能力，还必须善于了解和调节自己的心理，保持心理平衡，善于跨越心理障碍，以健康的心理品质协同智力因素发挥综合作用。旅游企业公共关系员工的心理素质主要体现在自信心与意志力、情绪与胸怀、气质与性格、兴趣与好奇心四个方面。

1）执着的自信心与坚强的意志力

自信心与意志力是旅游企业公共关系员工取得成功的重要心理素质。

2)良好的情绪与宽广的胸怀

良好的情绪是指乐观向上的、稳定的情绪。乐观向上的情绪受人喜爱。旅游企业公共关系员工在工作中要像一团火,富有感染力,要保持充沛的精力和热情,使人们能够感到愉悦、兴奋、充满生机和活力。

3)高雅的气质与开朗的性格

气质是人的一种典型的、稳定的心理特点。这些特点以同样的方式表现在各种活动中。公共关系人员应注意克服自己气质中的弱点,而发挥和培养类似热情、爽快、敏捷、坚定、整洁、稳重等气质中的优点,使其为公共关系工作服务。

4)广泛的兴趣与好奇心

好奇心较强的人也是易于对诸多人和事产生兴趣的人。好奇心强才能萌发想象力和创造意识,感兴趣才能使这种想象力和创造意识持续下去,进而推进旅游企业公共关系活动的开展,取得旅游企业公共关系效应。旅游企业公共关系员工的好奇心和兴趣是同旅游企业公共关系职业紧密相连的。

旅游企业公共关系员工须同各行各业、各种公众、各色人物打交道,必须有广泛的兴趣才能对他们有所了解,建立交往基础。兴趣会影响一个人的工作态度,影响对问题的钻研,甚至会影响其敏感性。一个人对其所从事活动的兴趣越浓厚,事业心就越强,就越能排除一切干扰,以全身心投入创造性的活动。

◇ 同步案例2-3

旅游接待人员应该具备相应的素质

国内某家专门接待外国游客的旅行社,有一次准备在接待来华的意大利游客时送每人一件小礼品。于是,该旅行社订购制作了一批纯丝手帕,每个手帕上绣着花草图案,十分美观大方。旅游接待人员带着盒装的纯丝手帕,到机场迎接来自意大利的游客。没想到车上一片哗然,议论纷纷,游客显出很不高兴的样子。特别是一位女游客,大声叫喊,表现极为气愤。

■ 资料来源:https://www.diyifanwen.com/fanwen/shangwuliyi/4408937.html.

思考题:

问题可能出在什么地方?告诉我们什么道理?

◇ **思考与练习**

1. 旅游企业公共关系部门有怎样的职能作用？
2. 概述旅游企业公共关系员工的职业修养要求。
3. 对不同类型的旅游企业公共关系人员分别应有哪些不同要求？
4. 思考如何提升自己的人才素质和道德修养。

◇ **拓展案例**

二维码 2-2

一则招聘启事

第三章　旅游企业内部公共关系

◇ **学习目标**

知识目标：
掌握处理旅游企业内部公共关系的艺术。
能力目标：
掌握改善员工关系、股东关系的方法和手段。
情感目标：
理解做好内部公共关系的重要性。

◇ **学习重难点**

改善员工关系、股东关系的方法和手段；处理非正式组织关系的策略

◇ **本章关键词**

员工关系；股东关系；非正式组织

◇ **导入案例**

酒店员工零流失

很多酒店到年底离职率高，但杭州某酒店不存在这个问题，到底他们有什么灵丹妙药？原因就在于他们高度关注员工关系。下面仅以新员工为例，看看这家酒店是如何留住员工，做到零流失的。

(1) 新员工在试用期内自己决定上班时长。新员工试用期只有7天，而不像一般酒店试用期长达三个月到半年。7天内任何一方提出终止关系的，不计工资；过了7天双方继续工作关系的，7天的工资全部发。试用期期间，新员工自己决定上班时长，可以

全天,可以几个小时,甚至可以是一会儿。如果能顺利度过试用期,则按照全天出勤支付工资。

(2)7天后有优秀师傅带。顺利度过试用期后,酒店会安排思想品德好、技能好的师傅带新员工,开始对他们要求"规矩"。

(3)举行新员工欢迎仪式。新员工加入后的第10天,酒店会举行隆重的新员工欢迎仪式,店长、主管层全部参加,并上台致辞。此外,老乡之间要彼此熟悉,握手和拥抱,用感情温暖新员工。

(4)把梦想视觉化。新员工加入一个月后,会被要求、引导思考自己的人生规划,并把它写成文字或者做成图片,贴在床头,同时上级保留一份。

(5)做到"三捧原则"。任何老员工不可以在新员工面前讲公司、上级、团队的坏话,只可以讲好话,捧上级、公司、团队。

(6)转正后有个"交心"仪式。新员工要承诺在酒店工作的每一天都全心全意,为自己的未来全力以赴,在酒店工作期间不变心。

(7)分配机制明确。把酒店的营业额和每位员工挂钩,都有超额奖,年底都有分红。

(8)管理方式亲情化。要求每位上级把员工当作自己的兄弟姐妹,从帮助他们实现梦想这个角度出发开展工作。

■ 资料来源:https://xw.qq.com/partner/sxs/20210120A0AHLU.

思考题:

有人说顾客是上帝,而员工是第一,你怎样看?

第一节　旅游企业内部公共关系概述

任何组织要想在现代社会中求得发展和繁荣,首先都必须积极协调内部公共关系,优化内部生存环境,得到内部公众的鼎力支持与配合。只有加强内聚力,使内部的每一个员工都自觉团结在组织奋斗目标的旗帜下,才能充分调动其工作积极性,发挥其个人创造精神,从而不断增强组织在社会中的整体竞争能力。

组织内部公共关系的重点在于:尊重内部员工的知晓权,强化组织内部信息的有效沟通;尊重内部员工的个人价值,增强组织内部上下级之间的情感交流;尊重内部员工的参与权,强化组织内部决策程序的民主性和科学性;尊重内部员工的主人翁地位,强化组织内部个人创新精神和激励机制,畅通创造性建议的展现与接收渠道。

一、旅游企业内部公共关系的基本内容

(一)旅游企业内部公众和内部公共关系网络

 1. 旅游企业内部公众

旅游企业内部最主要的目标公众是员工和股东,除此之外,还有部门、小团体以及"威望人物"等关系。所谓"威望人物",是指那些虽未担任公职但在人群中享有威望的人物。这类人物往往形成某一群人的意见主宰,能够起到左右舆论的作用。旅游企业协调内部目标公众的关系是强化企业的凝聚力、防止分裂涣散的重要手段。

需要说明的是,股东是一类特殊公众,那些能参加股东大会、选举董事会、制定公司规章制度的较大股东,属于内部公众,而那些持有少量股票、经常换手、完全不参与企业任何活动的股东,可列为外部公众。

 2. 旅游企业内部公共关系网络

旅游企业内部公共关系网络主要由如下基本要素构成。

(1)领导层。领导层一般是企业内部公关活动的主体,但也可成为上级部门的公众。领导层可分为董事会、总经理、党委等领导部门和成员。

(2)职能部门和各中层、基层组织。这些部门、团体的领导者是企业领导层的首要公关对象,也是直接面对广大员工的公关主体。

(3)一般员工。凡是不在企业中担任一定级别正式领导职务的员工都属此类。

这些构成要素形成了多种内部公共关系,如员工关系,领导层中决策、行政、监督部门之间的关系,各级部门之间的上下级关系,各部门、团体之间的分工协作关系,等等,构成了纵向关系、横向关系、斜向关系交织的公共关系网络。

 3. 旅游企业内部公共关系的形成

旅游企业内部公共关系的形成源于股东、经营者和一般员工各自的利益需求。

(1)股东需求。股东是企业的所有者,与企业的生存和发展休戚相关,其信心和态度有时可以左右企业的存亡。股东的需求应得到理解,主要有三个方面。一是收益权,这是最重要的权利,股东对企业进行投资,无时无刻不在关心自己的收益。二是决策权,股东关心自己的回

报,自然需要一个强有力的领导班子,因此他们往往通过股东大会和董事会选择自己欣赏的经营者。三是知情权,信息对于股东有着特别重要的意义,是股东进行分析、判断和决策的基础。股东希望能够随时获得企业经营状况的信息,从而来了解企业的发展动力和前景。

(2)经营者需求。经营者在企业中拥有经营决策权,其利益需求主要有以下几点。首先,希望企业在自己的管理下健康快速发展。经营者固然需要足够的物质回报,但更多的还是希望能够在岗位上锻炼自己,实现自己的人生价值。其次,追求个人报酬的最大化。企业经营者的报酬往往和企业的业绩挂钩,如果企业发展了,其报酬自然水涨船高。再次,期盼良好的企业文化氛围。这意味着企业员工能够彼此谅解、相处融洽,人际关系和谐,这实际上也是做好内部公共关系所要追求的最大目标。

(3)一般员工需求。一般员工的利益需求主要有以下几点。首先,合理的薪酬和较好的福利待遇。各种形式的薪酬和福利待遇是员工生存和发展的基础,一方面管理者有责任引导员工发扬献身精神,另一方面也要切实关心员工的薪酬水平。其次,晋升机会。员工所理解的晋升不仅是更多的报酬,而且也是个人价值的升华。再次,和谐的人际关系。企业员工在工作中离不开各级同事的支持,和谐的人际关系实际上也是一种满足和个人的胜利。

(二)旅游企业做好内部公共关系的重要性

第一,做好内部公共关系是满足员工不同层次需求的直接要求。员工在企业工作,有多种需求。按照马斯洛的需求层次理论,人的需求分为生理需求、安全需求、社交需求、尊重需求和自我实现需求五类。人们工作不仅为了金钱收入,而且有较高层次的需求需要得到满足。

第二,做好内部公共关系是企业良好发展的重要保证。企业塑造良好形象、与外界各类公众达成和谐的交往状态,要依靠企业全体成员的共同努力。有效的内部公共关系活动能够激发员工相互合作、努力工作的积极性,并能使员工愿意传播有利于塑造企业良好形象的信息。很难想象企业人心涣散、矛盾重重、提供不了优质产品和服务、员工经常散布对企业不满的言论,却能够依靠企业少数成员来塑造良好形象。

第三,做好内部公共关系是化解企业内部各类矛盾的途径。与其他企业一样,旅游企业内部存在一系列矛盾,包括企业一般员工内部的矛盾,企业经营者和一般员工之间的矛盾,企业经营者、一般员工和股东之间的矛盾。这些矛盾都需要化解。

(三)旅游企业做好内部公共关系的目标

旅游企业的内部公共关系主要通过塑造公共关系文化达到下列目标:
(1)增加企业全体成员对企业目标的承诺、共识和凝聚力;
(2)协助企业全体成员适应外部环境;
(3)共享企业价值;
(4)非正式沟通功能的良性展现。

（四）旅游企业做好内部公共关系的原则

 1. 诚意原则

人类的一个基本特性是有合作行动的欲望。管理部门如能对此进行适当的指导，真诚地采取实际的步骤去谋求合作，许多员工关系问题的解决就有了前提。

 2. 尊敬与尊重原则

任何人都想使自己的工作成果得到社会的承认、同行的肯定。管理部门对员工的工作表现如能以尊敬和尊重的态度加以赞扬，使员工看到自己的价值、精神上感到满足，将会大大地激发员工创造性的劳动精神。管理部门在满足员工物质需求的同时，要注重精神鼓励，切忌以批评或斥责作为鞭策的唯一或主要的手段。

 3. 安全原则

安全感对员工来说主要是指工作稳定和生活有保证。安全包括合理的福利、人身安全保护、医药保健、退休金政策、员工能自由提出批评和建议而不遭受损害等。

 4. 公平原则

当今是自由平等思想深入人心的时代，员工要求管理部门对一切公共事务的评价都要诚实无私、秉公办事。管理部门一定要清除营私舞弊作风，严禁裙带关系蔓延。没有秉公办事的信念与作风，就不可能取得员工的信任与爱戴，更谈不上与员工的真诚合作以及良好员工关系的建立和维系。

 5. 艺术性原则

艺术性原则要求化解矛盾一定要注意手段的多样性，采取多样化的方式、方法和技巧，实现内部公共关系的协调。强调艺术就在于内部公共关系的协调可能采取更为迂回灵活的方式，而不拘泥于某一固定模式。

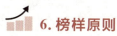 **6. 榜样原则**

员工一般是向领导者的精神状态和行为看齐。领导者的形象起着直接示范作用，影响

到广大员工。如果领导者的形象不能引起员工的尊敬和信任,不但企业产品和服务的质量、员工的士气难以提高,而且企业的良好形象也难以建立。

 7. 时效性原则

企业内部矛盾在一定范围内如得不到及时的解决,可能会给企业带来灾难性的后果。因此,公共关系部门一定要抓住时机,及时了解各方需求,迅速化解矛盾。

二、旅游企业内部公共关系对领导者的要求

在科技高度发展、以互联网和现代通信方式为代表的信息时代,各类旅游企业将面临一个全新的经营环境,为实现内部公共关系的目标、完成企业的工作任务,需要有高素质的领导者。领导者在处理与员工的关系时要掌握主动,要更有艺术性。

第一,知人善任,做到人尽其才。这是领导者在处理与员工的关系时首先要做到的。作为一种组织内的角色关系,领导者与员工之间的关系属于因为职业的需要、个人的需要而建立起来的业缘关系,这种关系本身带有强烈的现实目的性,包含了实现自身价值、获得价值回报等内容。领导者不能将血缘关系、地缘关系带入上下级关系的处理过程中。领导者要做到心底无私、公正无偏地看待每一个员工;领导者还要能够体察入微,看到每一个员工的特别之处;最后领导者还要能够在恰当的时间和地点给予员工适当的激励和支持。

第二,赏罚分明,珍惜员工的付出。员工做出努力是期望有回报的,这种回报可以是金钱、物质财富,也可以是认可与赞赏、心灵的安慰等。如果员工的付出与回报不能维持一定程度的平衡,领导者就不可能从员工那里获得尊重与认可,更谈不上良好的人际关系。

第三,胸阔似海,宽容员工的过失。领导者心怀宽容,善待员工的过失,就能够为企业提供更加宽松的心理与制度环境,使得员工有勇气工作、报知遇之恩。宽容失败是一种美德,领导者宽容失败或者过错,是需要勇气和担当的。宽容他人更容易获得尊重与信任,从而建立起良好的、稳定的人际关系。

第四,平易近人,能与员工打成一片。领导者与员工的交往应该建立在平等、互相尊重基础上,领导者可以通过各种活动、寻找各种机会与员工感情交流,不怕暴露自己的弱点。

三、旅游企业处理内部公共关系的艺术

（一）树立全体成员主人翁意识

旅游企业要正确认识员工在企业中的主人翁地位。员工个人的价值与企业的价值在根本利益上是一致的。同时，旅游企业的领导者要注意培养和强化员工的主人翁意识，尊重和发挥员工的价值，善于"换位"体验员工角色，为员工的成长和发展创造有利的软环境。

（二）积极沟通，增强全体成员的民主与参与意识

旅游企业要取得良好的内部关系，应该注意保持内部成员间信息的传播和沟通。企业要增加管理工作的透明度，制定重大决策时应让员工和股东知晓，并让其参与讨论，这样即使有失误，也会获得员工与股东的谅解。

（三）开展丰富多彩的活动进行感情投资

旅游企业通过开展丰富多彩的活动，可以增进成员之间的感情交流。

（四）善于做思想工作，提高全体成员的忠诚度

员工对企业的忠诚度是衡量企业与员工关系的一个重要标志。旅游企业应特别注意向员工灌输积极的思想，树立员工对企业的忠诚心，千方百计培养员工对企业的信念，激发员工对企业的自豪感和归属感。股东也有忠诚度的问题，旅游企业要善于做好股东的思想工作。

◇ **同步案例3-1**

西安杨森公司建立和谐内部关系

西安杨森制药有限公司（以下简称西安杨森）是目前我国医药工业规模最大、品种最多、剂型最全的先进技术型合资企业之一。合资中方为陕西省医药工业公司，外方为美国强生公司的成员——比利时杨森制药有限公司。西安杨森在建立和谐内部关系上有独到的做法。

一、营造充满人情味的内部关系

西安杨森的管理实践,充满了浓厚的人情气息。每当逢年过节,总裁即使在外出差、休假,也不会忘记邮寄贺卡,捎给员工一份祝福。员工过生日时,总会得到公司领导的问候,这不是形式上的、统一完成的贺卡,而是充满领导个人和公司对员工关爱的贺卡。员工生病休息,部门负责人甚至总裁都会亲自前去看望,或写信问候。员工结婚或生小孩,公司都会把这视为自己家庭的喜事而给予热烈祝贺,公司还曾举办过集体婚礼。公司的有些活动,还邀请员工家属参加,一起分享大家庭的快乐。西安杨森的内部刊物,名字就叫《我们的家》,以此作为沟通信息、联络感情、相互关怀的桥梁。根据中国员工福利思想浓厚的状况,公司一方面教育员工要摒弃福利思想,另一方面又充分考虑中国社会保障体系不够完善的现实,尽可能地为员工解决实际生活问题。经过公司中外方高层领导之间几年的磨合,终于形成共识:职工个人待业、就业、退休保险、人身保险由公司承担,有部门专门负责;员工的医疗费用可以全部报销。在住房上,公司借鉴新加坡的做法,并结合中国房改政策,员工每月按工资支出25%,公司相应支出35%,建立职工购房基金。如果基金不够,在所购房屋被抵押的情况下,公司负责担保帮助员工贷款。这样,在西安杨森工作4~6年的员工基本上可以购买住房了。

二、用爱国主义的传统教育增强企业凝聚力

西安杨森的90多名高级管理人员和销售骨干,与来自中央和地方新闻单位的记者及中国扶贫基金会的代表一起从江西省井冈山市的茅坪镇向茨坪镇挺进,进行30.8千米的"96西安杨森领导健康新长征"活动。他们每走3.08千米,就拿出308元人民币捐献给井冈山地区的人民,除此以外个人也进行了捐赠。公司还向井冈山地区的人民医院赠送了价值10万元的药品。前任总裁罗健瑞说:"我们重视爱国主义教育,使员工具备吃苦耐劳的精神,使我们企业更有凝聚力。因为很难想象,一个不热爱祖国的人怎能热爱公司?而且我也爱中国!"

■ 资料来源:MBA智库百科。

思考题:

营造和谐的内部关系对企业健康发展的意义何在?

第二节　旅游企业内部公共关系的公关方法

一、员工关系及其公关方法

（一）员工公关的重要性

1. 员工是形成旅游企业力量的主体

员工是企业赖以生存的"细胞"。企业的兴旺发达与企业员工有着最密切、最直接的关系。企业经营的方针、策略、计划、措施等都要通过员工的活动去贯彻和实施，企业的生存活力有赖于员工积极性、创造性的调动与发挥。

员工是旅游企业的主体，又是旅游企业公共关系的客体。搞好公共关系，要充分发挥旅游企业的主导作用，这就必须注意员工关系，搞好内部的团结，融洽内部的关系，提高员工素质，培养全员公共关系意识。这样才能提高旅游企业整体公共关系工作的效果。

2. 员工是旅游企业直接面向游客的主力军

第一，员工是旅游企业最主要、最活跃的生产力，产品质量、服务质量取决于员工的素质、责任心和敬业精神。

第二，员工是旅游企业的基层实践者，工作繁忙而辛苦，关心员工的工作与生活，高标准、严要求，有利于创造出一流的产品和服务。

3. 员工是塑造和推销旅游企业形象的积极因素

企业形象直接关系到企业的生存与发展。一个企业要塑造良好的企业形象只能靠自身良好的社会行为。良好的社会行为需要领导者精心经营企业，但更多的、大量的、经常的是靠全体员工坚持不懈的努力来造就。企业的每一位员工都在自觉或不自觉地充当着企业的"外交官"的角色。因此，搞好员工关系就成了企业树立自身良好形象的前提。

（二）改善员工关系的方法和手段①

 1. 开展员工的意见和建议征询工作

1）员工意见调查

对员工的意见进行调查是旅游企业了解员工意见的一种常用方法。这种做法可为员工提供表达意见和态度的机会，可为企业改进策略、改善工作条件、平息员工的不满情绪、解释各种误解提供依据。员工意见调查的方法有单独会见、个人意见调查表调查、座谈会、团体调查等。

2）设立员工接待日或接待时间

企业的最高管理机构除了应随时保持开放以接待员工来访反映情况外，还应公开定出专门的接待日或每天专门的接待时间用来接见员工，随时准备听取员工的意见，这样才能与员工保持密切的接触。

3）建立健全处理员工申诉的专门机构和处理程序

建立健全专门处理员工申诉的机构和处理程序，是健全员工关系管理制度的重要一环。企业对来自员工的申诉，一般先由基层管理人员进行处理，然后基层管理人员根据指示将员工的不满情绪、所反映的意见按规定和程序上报有关管理部门。如果基层管理人员解决不了申诉问题，就应根据规定把事项提交负责员工申诉的专门主管机构或人事部门处理。处理申诉的主管机构除了直接或间接通过基层处理员工申诉外，还应定期检查各管理部门对员工申诉的处理和落实情况，研究各时期从员工的申诉中反映出来的员工关系问题，为企业改善管理、进行决策提供咨询意见。

4）向专业机构咨询

向员工关系顾问或专业机构提出员工关系问题的咨询，主要是通过借助专家的力量来间接了解员工问题，寻找解决问题的方法。通过咨询外部专家，调查研究的结果往往会更为客观。

5）建立员工建议奖励制度

建立员工建议奖励制度是企业了解员工意见的另一种常用方法，但单纯奖励是不够的，企业还应及时对员工的合理建议进行处理和落实，员工才会对此项制度保持持久的热情，使这种制度更行之有效，达到改善员工关系、促进精诚合作的目的。

 2. 与威望人物进行沟通

与员工中的威望人物进行沟通是企业与员工进行非正式沟通的一个重要手段。威望人

---

① 参阅纪华强编著《公共关系的基本原理与实务》有关内容。

物在员工中拥有较高的威信和较强的影响力,企业在这方面进行努力不仅是为了影响少数威望人物,更重要的是为了通过威望人物进一步去影响员工。为了与威望人物建立良好的沟通关系,充分发挥与威望人物沟通上的作用,在具体工作中应注意以下几点。第一,对威望人物所反映的情况和意见应持重视和信任的态度。第二,工作安排上尽可能地让威望人物担任一些重要职务,尽可能把企业的正式和非正式沟通渠道结合起来。第三,多与威望人物商量,争取其认同与合作。例如,做出新决策前,先听取威望人物的意见。日常工作中也要及时联系,把企业的情况、发生的问题告诉威望人物,争取其合作与支持。不能用任何压力手段把威望人物变成企业的单向传声筒,否则其威望就会荡然无存,很快为别人所取代。这对企业的形象、威望人物个人的形象、员工关系等百害而无一利。

3. 公开举行定期演讲和员工会议

1) 定期演讲

第二次世界大战期间发展起来的管理当局定期向员工发表演讲已逐渐成为一些企业与员工进行沟通交流的制度。管理当局定期进行演讲的目的如下:一是向全体员工及时报道本企业或与本企业有关的重要新闻及对形势进行的分析,引导员工正确认识形势;二是不断地直接向员工发出号召,进行有力的鼓动,以增强员工对企业的向心力;三是可借演讲的机会,面对面直接回答员工提出的各种问题,及时解决员工的疑惑和误解,最快、最直接地把最高管理层的声音传达给每位员工。

2) 员工会议

员工会议是由管理当局周密设计和布置,邀请员工(部分或全体员工)参加的会议,是管理当局与员工有效联系的方式。在大型的员工会议上,管理者可直接向员工发布企业的工作总结、新工作计划、新策略、新产品、新方法及内部问题,或发表鼓动性演讲。在会上还可通过褒奖有成就的员工、奖励长期服务的员工及有独创性建议的员工等形式来激励员工的士气。小型的员工会议则可用来组织管理者与员工代表共同研讨有关管理、技术、利益分配等问题,使员工切身感受到参与管理的权利。如有的企业每年都召开全体员工或由员工代表参加的员工年度会议,由总经理向员工做年度总结和未来计划的报告。有的企业每月都召开各种内容的员工座谈会,来讨论企业的管理、财务、救济、福利及广告等问题。有的企业则定期召开员工座谈会,专门向员工解释经济形势、答复咨询、征求意见等。

4. 完善员工记录,处理好员工职业生涯中遇到的问题

完善的员工情况记录是建立良好员工关系的一项基础工作。员工情况记录也称为员工进步报告,目前在有些企业已实行数字化管理。

设立员工记录是为及时协助员工解决自身不善处理的各种问题,以避免这些问题所产生的恶劣情绪给员工个人和工作带来损失。及时对员工进行心理辅导,以减轻其心理压力,有利提高工作效率,减少事故发生,同时能让员工感受到来自企业的关怀和爱护。

接纳新员工是员工关系的开端,企业应力争给每一位新员工留下良好的第一印象。例如,对新员工的加入,人事部门应做好迎接工作,按照一定的程序向新员工介绍企业的情况并把新员工介绍给未来的主管或领班,为新员工创造一种亲切良好的环境。接着还要不断对新员工表示关怀,并开始定期紧跟、访问、会谈。这不但可使新员工尽快消除陌生感,适应环境,也可及时了解新员工是否称职并协助其改进工作、迅速了解新的职务。此外,可以组织一些活动,尽量让新员工能充分展露其才能,发现出色的人才可以及时提拔重用。解雇员工时,应安排周详,将解雇决定提前私下告诉本人,对解雇的理由应做详细说明,并向员工提供建议性的批评意见。这可使该员工今后避免发生同样的错误,也有助于缓解其低落的情绪。应叮嘱有关管理部门提前发给被解雇人应得的工资、津贴等,尽可能使被解雇人感受到来自企业的关心和负责任的态度。

 5. 其他员工沟通手段

第一,各级管理人员应定期与员工进行个别会谈。即使是高级管理人员,也应定期与个别员工进行简短交谈。这样可促使员工的具体问题得以解决,也可加深管理人员与员工的感情。

第二,企业的管理人员不定期视察本企业的各个部门。这除了有利于管理人员亲自了解掌握实际工作情况之外,也可使得管理人员与员工之间建立、保持联系,有利于消除两者之间的陌生感和隔阂,使员工产生荣耀感,激发员工的干劲。

第三,招待员工及其家属。这不仅是良好的员工沟通手段,而且是培植员工良好的工作态度和协作精神的好方法。管理人员可借此与员工家属会面,增加与员工的亲近感。

第四,在公共大众传播媒介上刊登新闻和广告。这种沟通手段不仅有利于推进企业的外部公众关系、建立企业的社会形象,而且有利于提高员工的自豪感。当员工看到企业的新闻或广告被刊播出来会倍感亲切,因而也有利于员工关系的发展。

二、股东关系及其公关方法

股东是企业的所有者,而企业经营者和一般员工是企业的雇员,这两个主体有着明显不同的利益。前者可能注重长期行为,后者可能注重短期效益,两者之间天然存在着某种对立、冲突,这种对立和冲突常常集中于收益分配上。为使两者的利益达到均衡和谐,引入企业内部公关机制是十分必要的。

在现代企业,企业经营者大多身兼公司股东,对于实施员工持股计划的公司,一般员工也可能是公司的股东。这使得股东公众的关系变得更为复杂。

（一）公共关系学中的股东公众概念及特点

一般意义上的股东公众是指由机构与个人投资者及证券行业相关机构与人士构成的特定公众群体。公共关系学中的股东公众概念更为宽泛：既包括机构投资者，也包括个人投资者；既包括大股东，也包括小股东；既包括战略投资者，也包括短线操作者；既包括社会投资者，也包括内部员工持股者；既包括董事长、董事这类持股很多的高层投资者，也包括普通员工这类持股很少的基层投资者；有时还包括并没有直接投资的证券监管部门、券商、投资信息机构与专家等。股东公众是营利性经济组织特有的内部公众之一。股份公司在西方已有三百多年的历史，员工持股计划的发展也有了半个多世纪，因而在西方不仅股东公众是成熟的，而且组织处理股东关系有着一整套成熟的方法。在中国，虽然股东公众产生很晚，但它是发展很快的一个公众群体。

（二）旅游企业做好股东公共关系的意义

旅游企业建立良好的股东公共关系是为了稳定已有的股东队伍，获得股东的信任与支持，创造出有利的投资环境和融洽气氛，争取新的投资者。因为股东的投资利益取决于企业的生产经营活动，作为投资者和资产拥有者，他们具有法定的投资权益。

第一，团结员工，建立利益共同体。在企业员工中推行员工持股计划、期股期权制度等的根本目的不在于吸引投资或改变资本结构，而在于通过这些计划与制度，将全体员工的利益以及员工与企业的利益绑在一起，建立利益共同体，使得员工与企业风雨同舟。因此，从本质上说，这些计划与制度不仅是一项资本制度，同时是一项激励制度。懂得了这一点就会明白做好股东公共关系的意义。

第二，吸引稳定的战略投资者。上市企业无不希望吸引稳定的战略投资者以增强自身的发展实力。企业要靠好的形象，即较高的知名度和美誉度来吸引投资者，而良好的经营业绩只是良好企业形象的基础与主要组成部分，因此还需要与重点股东建立良好的信赖合作关系，使股东对企业的发展充满信心。

第三，完善落实企业监督机制，使企业健康发展。缺少监督的企业最终必然失去控制，走向歧途。股份制的重要作用之一是建立监督机制，由股东实现对企业经营管理的监督，而有效监督的前提是完善的信息披露制度，以保证企业经营的公开与透明。因此，开好董事会、股东大会，写好企业年报，等等，不仅仅是董事会和企业经营管理的重要内容，也是重要的公关工作。

（三）旅游企业处理股东公共关系的主要手段

为了促进企业与股东之间的信息交流，旅游企业公共关系部门应采取各种传播交流手段与股东进行交流。

1. 年终报告是企业与股东交流的重要渠道

许多股东利用企业的年终报告来判断企业的信誉和形象。因此,年终报告的内容应尽量详尽无遗,通常包括财务状况、生产和销售水平、人事安排、工会组织情况、劳资关系及其他事项。

2. 通过多种渠道向股东传递企业信息

企业一方面可以通过举行定期或不定期股东大会向股东汇报企业的各方面情况,另一方面可设立季度报告、股东刊物、财务通告、各种小册子等向股东汇报和交流信息。如有必要,企业可直接访问股东,向其征求意见。

3. 保持与股东的日常沟通

日常工作中企业与股东沟通常用的方法有:鼓励股东直接参加本企业各种会议,提出有关改善技术与管理的建议;每年函寄红利支票,逢年过节邮寄各种产品并报告企业近况;招待股东参观企业实况,并与企业管理人员会晤或与职工聚餐;将企业的公共关系方案的详细内容告知股东,使其对企业的远景有深刻了解和信心。

◇ 同步案例3-2

内部公关危机

2004年6月底,某外资企业公布调薪标准引发的危机,是一个由内部问题引发的公关危机,同时内部管理的失误也增加了危机的危害程度。

调薪标准公布后,员工的失望和愤怒情绪开始在该公司北京办事处弥漫。公司与资方谈判,迫使资方提高工资的计划在酝酿之中。7月初,北京办事处上百名员工秘密召开了争取权益的"北京分会会议",他们选出代表统一谈判计划,并建议组成数个"组",与人力资源部门交涉。北京办事处的行动得到上海、深圳等地办事处的响应。同时,该外资企业上海办事处的运动也在孕育之中。随后国内媒体对该外资企业员工"怠工"事件进行了报道,并纷纷对公司提出质疑。此次事件也是该公司进入中国市场十余年间,第一次遇到如此大规模的劳资纠纷。但是一直到7月18日,该公司高层才做出两项针对加班工资的"让步"措施：第一，每月加班时间的头 36 小时将被支付相应工资，超出 36 小时之外的加班时间将不被直接支付工资，转作休假时间；第二，原定于 8 月发放的 2004 财年年终分红提前下发。

　　该起公关危机由该公司劳资纠纷处理不当所致。高强度工作的同时，出台引起员工不满的薪资标准，导致员工消极怠工，并酝酿罢工，这一切其实也是顺理成章的事情。而媒体的介入更使这场危机大白于天下，增加了危机的危害程度。

■ 资料来源：https://www.wenmi.com/article/ppv0la01ec1n.html.

思考题：

　　通常企业的危机存在着潜伏期、爆发期和恢复重建期三个时期，请从这三个方面分析该企业工作中的失误。

第三节　针对非正式组织的公关策略与方法

　　一般来讲，把根据公司章程或企业规章制度设立的组织称作正式组织，与此相对而言的，即为非正式组织。非正式组织最早由美国管理学家梅奥通过"霍桑实验"发现并提出，指的是人们在共同的工作过程中自然形成的以感情、喜好等情绪为基础的松散的、没有正式规定的群体。人们在正式组织所安排的共同工作和在相互接触中，必然会以感情、性格、爱好相投为基础形成若干人群，这些群体不受正式组织的行政部门和管理层次等的限制，也没有明确规定的正式结构，但在其内部也会形成一些特定的关系结构，自然涌现出自己的"头头"，形成一些不成文的行为准则和规范。

一、非正式组织对于企业影响的两面性

　　当非正式组织的行为取向与正式组织保持一致或基本一致时，非正式组织往往能发挥积极作用，有助于营造企业内部融洽的人际关系，促进企业目标实现；当非正式组织不积极配合正式组织的工作时，特别是非正式组织的领导行为与正式组织的领导行为发生冲突时，非正式组织就会产生消极作用，破坏既有的人际关系，激化矛盾，涣散人心，阻碍企业目标的实现。

（一）非正式组织的积极作用

第一，非正式组织经常充当正式组织与员工信息沟通的载体。由于非正式组织是人们交往中以性格接近、兴趣相投、爱好相同为基础自发形成的，人与人之间的沟通也就更自然、更轻松、更真实。人们不仅可以自由地交流与工作有关的内容，还可以自由地交流工作以外的如生活方面或情感方面的内容。因此，非正式组织为其成员提供了在正式组织中难以得到的自由交流空间，创造了一个能满足成员心理需求的人际交往环境。

第二，非正式组织能代替正式组织满足员工的"归属感"。员工的某些需要特别是心理需要、感情需要等在正式组织里往往难以得到满足；员工生活中的一些特殊困难，如婚姻问题、子女教育问题、租房购房问题等在正式组织里在多数情况下难以得到解决。而在非正式组织中，员工之间的这种非工作关系使他们在这方面的需要往往能最大限度地得到满足。需要的满足能缓解员工心理压力、稳定员工工作情绪。这也有助于增强企业的稳定性，有助于企业工作效率的提高和生产经营目标的实现。

第三，非正式组织能缓解员工的负面情绪。企业员工在工作和生活中会经历各种各样的挫折、遇到各种各样的烦恼，产生紧张、焦虑、烦躁、郁闷等负面情绪，如果这些情绪不能及时得到释放就容易带来一系列心理问题。非正式组织恰好能为员工提供这样的环境，员工可以在轻松自由的环境下无拘无束、友好融洽地与他人讨论工作和生活中的各种问题，分享工作、生活中的快乐，倾诉内心苦闷，缓解内心的各种压力。

（二）非正式组织的消极作用

第一，企业内部许多矛盾往往先在非正式组织内"发酵"。首先，非正式组织容易传递一些臆测的、夸大的甚至虚假的信息，极易成为小道消息、流言蜚语传递的途径。其次，非正式组织内部成员会拒绝、排斥组织外的员工，造成群体之间的矛盾。再次，当工作出错时，非正式组织内部成员往往会对外隐瞒，并极力开脱责任。开会讨论时，对非正式组织内部成员的意见，不论正确与否，都给予支持；而对其他人的意见，如果不符合非正式组织的利益，则一齐进行反对。这些都会引发各种矛盾。

第二，非正式组织中的"头头"往往挑战企业正式组织领导的权威性。非正式组织的运行独立于企业正式组织的权力系统，因此正式组织的权力有时无法对非正式组织进行有效的控制。特别是当非正式组织出现紧密化倾向，其利益与正式组织的管理目标出现冲突时，正式组织领导的权威性则往往会受到多种挑战，企业正式组织的管理效率也会因此而受到影响，甚至无法完成企业生产经营方面的目标。

第三，在非正式组织内，负面情绪具有强大的传染性。一个员工的情绪会影响非正式组织内的其他成员，一个员工对组织的不满会带来一系列反应，形成一种消极的工作气氛。非正式组织越发达，这种情绪感染的能力就越强，容易形成集体的情绪表达。

二、处理好非正式组织关系的策略

企业管理者需要正确引导非正式组织发挥其积极作用,并限制其消极作用的范围。处理好非正式组织关系的策略有以下几点。

第一,正视非正式组织存在的必然性、必要性。正式组织不可能满足其成员额外的个人心理或情感需求,而非正式组织的存在正是对这些特殊需求给予及时的满足和完善,并起到一定的减压和平衡作用。

第二,注重非正式组织的核心人物。任何非正式组织都有其核心人物,核心人物的意志和行为对非正式组织的目标和规范有决定性影响。因此,做好核心人物的工作往往会影响其身边一批人。如有必要,可以吸收非正式组织核心人物进入组织的管理层,让正式组织与非正式组织有横向交流的通道,这有利于员工融入企业群体。

第三,利用非正式组织打造和谐团队。内部公共关系工作就是要打造和谐团队,员工的情绪直接影响团队和谐性。良好的情绪只能从人际交往中来,而以亲属、乡邻、同学、相近的爱好等关系为基础形成的非正式组织,对于形成良好人际关系的重要性显然不言而喻。

第四,对不同类型的非正式组织采取不同的策略。按作用效果划分,非正式组织有积极型和消极型、无害型和破坏型之分。为此,可以针对不同类型的非正式组织采取不同的引导方式。对积极型的非正式组织,应予以支持。例如,对于自愿结合在一起的健身娱乐体育小组、文艺小组等,企业管理者应该积极支持,如有可能还要积极参与。对消极型的非正式组织,应当加强引导,以改变其消极行为。对无害型的非正式组织,管理者也要给予足够的关心,而不能放任自流,应努力使之转变为积极型。对拨弄是非、煽风点火、制造事端的破坏型的非正式组织,要采取果断有力措施。

◆ 同步案例3-3

梅奥的发现

1927年梅奥和哈佛大学的同事应邀参加美国全国科学委员会在西方电气公司所属的霍桑工厂进行的实验和研究。其中有一项实验叫作群体实验,该实验原来设想,实行奖励办法会使工人更加努力工作,以便得到更多的报酬。但观察的结果发现,为了维护班组内部的团结,工人可以放弃物质利益的引诱。由此梅奥提出"非正式组织"的概念,认为在正式组织中存在着自发形成的非正式群体。

非正式组织是与正式组织相对应的一个概念,非正式组织没有稳定的组织体系,组织成员也不固定,它是人们在日常工作和交往中,基于相似或相同的兴趣、爱好、价值观等,以情感为纽带建立起来的群体网络。非正式组织具有自发性、情感性、隐蔽性、松散性和潜规则性等方面的特征。

■ **资料来源**:梅奥的人际关系理论,百度百科。

思考题:

试课外学习梅奥的人际关系理论,并能联系企业内部公关谈学习体会。

◇ 思考与练习

1. 为什么员工是内部协调沟通的首要对象?以旅行社为例说明怎样协调员工关系。
2. 什么是非正式组织,以你所在的组织为例说明。
3. 股份制企业协调股东关系的重要性表现在哪些方面?以饭店为例说明怎样协调股东关系。
4. 上网收集并评析企业内部关系出现严重危机的实际事例。

◇ 拓展案例

二维码 3-1　　留住员工的心

第四章　旅游企业外部公共关系

◇ **学习目标**

知识目标：
理解旅游企业外部环境和外部公众，掌握旅游企业外部公共关系策略。
能力目标：
能够结合现实分析常见的公共关系策略。
情感目标：
领会学习旅游企业外部公共关系策略具有的意义。

◇ **学习重难点**

顾客关系的公关策略；媒体关系的公关策略

◇ **本章关键词**

外部环境；顾客关系；客户关系管理；媒体公关；政府公关；社区公关

◇ **导入案例**

行李箱轮子的故事

　　某酒店人力资源部王经理对一群来实习的大学生讲了这样一件事情。
　　有一位客人到酒店住宿，把一个大行李箱寄存下来。第二天上午，客人要离开酒店，当服务生搬出行李箱时，客人突然发现行李箱左边的一个轮子不翼而飞。客人说："轮子好好的怎么给弄丢了呢？"服务生说："行李箱放在寄存处是没人会动它的，你的箱子一定是本来就少一个轮子。"客人道："不可能，昨天你亲眼看到我在地上拖着箱子过来的。"服务生摇摇右边的那个轮子，语带讥讽地说："你看这个轮子也快掉了，你还不明白吗?"这时,大堂经理走了过来问明了情况后对客人表示,这是一件小事情,请他在旁边休息一会儿,马上请人帮他修好。当客人在沙发上坐下时,大堂经理还递上一杯热茶。不久,配上新轮子的箱子被送了过来,客人接过箱子,露出很感谢的表情,当客人摸了摸右边那个松垮垮的轮子,又皱起了眉头。后来客人在火车站拖着箱子进站时,右边那个轮子也掉了,没办法,客人只好扛着箱子上了火车。

■ 资料来源:https://ishare.iask.sina.com.cn/f/av3MQbaqMtK.html.

思考题:

请点评案例中大堂经理、服务生和客人的行为。

第一节 旅游企业外部环境与外部公众

任何企业在生产、交换、分配、消费等各个环节,都会与其他企业乃至整个社会发生极为密切和广泛的联系,旅游企业也不例外。旅游企业与外界环境之间的关系包括政治法律、人口、经济、技术、社会文化等多个方面。旅游企业的公众及所处的外部环境如图4-1所示。

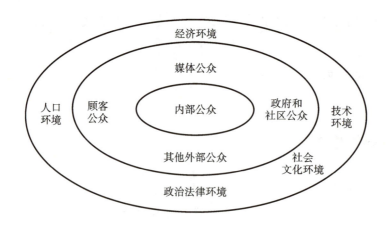

图 4-1　旅游企业的公众及外部环境

一、旅游企业的外部环境

（一）人口环境

这里的人口环境既包括客源地的人口环境，也包括旅游企业所在地的人口环境。人口环境包括人口规模、人口结构、人口的地理分布密度等因素，是旅游企业外部公共关系分析中首要评估的宏观环境因素。

1. 人口规模

一般说来，在经济发展和收入水平相等的条件下，一国人口规模越大，客源市场规模就越大。据第七次全国人口普查，我国人口总数超过 14 亿。我国国内旅游人次是世界最多。我国已经成为亚洲最大客源国，有望成为世界最大客源国。

2. 人口结构

不同的人口结构对旅游资源有不同的兴趣、对旅游设施有不同的需求，分析人口结构可为企业制定公共关系策略提供依据。人口结构主要包括人口的年龄结构、性别结构、家庭结构以及民族结构。

1）年龄结构

不同年龄段的游客，在消费心理上有很大区别。例如，青年人喜欢修学旅游、体育旅游、探险旅游、生态旅游，接受服务时更愿意得到公平待遇，不计较细节；老年人喜欢得到尊重和差别待遇，游览中怀古忆旧的偏好较强，对旅游饭店设施注重方便性和实用性。

2）性别结构

不同性别的人口，对旅游市场有着不同的需求。据有关专家研究的结论[①]：女性游客比男性游客平均收集更多的信息类型，并更倾向于收集旅行费用、食宿状况、线路安排这三种旅游信息；女性游客比男性游客更倾向于通过人际交流的方式获取旅游信息；对于游览民居和购买旅游纪念品两种旅游活动，女性游客比男性游客具有更强的偏好。

3）家庭结构

家庭是市场需求的基本单位。不同的家庭结构类型会有不同的购买行为，从而影响企业的市场营销行为。常见的家庭决策有四种类型：丈夫支配型；妻子支配型；共同商量、一方

---

① 谢晖，保继刚.旅游行为中的性别差异研究[J].旅游学刊，2006(1)：44—49.

决定型;共同商量、共同决定型。在我国,独生子女的小家庭已经逐步由城市向乡镇普及发展。

4)民族结构

世界各国的民族结构有单一的,也有多元的。例如,在日本,几乎所有的人都属于一个民族,即大和民族,少数民族只占极少数。俄罗斯是一个多民族的国家,而在我国有56个民族。不同民族的人在饮食、服饰、居住、婚丧、节日等物质和文化生活各方面各有特点,在处理各民族之间的相互关系时,应该具备丰富的人际关系知识和经验。

(二)经济环境

经济环境是指旅游企业在经营活动中所面临的社会经济条件及其运行状况和发展趋势,主要包括收入水平和消费结构。

1. 收入水平

收入水平是企业考察市场规模及潜力大小的一个基本指标。常用国民收入、个人收入等指标来估算市场规模及潜力大小。国民收入是一个国家在一定时期(通常是一年)内各物质生产部门劳动者所创造的价值总和,是衡量市场规模及潜力大小的主要指标。国民收入决定社会购买力水平和消费者的收入水平。也就是说,国民收入会影响旅游者的消费需求和消费行为。

个人收入是指消费者个人的工资、红利、租金、接受赠予等收入,即个人所有的货币收入。个人收入不仅决定旅游者购买力的大小,而且直接影响其消费行为。

2. 消费结构

19世纪中期,德国统计学家和经济学家恩格尔对比利时不同收入家庭的消费情况进行调查,研究收入增加对消费支出的影响,得出了带有规律性的结论,即恩格尔定律。其主要内容是一个家庭收入越少,用于购买生存性的食物的支出在家庭收入中所占的比重就越大。对一个国家而言,一个国家越穷,国民的平均支出中用来购买食物的支出所占比重就越大。食物支出金额在总支出金额中所占的比重称为恩格尔系数,用公式表示为:

$$恩格尔系数=食物支出金额\div 总支出金额\times 100\%$$

当社会经济发展水平较低时,多数家庭处在贫困或者温饱状态,此时,居民在旅游消费上的支出相对较少,甚至可以忽略不计,旅游消费支出占居民消费总支出的比重相对较小。随着居民收入的逐渐提高,在满足了低层次的需求之后,人们就会追求高层次的需求,外出旅游成为生活中的选择。从心理因素来看,一方面,旅游(特别是高端旅游)作为一种高层次的消费品,在某种程度上是社会地位和财富的象征,通过旅游可以在某种程度上满足人们受尊重的需求；另一方面，通过旅游居民可以更多、更好地了解世界、增长知识、开阔视野，这也在一定程度上满足了人们自我实现的需求。

（三）技术环境

技术环境是指创造新技术、开发新产品对企业所造成的影响。技术环境不仅直接影响企业内部的生产与经营，同时与其他环境因素互相依赖、相互作用，因此，企业要密切注意技术环境的发展变化，了解技术环境的发展变化对企业经营的影响，以便及时采取对策。

进入21世纪以来，互联网技术对公共关系产生较大影响。网络作为新媒体技术被越来越多的人认可。当今对于任何企业而言，网络上任何有关自身的风吹草动，都可能影响企业在公众心目中的形象。过去，企业提高竞争力靠高科技、高质量，而现在则要强调高服务和高关系。这里所说的高关系也就是公共关系，企业的竞争不仅是有形资产的竞争，而且是品牌、形象、商誉等无形资产的竞争。随着互联网技术的发展，互联网已成为寻常百姓生活中不可或缺的一部分。而互联网这一新媒体技术已然给传统媒体带来了前所未有的压力，借助网络带来的科技力量，网络公关正是依附于互联网的发展而兴起的全新公关手段。

（四）政治法律环境

任何企业的经营决策在很大程度上都要受政治法律环境变化的影响。政治法律环境是由法律、政府机构以及在社会上对各种组织有影响和制约的集团构成的。政治法律环境直接与一个国家的体制、宏观政策联系起来，反映了一个国家的发展方向及政府采取的措施。政府一般通过各种法令、规章来影响企业的市场营销行为，即以法律的形式把政治法制体现出来。一是政府通过立法来规范企业商业行为，保护各企业的利益相互不受损害，建立一个公平竞争的环境；二是政府通过立法，如消费者权益保护法等，从法律上保护消费者利益免受不正当商业行为的损害；三是政府通过立法，如环境保护法等，对企业为了眼前利益和自身利益而损害社会大众利益和社会长远利益的行为进行制约，保护自然环境，防止社会公害，保障整个社会的可持续发展。

当今国际社会中，随着国际市场的竞争日趋激烈，各个国家出于保护自身政治利益和经济利益的需要，对于本国企业参与国际营销都制定出明确的法律规定加以规范，法律规范成为影响国际服务贸易（包括旅游业）活动最直接、最经常的因素之一，因此，企业应充分了解本国和东道国法律对其经营活动的影响。

（五）社会文化环境

社会文化是指一个社会的民族特征、价值观念、生活方式、风俗习惯、伦理道德、教育水平、语言文字、社会结构等的总和。社会文化内容十分广泛,主要由两部分组成:一是全体社会成员所共有的基本核心文化,二是随时间变化和外界因素影响而容易改变的社会次文化或亚文化。人类在某种社会中生活,必然会形成某种特定的文化,不同国家、不同地区的人们有着不同的社会与文化,代表着不同的生活模式。这种差异对企业营销的影响极为复杂,甚至可能成为营销活动成败的关键。因此,对于市场营销人员来说,社会文化环境是又一个不可忽视的重要因素。

1. 伦理道德

道德标准是由社会文化的民族性和地域性决定的。各个国家和民族在长期的历史发展、繁衍过程中,形成了带有鲜明民族、地域色彩的独特的文化体系,从而使得不同国家、民族之间的社会文化呈现出明显的差异,其中包括道德观念和道德规范的差异。相应地,企业的公共关系道德也必然受到所处特定文化和社会道德规范的影响与制约,在标准、取向和实现方式上表现出独有的特点。例如,在注重个人价值、民主、自由和平等的文化背景中,强调财产所有权的至高无上和个人利益的不可侵犯,其企业的公共关系道德也以尊重和维护个人或他人权益为重点,倡导依靠个人自愿遵从的方式来维持和实现道德规范;而在强调集体价值的文化背景中,企业领导者往往以个人道德水平来规范企业的道德行为,通过外在力量推动员工对企业公共关系道德的认同和遵守。

我国企业从西方引入现代公共关系理论和运作方式伊始,就多以西方公共关系思想和观念作为自己的公共关系道德规范和准则,如"以消费者为中心""顾客就是上帝"等这些公共关系道德观念和准则,对我国更新传统意识、学习和掌握公共关系的内在规律,以及提升企业的公共关系管理水平都起到了重要作用。要注意,一些西方道德观念与我国传统文化所倡导的道德观念之间有着明显的抵触和冲突。这使得许多企业在按照市场导向追求利润最大化时,有时得不到应有的公众支持甚至受到公众和舆论的谴责。

2. 价值观念

价值观念的不同,对人们的消费行为、消费方式也会产生重大影响。如在西方国家中,许多人的价值观念是"能挣会花",花明天的钱来追求今天的享受。因此,分期付款、赊销等形式在西方国家非常通行,人们普遍习惯借债消费;而中国人多数崇尚节俭,消费原则是量入为出,不习惯借债消费。价值观念影响着消费者的目标选择和购买决策。因此,旅游企业在公关营销活动过程中,应充分考虑不同的价值观念的重要影响,采取不同的策略。

3. 风俗习惯

风俗习惯是人们根据自己的生活内容、生活方式和自然环境,在一定的社会物质生产条件下长期形成并世代相袭的一种风尚,以及由于重复、练习而巩固下来并成为需要的行动方式等的总称。风俗习惯在饮食、服饰、居住、婚丧、信仰、节日、人际关系等方面,都表现出独特的心理特征、伦理道德、行为方式和生活习惯。不同的国家、不同的民族有不同的风俗习惯,它对消费者的消费嗜好、消费模式、消费行为等具有重要的影响。例如,不同的国家、民族对图案、颜色、数字、动植物等都有不同的喜好和不同的使用习惯。此外,还要注意民族禁忌、宗教禁忌等,比如佛教禁忌荤腥、酒等。

旅游企业开展公关策划活动,面对国内、国外公众,必须了解并尊重不同国家与民族的风俗习惯,才能争取公众。

二、旅游企业的外部公众及其重要性

在旅游企业外部公共关系中所涉及的个人、团体等,构成了企业外部公共关系的对象。旅游企业与外部公众的关系很复杂,它与新闻媒体、政府和社区是共生的关系,而与游客、经销商、供应商、银行等重要公众属于明显的资源交换关系或利益关系。旅游企业的经营服务活动应与外部环境相适应,应尽可能取得外部公众的理解和支持。

划分旅游企业外部公众的方法有多种,一种最常用、最实用的划分方法是根据企业与外部公众的利益关系、工作关系进行分类。这里主要研究顾客公众、媒体公众、政府和社区公众。面对复杂的外部环境,旅游企业应该处理好各方面的关系。

旅游企业的外部公众不像内部公众那样固定化和单一化,外部公关也不像内部公关那样具有密切性和可控性。外部公众同企业的关系是在利益不完全一致的基础上形成的,彼此之间虽然存在着系统与关系的依赖性,但个体的差异又十分明显。因此,外部公共关系协调的复杂性和难度都远远大于内部公共关系协调。

◇ **同步案例4-1**

关于旅游产品知识产权的法律问题

"农家乐"是浙江省海外旅行社最先开发的旅游线路,现在,全国已经出现了几十个"农家乐""农家游""渔家乐",而"农家乐"的创始者却由于低价竞争等多种原因,已经放弃了这条线路。

"孤岛生存"几乎是与"农家乐"同时出现的旅游线路,所不同的是开发这条线路的温州人人旅行有限公司当时就注册了"孤岛生存"的商标。现在,拥有这个商标的旅行社不仅避免了同行的"盗版",而且公司还与对这个商标感兴趣的旅行社签订许可使用的协议,无形资产转化成有形价值。

武汉某餐馆的胡经理苦心孤诣设计出了一道菜"爆田螺",得到食客们的青睐,一时间宾客盈门。可是不久,胡经理发现附近大小餐馆都推出了这道菜。胡经理就纳闷,这菜岂能受到产权保护吗?

■ 资料来源:旅游路线也是知识产权.中国旅游新闻网,2012-11-17.

思考题:
法律环境是企业面临的一个重要外部环境,你怎样看待胡经理的疑惑?

第二节 针对顾客公众的公关策略与方法

一、顾客关系的含义、目标和原则

(一)顾客关系的含义

"顾客"这个名称是一个泛指,对于不同类型的旅游企业,称呼不一样。在旅行社和旅游景区,企业将顾客称为"游客";在宾馆、饭店和其他餐饮企业,则直接称为"客人";在旅游交通运输企业,称为"游客""乘客""旅客"等。还有"旅游者"或"旅行者"的称呼,含义并不十分精确。广义的顾客还包括企业客户,如旅行社就是饭店的客户,饭店也会是航空公司的客户,因为饭店可能会代客人订机票。

顾客是旅游企业公共关系中数量最大、范围最广的公众,顾客关系是旅游企业一切关系的核心。满足顾客的需要是所有旅游企业赖以生存和发展的基础。顾客的需要决定着应如何生产产品、如何提供服务;顾客的类型决定着销售方式、销售渠道的选择,影响产品、服务的价格等。顾客关系直接影响员工的工资、股东的红利和企业的效益。

赢得顾客、留住顾客是旅游企业竞争的需要。握有产品购买选择权和决策权的顾客,成为现代企业之间激烈争夺的对象。谁拥有更多的顾客,谁就能够占据更大的市场份额;谁能够赢得顾客的忠诚,谁就能在竞争中保持持久的优势地位。

(二)顾客关系的目标

顾客关系的目标,通常是根据企业的发展、经营和市场开发的需要,特定顾客公众的态度和存在的问题以及企业的物力、财力等具体因素来制定的。旅游企业处理顾客关系应该达成的目标可以归纳为以下方面。

(1)通过调研确定顾客对企业的策略、行为及产品或服务的意见和基本态度。

(2)发掘顾客对产品、服务等不满意的相关信息,以改进工作。分析造成不满情绪的根源,纠正业务、策略、产品或服务等方面存在的缺陷。

(3)对顾客的询问给予准确满意的答复。

(4)运用各种传播手段向顾客报道企业的各种情况,以增进顾客对企业的业务、策略、产品和服务的了解。

(5)加强员工培训,使其能对顾客做出迅速、礼貌且友好的服务。

(6)通过消费教育等传播手段促使顾客接受本企业所提供的产品或服务。

(7)与代表顾客利益的各种机构和社会团体保持密切的合作关系,保证其能充分了解企业的情况,尽量满足它们所提出的合作要求。

(三)处理顾客关系应遵循的原则

第一,顾客利益至上,维护顾客的合法权益。任何企业如果没有建立健全的顾客策略,没有体现真正的诚意,良好的顾客关系将无从谈起。

第二,不忽视每一个顾客。在现代通信和互联网时代,每一个顾客都是一个大众信息传播者,即使只有一个顾客在网上发一个帖子,都可能会产生广泛的影响。几乎所有的自主决策旅游者在出行之前,都会从网上收集有关旅游企业的信息,因此,每一个顾客的反应都不应该被忽视。

第三,保证质量良好、价格公平、信誉可靠。顾客的态度主要受企业产品或服务的质量、价格影响,保证质量良好、价格公平、信誉可靠是顾客关系的物质基础,也是建立良好的顾客关系的前提。

第四,科学公关,知识公关。市场调查、市场预测、调查分析顾客心理和顾客行为是今天公关人员所必须熟练掌握的技术。面对庞大的顾客公众群体,单凭想象、推测或者经验来了解、认识顾客及顾客关系已不可能。

二、促进顾客关系常用的方法

（一）直接联系沟通

通过各种销售渠道、展示场所与顾客直接接触和交流,通过拜访顾客或顾客团体机构、会见顾客代表或顾客团体的代表,以及通过参加各种会展活动等手段直接向顾客介绍企业的情况,增进双方的相互理解,联络感情,博得顾客的好感。

（二）间接联系沟通

通过公共大众传播媒介发布新闻、刊登广告、提供专题片或专文等来介绍企业及产品或服务；通过出版顾客刊物、邮寄信函等方式与顾客联络,认真解答顾客的各种问题；通过建立网站并及时更新,提供互动来联系沟通不确定的顾客。

（三）良好的接待服务

旅游企业所有的员工都应该有公关理念,在接待顾客时应该从公共关系的角度了解顾客、服务顾客、尊重顾客,最终影响顾客。

公关人员一般不直接参与日常的营业性接待服务工作,但当旅游企业同客人的关系出现问题引起客人投诉时,需要公共关系部门协助有关部门进行调解。特别是当一些恶性服务质量事故发生时,公共关系部门的协调作用就显得更为重要。当有重要客人来访或入住饭店时,公共关系部门就要承担安排全部接待活动的责任,还要协调好有关部门的工作,使每一个接待环节都衔接好,形成"一条龙"服务。

（四）良好的售后服务

良好的售后服务主要包括主动征询顾客意见及处理好顾客的投诉。在售后进行顾客调查是了解顾客意见的常用方法。处理顾客投诉则更是一件直接影响顾客情绪、态度的沟通工作。因此,不管顾客的投诉是有道理的,还是出于误会或是一种挑剔,企业都应给予慎重妥善的处理。处理顾客投诉的基本要求主要有以下几点。第一,要及时。及时能让顾客感到得到尊重,也能使问题早日解决、不满情绪早日平息,减少不利意见的传播扩散。第二,态度要诚恳。为了避免事态扩大,对于不满的投诉者都应诚恳地让其充分陈述自己的意见,即使顾客本身不对,也要心平气和地婉转劝导。第三,要有负责任的精神。对企业的过失,应诚恳道歉，主动承担责任，争取尽快采取补救措施。而对顾客的过失，也不要直接与之争辩，而应对其表示同情或遗憾，然后说明真正原因，消除误解。

（五）策划公关专题活动

公关专题活动是指公关人员根据企业形象的现状和目标要求，分析现有条件，精心设计的具体公关活动。公关专题活动的主要类型有社会赞助、新闻发布会、展示会、公关谈判、庆典活动、宴请等。

三、客户关系管理与公共关系相结合的方法

客户关系管理（customer relationship management，CRM）最早由美国高德纳咨询公司提出。CRM 是一个获取、保持和增加可获利客户，旨在改善企业与客户之间关系的管理机制。它通过将人力资源、业务流程与专业技术进行有效整合，向企业的销售、市场和服务等部门提供全面、个性化的客户资料，并强化跟踪服务和信息分析能力，以低成本、高效率的服务满足客户需求，提高客户满意度。CRM 已超出直接客户的范畴，包括企业的代理、媒体合作者、供应商、员工等。CRM 将先进的思想与程序具体化，通过多种技术手段帮助企业从根本上提升核心竞争力。

进入 21 世纪，CRM 已为越来越多的企业经营者所认知，也开始成为我国企业关注的焦点。它所遵从的"以客户为中心，一对一个性化服务"的经营管理理念，逐渐被国内众多企业熟悉和接受，但是很少有人提到，CRM 也可看作企业对顾客开展公共关系的重要工具和渠道。

（一）对 CRM 的全面理解

CRM 是包括经营理念、管理机制、组织架构、管理方法和技术手段（管理软件）在内的一整套客户关系管理模式，包含着非常丰富的内涵。准确、全面地理解 CRM 的内涵是企业成功实施 CRM 的前提。

第一，CRM 是一种"以客户为中心"的管理理念。CRM 是一种"以客户为中心"的现代管理理念，其核心思想是将企业的客户（包括最终客户、分销商、合作伙伴乃至企业的员工）作为最重要的企业资源，通过深入的客户分析和完善的客户服务来满足客户的需要，保证实现客户的终生价值。

第二，CRM 是一种旨在改善企业与客户之间关系的新型管理机制。它通过重新整合企业的客户信息资源和实现信息共享，使销售、市场和客户服务等部门的专业人员协同合作，与客户建立卓有成效的"一对一关系"，向客户提供快捷周到的服务，在提高客户满意度、实

现客户利益最大化的基础上，实现企业销售和盈利最大化。

第三，CRM 是一种"以客户为中心"的组织构架和业务流程。它要求企业在"以客户为中心"这一基本理念指导下，重新调整组织结构，完善能对客户需求快速反应的组织形式，同时规范以客户为中心的业务流程，建立客户驱动的产品设计、制造、销售和服务的运营系统，并使其变成企业常规和常态的工作流程，以此来保证 CRM 的有效实施。

第四，CRM 是一套全面改善客户关系的软件系统。作为包括一整套软件和技术的解决方案，CRM 集合了当今最新的信息技术，包括 Internet 和电子商务技术、多媒体技术、数据仓库和数据挖掘技术、专家系统和人工智能技术以及相应的硬件环境，同时包括与 CRM 相关的专业咨询等。CRM 将上述多种先进的信息技术高度集成，并与企业的商业实践紧密结合，为企业的销售、客户服务和决策支持等领域提供自动化的解决方案，使企业拥有一个基于电子商务的面对客户的运行系统，从而顺利实现由传统经营模式到以电子商务为基础的现代化经营模式的转化。

（二）CRM 改善企业客户关系的公关理念

CRM 通过市场细分和"一对一"的个性化服务，实现产品和服务的定制营销，提高客户的满意度。事实上，CRM 的根本要求就是建立与客户之间的"学习关系"，即从与客户的接触中了解他们在使用产品中遇到的问题和对产品的意见和建议，并帮助他们加以解决，同时了解客户的姓名、通信地址、个人喜好以及购买习惯，并在此基础上进行"一对一"的个性化服务，甚至拓展新的市场需求。比如，客户在订票中心预订了机票之后，CRM 就会智能地根据与客户"交谈"而了解的信息向其提供唤醒服务以及出租车登记等增值服务。因此，我们可以看到，CRM 解决方案的核心思想就是通过与客户的"接触"，收集客户的意见、建议和要求，并通过挖掘分析，提供完善的个性化服务。

CRM 的功能重在留住老客户。众所周知，开发一个新客户比留住一个老客户难，以旅行社为例，旅行社的客源主要是老客户，大多是以企事业单位为主的团体客户，真正的散客占旅行社客户的比例很低。因此，老客户比新客户对企业的利润贡献度更高、价值更大，长期的忠诚客户是企业创造利润的主要源泉。

CRM 的特别功能在于，通过收集和分析客户数据、准确鉴别和区分客户价值，吸引并留住有价值的客户，忽略甚至放弃无价值的客户，紧密把握和满足对企业最有价值的客户需求并与之建立长期稳定的友好关系，不断提高他们的满意度，从而给企业带来忠实稳定、高利润贡献的长期客户群。

（三）旅游企业 CRM 实施的对策

旅游业是一个需要获得客户广泛支持的行业，旅游企业的信息化战略构建中对客户的竞争,表现出与CRM客户关系管理战略提倡的"以客户为中心"的理念相适应。CRM的理念在旅游企业中是适用的。

CRM在旅游企业中的应用,主要指旅游企业运用新的技术手段获得顾客的综合信息,按照顾客导向的工作模式合理配置旅游资源,全方位满足顾客的需求,以获取最大利润。当各类旅游企业使用CRM后,全行业联网可以形成一个系统流程[①],如图4-2所示。

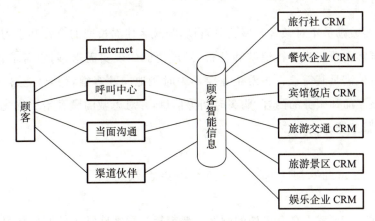

图4-2 旅游全行业信息流程

图4-2表明:CRM将多种与顾客交流的渠道协调为一体,经过积累、分析,形成并保留顾客的智能信息,旅游企业就可以根据顾客的喜好提供满足顾客需求的服务。例如,对顾客期望的引导、顾客消费行为管理、顾客档案管理(以便针对性地提供个性化服务)、顾客意见追踪调查、顾客间的社会关系管理等。这些系统化的顾客管理措施使得分散的顾客结合成与企业保持紧密联系的社会网络,这将大大有利于旅游产品的营销传播,最终使旅游企业赢得市场中宝贵的顾客资源。

(四)从公共关系的角度看旅游企业实施CRM的必要性

 1. 旅游企业实施CRM,力争让所有顾客都满意

满意度是顾客对产品或服务的期望水平与实际认知水平之间的主观比较。顾客"满意"更大程度上依赖某种特定的或过去的体验。过去的行为如果带来好的结果,人们就有反复进行这种行为的趋向。

旅游企业实施CRM,可以"记住"顾客过去的"满意"。一方面,企业可以为他们提供"价廉、物美、方便"的优质产品和服务,努力提高顾客感觉中的服务质量,持久地为顾客创造更大的利益价值,减少顾客在购买过程中所须付出的代价,让他们每一次的购买经历都是愉快的、难忘的,从而产生非常满意的感觉,使"头回客"变成"回头客","回头客"进而变成"忠诚

---

① 李慧.旅游业引入CRM的必要性和可行性研究[J].中小企业管理与科技,2008(35):99-100.

客"。另一方面,对于忠诚的顾客,企业更可以了解他们的重大关切点,为他们的不同需求"量身定做",提供超常规、高附加值的特色产品和服务,给予他们最大的利益和消费价值,使他们感觉中的服务质量大大超过期望值。

2. 旅游企业实施CRM,可以更方便地与顾客建立密切的互动关系

旅游企业要鼓励员工对顾客开展关系营销,与顾客建立长期的合作和学习关系,主动与顾客联系,对顾客消费行为进行追踪和分析,发现他们的现实需求、期望需求、潜在需求,并投其所好,全方位满足其需求。旅游企业要不失时机地向顾客推荐其可能喜欢的产品和服务,详细介绍该产品和服务的内容、购买时间等信息,并对忠诚的顾客给予优先购买权、优惠价或提供超值服务等。

3. 旅游企业实施CRM,有利于培养忠诚的员工

没有忠诚的员工,就不会有忠诚的顾客。要想提高顾客感觉中的服务质量和消费价值,提高顾客的满意度、信任度、忠诚度,首先在于提高员工的满意度和忠诚度。员工与企业的关系决定了顾客与企业的关系。不满意、不忠诚的员工不大可能使顾客满意和忠诚。忠诚的员工熟悉企业的经营情况和业务工作,深入了解顾客的需求,全面掌握顾客的信息,能与顾客建立深厚的感情。如果员工经常"跳槽",就会导致顾客与旅游企业关系的破裂,使旅游企业丧失大量客源。因此,旅游企业应培养、留住有事业心和奉献精神、有互助精神和合作能力且对企业有忠诚感的优秀员工。

◇ **同步案例4-2**

客户关系管理在我国旅游企业的应用现状

CRM在中国旅游业中的运用相对较早,目前旅游客户关系管理的应用主要集中于旅游饭店业、航空业及旅行社业,而在旅游景区等方面的应用还仅仅是在少数个别景区。

旅游饭店业尽管较早的应用了旅游客户关系管理,但有效的系统管理仍然需要深化。在国内外CRM应用热潮的推动下,我国饭店业也进行了许多有益的尝试,并取得了一定的成效,但与国外相比,不管是在理论研究领域还是在行业应用领域均还显得特别稚嫩。

在旅行社业方面,长期以来我国的旅行社业普遍存在规模小、经营散、竞争弱、效益差的问题,停留在关注短期利润、聚焦数量销售的混乱发展时期。首先,虽然旅行社认识到应以客户为中心,但在实际工作中只顾眼前利益的现象时有发生。我国旅行社在游客心目中的整体形象普遍较差。其次,我国旅行社的信息化水平普遍较差,缺乏实现客户关系管理的技术支持,不能很好地了解顾客的需要。尽管现在不少旅行社建立了自己的网站,但由于技术、资金等资源不足,网站仅仅停留在功能单一的信息发布上,基本上没有客户关系管理功能,不能了解顾客的需要。

在旅游交通方面,近几年,我国部分航空公司引进了客户管理系统。中国国际航空公司就推出了知音卡会员制,通过针对不同的客户群提供不同的服务并满足不同的需求,以此来提升乘客的体验。服务水平有了一定程度的进步,提升了乘客的满意度,但服务理念跟国外相比仍有较大差距。

在旅游景区方面,旅游景区的 CRM 系统目前已经在九寨沟、黄龙、大理等国家级风景名胜区和凉山州螺髻山景区成功应用,正准备在乐山大佛、阿坝州四姑娘山和峨眉山等景区推广。旅游景区的客户关系管理系统可以在提供丰富服务的同时对客户行为和价值取向进行深入分析。

■ 资料来源:赵振举,张亚辉.CRM 理论及在我国旅游企业的应用分析.科技经济市场,2007(6).

思考题:
试分析客户关系管理在留住老顾客方面发挥的作用。

第三节 针对媒体公众的公关策略与方法

任何一个组织都不敢忽视媒体关系,媒体关系的处理正在成为各类组织越来越重视的工作。媒体关系也由此成为公共关系中最核心的、最重要的内容之一。媒体关系是指社会组织或个人为营造和维护良好的社会形象,主动与新闻媒体开展交流互动,以期获得有利于自己的报道的行为。

一、媒体公众的性质及特点

媒体公众指大众传播机构及其人员所构成的特定公众群体,具体是指这些新闻部门的记者、编辑人员。一般将报纸、杂志、广播、电视、网络称为五大媒体。

(一)媒体公众的性质

媒体都是企业,具有法人地位,为了达到企业盈利的目的,媒体需要以有特点、有价值的信息产品来吸引公众,以此来增加公众对自身的关注度,从而吸引广告商,使其增加对媒体的投入。

由于媒体数量众多、形式多样,媒体之间有激烈的竞争,也有紧密的合作。一方面,媒体之间存在竞争关系。随着社会及公众获取新闻的渠道增多,得到信息的速度加快,对新闻的需求量就会增加,于是为追求独家新闻、博得"眼球",新闻媒体不遗余力地追逐那些公众关心或能刺激公众的新闻。新闻媒体抢新闻、挖新闻,在第一时间报道新闻,发表独家新闻,形成了激烈的竞争关系。另一方面,媒体之间存在合作关系。由于不同媒体具有不同特点,对于同一新闻线索,各类媒体会从不同的角度、不同的层面进行报道。因此,媒体之间也可一呼百应、紧密合作。

(二)媒体公众的特点

1. 身份特殊

媒体公众的特殊性表现在它是完全独立于旅游企业之外的外部公众,与企业没有业务和行政上的关系,它是代表社会大众来审视企业、与企业打交道的。媒体讲什么、怎么讲,并不听命于企业管理者。企业处理内部公共关系的某些办法,对于媒体公众可能是完全无效的。企业对待一般外部公众的很多办法,对于媒体公众可能也是无效的。

对于旅游企业来说,媒体公众具有双重身份:一方面,媒体是旅游企业实现公共关系目标的重要手段;另一方面,媒体本身又是旅游企业的外部监督者,是外部公众。

2. 地位公正,在公众中可信度高

媒体公众不是因为自身业务利益与企业打交道,而是作为外部公众的代表来对企业行使监督职能,因而其立场天然地要站在外部公众一边,其言行才具有某种公信力,它本身才

有存在的价值。如果媒体一旦因为自身私利与企业发生冲突,或为自身私利而为企业宣传,它就没有了客观性,也就没有了公信力。

3. 引导和影响社会舆论

媒体已成为制造并影响社会舆论的权威机构,从某种程度上说新闻媒体具有改变社会大众思想观念、价值取向和态度行为的力量。因此,新闻媒体是企业公共关系工作刻意争取的重要公众,它对于树立企业形象、为企业争取更多公众信任的作用是任何其他社会组织和个人都不能比拟的。

4. 追求新闻的轰动效应

媒体公众也需要生存、获利、争取受众(读者、观众、听众、网民等),因而其传播内容要投受众所好。但常常会有部分媒体出于吸引受众的目的过分夸大其事,或者由于掌握的资料不够全面而报道失实,甚至为追求新闻卖点而故意歪曲事实,这是违法的。

5. 拥有专业性团队

媒体公众拥有专门的、职业的传播机构与人员,其物质技术条件、能力经验与水平、传播网络、综合实力等是任何其他传播方式无可比拟的,具有非常高的专业水准与专业条件,因而也具有任何其他传播方式在广度和深度上无法比拟社会影响力。

二、针对媒体开展公关的意义

旅游企业开展媒体公关的一个基本出发点是树立旅游企业良好的公众形象。身处服务行业,旅游企业良好的公众形象是一笔巨大的无形财富,它能为旅游企业的生存发展、经营活动创造良好的外部环境。

第一,旅游企业开展媒体公关有助于形成对企业有利的公众舆论环境。公众舆论是指公众对某对象的意见或看法,主要是指民间的、非官方的意见或看法。在公众舆论的形成中,媒体有两个非常重要的作用:一是聚焦作用,即将公众分散的、漫无目标的注意力聚集到某一对象上;二是导向作用,即将公众无序的、非定向的意见引导到某一倾向上。

企业与媒体公众的关系,在很大程度上决定了企业公众舆论环境质量的高低。从传播学的角度看,舆论的形成并非完全自发的或单纯取决于社会公众本身。限于自身的条件与环境,社会公众不可能关注和接触所有的对象和全部的信息,因而专门为公众提供信息的媒体就完全可以左右舆论的形成了。了解这一点,企业就应该在公关工作中十分重视建立良好的媒体关系,以期对企业有利的信息得到适时的传播,对企业不利的信息得到及时的预警。

第二,旅游企业开展媒体公关是有效运用大众传播媒体的前提和基础。公关工作作为一种传播工作,它的一个重要特征就是它主要利用报纸、杂志、广播、电视、网络等大众传播媒体来完成。因此大众传播媒体成了企业与公众沟通的主渠道,有时甚至是唯一渠道。但大众传播媒体是属于社会大众的,不可能听命于企业,因此建立良好的媒体关系就成为公关工作有效运用大众传播媒体的前提和基础。

第三,旅游企业开展媒体公关有助于化解与顾客之间的矛盾或误解。在危机爆发后,企业和媒体沟通的目的是化解危机、重塑形象。大众传播媒体传递信息迅速,能借助现代科技手段在短时间内将信息传播到全国甚至全球各地,因而企业应将大众传播媒体作为化解与顾客之间的矛盾或误解的工具。

三、媒体关系的基本类型和处理原则

(一)媒体关系的基本类型

组织与媒体之间的关系从程度上来划分,有以下四种类型。

(1)互相独立的关系。媒体秉持专业主义思想原则,不受组织和公关机构影响。

(2)合作的关系。媒体与组织在消息提供、广告发行等方面有经常性的合作,互惠互利,但媒体并不放弃专业独立的原则。

(3)同化的关系。媒体受组织控制,在消息来源、报道倾向甚至媒体的人事任免方面都受到组织的制约,如一些政党所属媒体、一些由大财团掌控的媒体等。

(4)合谋的关系。媒体完全放弃了独立的原则,与组织达成同谋和默契,因为有广告利益上的关联,对组织的弊端掩而不报等。例如,在2011年3月日本福岛县发生的核事故中,日本媒体在最初报道时有意无意地隐去了最该为此次事故负责任的企业——东电公司。因为在日本,特别是日本关东地区,媒体如果没有东电公司的广告,就很难称得上最具有公众影响力的强势媒体。

与上述四种类型的媒体关系互相适应,在具体的媒体关系处理上,组织与媒体之间的互动关系如图 4-3 所示[①]。

对于旅游企业来说,特别是中国的旅游企业,媒体关系的状态应该追求上述第一、二种类型。

---

① 赵振祥.媒体关系的概念内涵、关系形态及其他[J].厦门大学学报(哲学社会科学版),2009(6):56-63.

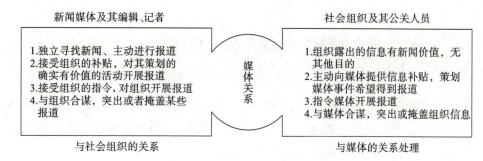

图 4-3 组织与媒体之间的互动关系

（二）处理媒体关系的基本原则

1. 尊重事实原则

对于媒体采访，要坦诚面对，遇到不知如何回答的问题，切忌为了维护所谓的形象而编假话。在尊重新闻媒体的前提下，要坚持自己的原则和立场。可以说，大部分媒体和记者都具有良好的专业素质和职业修养，本着客观公正的态度进行采访报道，但是也不排除一些不太友好的媒体或记者。在拒绝媒体采访时，要讲究方法，尽量避免一些负面报道，继续保持良好的关系。

2. 主动出击原则

网络的快速发展使得信息传播更加迅速。企业主动与媒体沟通能够控制舆论导向，避免给媒体留下猜测、编造的余地。

3. 长期沟通原则

企业要保持与媒体经常性的来往，同媒体打交道不能只追求一时一事的功利，应该长期与之保持沟通，建立友谊，这能促进媒体关系的发展。在企业发生重大新闻事件时，各类媒体便能以客观公正的态度采访并及时报道。

4. 平常心态原则

不同的媒体有着不同的编辑方针和思路，因此，在媒体报道中必然会有多种多样的声音出现。对于批评声音、不同的看法和认识，企业应该有较好的预判，并能够以较好的心态对此加以分析和认识，尤其不能因为媒体或者舆论影响企业自己的商业判断。

四、旅游企业大型活动的媒体公关程序

旅游企业举办大型专题活动,如公益活动、新店开业、产品发布、庆典活动、旅游博览会等,需要进行宣传,这就要求处理好与媒体的关系。科学、全面的媒体公关程序应包括三个步骤:媒体公关策划、媒体公关执行和媒体公关评估。

(一)媒体公关策划

媒体公关策划是指公关人员在充分调查研究的基础上对媒体公关活动进行整体的谋略和设计,并完成前期的准备工作。前期策划工作主要包括建立媒体信息资料库、选择与研究媒体、筹备宣传中心。

建立媒体信息资料库即对媒体机构和媒体工作人员的资料进行精心的分类整理,这有助于提高交流沟通的效率,同时为下次的活动打下良好的基础。媒体信息资料库应包括媒体机构分类目录、媒体机构内部主要人员资料及通讯录、媒体人员参与各种企业活动的历史资料等。对媒体信息资料库,要经常补充、更新、检查,以确保资料的准确性和时效性。

选择与研究媒体是根据企业活动的内容与性质选择最合适的媒体,并充分研究目标媒体的特点,以便与之更有效地沟通。一般地,媒体人员会根据自己的需要来报道。

筹备宣传中心有利于公关人员与媒体挖掘具有新闻价值的消息,及时撰写、发布新闻。

(二)媒体公关执行

媒体公关执行是指公关人员针对媒体执行具体的公关策略,包括配合媒体现场报道、策划组织相关活动以及制造新闻事件等,以实现企业传播的目标。

媒体公关执行需要根据企业自身特点、不同媒体的特点和兴趣,向媒体提供有价值的信息,争取较高的曝光率,从而在全社会范围内吸引公众的眼球。这是媒体公关执行的重要内容,有利于增进双方良好的合作关系。

企业要配合媒体工作,使媒体不仅成为企业活动的报道者,而且成为活动的参与者。这比单纯地邀请媒体进行新闻报道更加有效,也更易为媒体所接受。在不损害公众利益的前提下,可以有计划地策划组织具有新闻价值的活动和事件,以吸引媒体和公众的注意和兴趣,争取被报道的机会,并使本企业成为新闻报道中的主角,达到提高企业知名度的目的。制造新闻事件有利于充分调动媒体资源,并使报道主题鲜明、导向正确。

(三)媒体公关评估

媒体公关评估是媒体公关程序中不可或缺的部分,是衡量媒体公关策划和执行策略是否行之有效的重要依据。可以结合如下几个因素来评估公关效果。

一是主流媒体发布的位置。不同的位置会带来不同的关注度,但不要强行将日常宣传稿件发布在重要位置上,这样可能不仅没有效果,而且会影响与媒体的关系。真正可行的方式是做有价值的新闻,有价值的新闻会打动媒体,并使其不惜重墨和重要位置。

二是看是否制作了专题。但要注意的是,不能事事都要求制作专题,这不仅会透支编辑的注意力,而且会降低公众日后的关注度,在真正需要专题支持时,反而被公众忽略。另外,除了制作专题,成功推荐高质量的栏目也可以达到较好的公关效果。

三是转载次数。一篇好的新闻报道,会在很长时间内被反复转载。记录新闻报道在一段时间内的被转载次数,是一个可行的评估方案。

四是新闻报道的流量、评论数量等。一些新闻网站都有推出新闻排行榜,根据一段时间内各条新闻的访问流量自动排序。如果关于本企业的新闻报道排名比较靠前,说明媒体公关效果较好。

调查评估完成之后,应保留评估结果并对其加以运用。评估结果由多种形式综合体现,可以作为改进公关计划的依据,使其更趋于科学化,也可以作为新的公关计划的参考借鉴。此外,还应保留所有资料的副本,如新闻报道、展览报道和广告中与媒体交叉促销的文件副本、记录等,按时间先后归档保存。

五、日常工作中对媒体公关的策略与方法

第一,熟悉新闻媒体的工作流程和特点。各种新闻媒体都有其性质、特点和特殊需要,有其编辑方针、发刊周期、截稿时间、印刷方法、行销范围以及受众特点等。新闻工作者也有自己的工作性质、职业规范和特点以及所处的地位和环境。比如新闻记者的工作是对总编辑负责,贯彻编辑方针,所写的文章必须有利于宣传报道思想,要考虑受众的要求和兴趣以及新闻媒体在社会上的影响。

第二,提供报道的消息和资料必须真实、准确、讲究时效。所提供的消息和资料必须事实确凿、实事求是,既不能夸大也不能缩小事实。新闻报道如果失实,会直接影响新闻媒体的社会信誉。当其遭到公众的指责而追究原因时,必然会追究提供消息或资料来源的企业责任,这会严重影响企业与媒体的关系。企业的公共关系人员此时应当积极配合来访新闻媒体的工作,企业管理者也要有勇气正视现实,勇于自我揭露事实真相,勇于自我批评、承担责任。

第三，及时主动地提供企业信息。及时主动地向新闻媒体提供企业信息是搞好媒体关系的有效途径。企业应安排熟悉新闻业务和新闻界的公共关系人员来了解企业的全面情况，经常收集企业的各种信息，以便捕捉新闻、发现新闻。要创造机会展示企业，扩大企业的影响力。同时，可通过举办的一些重大活动，邀请新闻界人士参加，为其提供采访报道的机会。

第四，与新闻界人士建立友谊。企业的公共关系人员要善于与新闻界人士交朋友，建立友谊。如有计划地邀请新闻界人士参观企业，举办与新闻界人士的联谊活动，采取座谈会、研讨会、联欢会等形式促进了解。企业的公共关系人员应热诚地协助新闻界人士的采访工作，积极地安排他们与企业管理者或有关专家的会见，回答他们提出的问题，为他们提供理想的采访对象、录音条件和录像场地等。真诚的帮助可以使双方建立起真诚的友谊。

第五，加强媒体报道监测，掌握媒体的报道动向。认真开展媒体报道监测工作，坚持每日媒体监测制度，创新媒体监测方式，充分掌握媒体对本企业及同业的相关报道，加强对媒体报道的分析。

第六，了解和认识国际媒体。旅游业是一个密集与国际旅游市场联系的行业。认识与研究国际媒体，至少应该包括以下内容：对国外媒体本身的认识，包括媒体的创办方略、编辑宗旨及特点，公众影响力，主要受众群等；对国外媒体报道倾向的认识，包括媒体的派别与立场、媒体在报道中国问题时的一贯倾向等。

同步案例4-3

运用新媒体，打造网红旅游景区

越来越多的景区利用新媒体传播成功地打造了网红景点，西安的大唐不夜城在抖音平台的形象宣传就是一个经典的例子。

2019年，一位摇曳多姿的不倒翁表演者爆红网络。她身披盛唐服装，在《美丽的神话》歌曲中翩翩起舞，彻底带火了火树银花的西安大唐不夜城。在抖音平台上，"大唐不夜城""不倒翁小姐姐""石头人""敦煌飞天"等话题，带来了100亿次以上视频播放量，居全国景区播放量第一名。爆火当年，大唐不夜城海内外游客量超3亿人次，同比增长56.42%，位列全国5A景区游客量第一，日均游客量80万。

■ 资料来源：从经典网红景区的营销模式看新媒体时代的景区营销之道. 百家号，2021-12-31.

思考题：
新媒体是如何对旅游景区进行传播的？

第四节 针对政府和社区公众的公关策略与方法

一、针对政府公众的公关策略与方法

（一）政府公众与政府关系

政府一般是指社会行政管理机构，公共关系学中的政府公众则是一个泛化的统称，是指由国内外各级各类社会公共事务管理机构及其工作人员构成的特殊公众群体。

旅游企业与政府的关系包括旅游企业与中央、省（自治区、直辖市）、市（区）、县等各级政府的关系，也包括与政府有关业务主管部门（如旅游管理部门、公安司法部门、工商税务部门、交通部门，以及财政、海关、人事、环保、卫检等几乎所有的部门）的关系。政府关系还包括与国外各级各类政府部门之间的关系，其中又可以分为两类，即客源国政府关系和目的国政府关系。

企业与政府的关系是一种特殊的关系。政府本是管理者、监督者、裁判者、执法者，而现在要把政府作为公关客体来看待，并对其像其他公众一样展开公共关系工作，这自然是很特别的。处理政府公众关系的目标在于取得政府的了解、信任，使其能在人力、财力、物力及其他政策方面予以倾斜和支持。

（二）政府公众的特点

旅游业是政府主导型的产业，旅游经济发展应采取政府主导型的模式。这是中国乃至世界大多数国家（主要是发展中国家，也包括部分发达国家）的共同做法，主要原因有以下几点。一是发展旅游业，基础设施要先行，基础设施的发展需要政府来组织。二是旅游产品多数是公共产品，尤其是文化遗产地和国家级风景名胜区等顶级旅游资源，属于国家所有。按照经济学原理，公共产品应由政府出面组织。三是旅游产品促销是一个地方整体形象的宣传，政府的权威性和对于主流媒体的掌控，意味着由政府出面组织，其公关宣传具有更大的号召力。特别是国际旅游营销工作，政府对外公关的力量是最大的。

1. 政府是最强有力的公众力量

与其他公众相比,政府公众在社会生活中的力量是广泛的、持久的、强大的和具体的。良好的政府关系对于组织而言可以说是受益无穷。

 2. 政府与旅游企业之间是管理与被管理的关系

组织与政府以外的其他公众之间大多属于遵循等价交换原则的商业关系,而组织与政府公众之间是"不平等"的,因为它们之间是管理与被管理的关系。政府既是组织必须面对的公关对象,又是掌握公共权力、高居于任何组织与个人之上的公共事务管理者。比如政府是社会规则的制定者与执行者,是权威的公共事务信息制造者与发布者,是社会关系与社会冲突的协调者与仲裁者,等等。这是任何其他公众都不具备的特点,也是组织必须首先认识和充分尊重的特点。

 3. 政府在调动社会资源过程中具有强制性

组织与政府公众之间具有"不平等"性,关键是因为政府握有的权力是建立在社会契约基础上的公共权力,它被授权可以用社会的名义动员全部社会资源。这种权力对社会每一成员而言都具有不可选择、不可回避、不可抗拒的强制性,否则社会就不可能正常运行,甚至崩溃。

 4. 政府是投资与经营环境的决定性因素

在体制改革、社会转型的过程中,政府始终是主导力量,因而也是投资与经营环境的决定性因素。比如银行贷款政策本来是一个金融企业的经营问题,但在特定环境中,就是一个政府问题、政策问题、体制问题。因而组织要争取好的生存与发展环境,好的政府关系无论如何都是非常重要的。

(三)政府对旅游企业的影响

在旅游企业的利益相关群体中,政府对旅游企业的影响无疑是最大的,主要表现在以下四个方面。

(1)政府会直接监管或约束企业行为。一是政府对企业行为实施监管,比如服务质量抽查、财务核查等;二是政府通过一些管理条例对企业和从业人员行为加以约束,如《旅行社条例》《导游人员管理条例》等。

（2）政府会间接影响企业经营。政府通过修订相关政策、法律，如《中华人民共和国劳动法》《中华人民共和国环境保护法》等，间接改变企业的外部环境，从而对企业产生影响。可以说，政府作为企业关系密切的利益相关者，对其怎么重视都是正确的。

（3）政府拥有企业所需要的资源。政府拥有土地资源、风景地资源、教育资源、信息发布的资源、资金资源等。

（4）政府影响企业的国际市场。政府的外汇政策、签证政策，以及国家之间的外交关系、经济关系都会对国际旅游市场产生重大的影响。

（四）旅游企业对政府公关的主要目的

政府对旅游企业有着重大影响，可以把旅游企业对政府公关的目的概括为最主要的两个方面。

1. 改善环境型政府公关

旅游企业需要改善自己的经营环境，因为政府有很多管制措施。按照政府管制内容的不同，政府的管制主要分为经济性管制和社会性管制两大类。

经济性管制是指政府在价格、外汇、市场进入与退出等方面对企业所实施的各种行政措施。

社会性管制是指以保障劳动者和消费者的安全和健康，以及环境保护、防止灾害等为目的，以标准、规范等形式来限制旅游产品的开发、旅游服务质量和服务形式以及随之产生的各种相关活动的一种管制手段。

政府对经济性管制和社会性管制手段的应用是具有一定的规律性的，社会性管制往往被应用到食品、医药等与大众日常生活紧密相关的行业中，而对如金融、电信等涉及国家经济命脉的资源导向性行业往往采取经济性管制。

从政府公关角度来看，旅游企业首先需要对自身所处的行业及其管制类型进行辨别，并对政府所实施的管制措施加以分析与判断，从而制定适应性策略。对于社会性管制，企业应该遵守相关法律、法规，并与相关司法、监督机构保持企业事务信息的定期沟通；对于经济性管制，要在加强对政府政策走向以及国家宏观经济形势的分析工作的基础上，设计沟通策略与内容并锁定目标机构，以影响政府相关措施的制定和公布。政府管制措施并不是一成不变的，随着时间的推移和市场的发展，政府管制的内容与手段都可能发生变化。另外，在竞争日益激烈的市场环境当中，企业要想获取竞争优势，就需要建立积极、主动的政府公关思想。

2. 获取利益型政府公关

获取利益型政府公关就是以企业目标为导向,将政府看作资源的拥有者与提供者,其主要目的是实现与政府的某种合作,这是一种积极、主动的政府公关思想。获取利益型政府公关工作包括融洽政府部门关系、游说利好政策、获取政府资源。

融洽政府部门关系是指与相关政府部门建立一种信息畅通的沟通机制,核心目的是了解政策走向。比如,定期向行业主管部门递交企业简报、与部门领导定期召开沟通会议等。

游说利好政策是指企业主动参与或通过游说方式影响政府政策的制定与实施,以达到企业目标的实现,其核心目的是影响市场的"游戏规则"以体现企业目标。例如政府的休假制度就极大地影响了旅游业的客源数量、客源类型、客流规模和季节分布。

获取政府资源主要是指企业影响政府在人力、财力、物力方面的投入方向和投入规模。

政府公关本质上是企业有目的地影响外部环境的一种体现。作为政策的制定者、实施者与监管者,政府在某种意义上已经成为企业外部环境变化的关键力量。正确理解开展政府公关的目标导向,有助于帮助企业制订正确、可行的政府公关计划。

(五)旅游企业处理政府关系的艺术

1. 做好政府心目中的形象定位

与对其他公众一样,政府对于企业的评判也有自己的倾向和角度。企业应该在政府公众心目中树立受欢迎的组织形象,必须做到三个方面。

第一,服从国家利益。从理论和宏观上说,企业利益与国家利益是一致的,但在具体问题上有时存在矛盾。当企业自身利益与国家利益相冲突时,企业该做何种选择?从企业形象角度考虑,要在政府公众心目中建立起受欢迎的形象,以国家利益为重、服从国家利益是第一选择。

第二,遵纪守法。国家政府及有关部门通过各种法律、法令、条例、政策等来管理社会生活,规范个人与组织的各种行为,企业组织作为法人,必须严格遵守这些法律、法令、条例、政策所限定的行为准则。任何置国家法律于不顾、一味我行我素、经常违反法规制度的企业行为,都无法在政府公众心目中树立起良好形象。在现实生活中,偷税漏税、行贿受贿以及涉黄、涉赌的服务等违法乱纪的行为,在企业中一旦发生就会破坏企业形象。

第三,良好的经济效益。企业是以创造物质财富为根本目的的经济组织。政府管理国家的资金取决于企业所创造的经济效益。企业以税收或利润形式上缴给政府各部门的资金,是各级政府在管理国民经济、行使政府职能过程中绝对不可缺少的因素。因此,经济效益好或经济效益提高快的企业往往备受政府公众的青睐。

 2. 认真研究、准确掌握政府的政策法令

注意政策法令的变动情况,随时修正本企业的策略和行动。

 3. 多沟通、多汇报

旅游企业应采取有效的沟通手段,如呈报有关计划、总结报告,邀请相关领导参加企业新项目的奠基、落成仪式及重大节庆活动等,使政府了解旅游企业对社会的重大贡献和成就,从而增强对企业的信任。

4. 熟悉政府机构的具体设置、职责分工、负责人员

政府内部分工复杂,有许多业务互相渗透、彼此交叉,若分不清职责范围,就容易违背管理权限与等级,就很难分清主次,这样往往会带来不必要的麻烦。旅游企业应与主管业务人员保持经常往来和密切联系。

二、针对社区公众的公关策略与方法

社区环境是旅游企业赖以生存的空间,社区内的居民与旅游企业有着千丝万缕的联系。

(一)社区和社区关系

社区指的是人们共同生活活动的一定区域。从组织公共关系的角度看,社区的大小与旅游企业的分布情况和活动范围相关。旅游企业的分布和活动范围较集中的区域,其相对的社区地理范围会较小;旅游企业分布地域广、活动范围大的区域,其相对的社区地理范围也就会较大。

社区关系即旅游企业与所在地其他各类组织(各级政府、企事业单位、社团等)及当地居民的关系。

旅游企业与社区间客观存在着相互制约和相互依存的关系。一方面,社区是旅游企业生存和发展的根据地,良好的社区环境是旅游企业赖以生存和发展不可缺少的基本条件。这些环境条件包括水电、交通、通信等,有的甚至还包括原材料的来源、健全的地方政策与法规、稳定合理的税收制度、安定的社会环境、良好的生活服务设施、高素质的劳动力等。另一方面,包括旅游企业在内的各类组织是社区繁荣和发展的保障,社区的财政收入、社区环境的维持与改善基本上依靠包括旅游企业在内的各类组织所上缴的税金及履行社区公民义务所做的各种赞助和捐献。

（二）处理社区关系的基本原则

 1. 了解社区

旅游企业应开展广泛有效的社区调研,调查社区公众对企业的认知度,重点了解本企业在社区中的角色及声誉,还要了解社区公众对企业的看法、企业同社区的关系、企业同社区公众之间存在的问题、增强企业同社区关系的方法等。

 2. 主动沟通

旅游企业应主动与社区公众进行沟通,加强双方信息交流。企业与社区公众之间应该相互沟通,使双方都能取得自己想要的信息。社区沟通中最重要的是与当地政府和媒体的沟通。

 3. 自身"社区化"

建立良好社区关系的首要方法就是企业自身实现"社区化",以普通公民的身份立足社区。企业通过接收、吸取社区文化,并以自己的行为反作用于社区的行为规范和准则,使自己的行为逐渐为社区公众所认可和接纳,从而成为社区的一员公民,通过进一步的沟通,达到与社区公众同化,最终融为一体。

 4. 树立责任意识

旅游企业应正确地认识、积极参与、关心社区各方面的发展,为社区发展承担自己的责任,以主人翁的态度推动社区的各种发展。

 5. 社区公众优先

旅游企业在业务开展、员工招聘以及其他方面应优先考虑社区,与社区之间互相取长补短、协同运作去实现对双方都有益的共同目标。

（三）处理社区关系的基本策略

(1)通过社区的报纸、杂志、网络、电视等大众传播媒体的沟通。主要有向大众传播媒体提供企业的新闻、广告或专题片，以及企业自己编制出版的区域通讯杂志、年度报告书、小册子、企业的内部刊物等。通过这些媒体，及时、不断地把企业的情况、企业对社区贡献的事实报道给社区公众。

(2)有条件的情况下，可将一些景区免费开放，让社区公众特别是重要人物参观。其目的是让社区公众对企业的工作环境、各方面的发展有更多的了解，留下深刻的直观感受和印象，也可借此纠正社区公众的各种误解和错误观念。通过直接交往，与社区公众建立感情并吸引更多的人才。

(3)管理人员的演讲或者专业人员在某些场合讲座。其目的是增进了解，树立管理人员的良好社会形象，提高企业对社区生活的影响力。

(4)企业领导与社区舆论界领袖的会晤、座谈或集会。其目的是促进他们对企业策略的了解，向他们谈论企业的计划、经营状况，或就某些问题进行商谈、征询他们的意见和建议，以保证社区舆论界领袖对企业的全面认识和正确理解，并通过他们进而影响社区公众的观念。

(5)访问社区机构。企业领导应邀或主动拜访社区的各种机构，如学校、社团、研究机构、新闻媒体、福利机构、文化机构、地方政府机构以及各种工商机构。通过拜访，可向这些机构的公众示以关心和善意，使之感到企业对其的重视和尊敬。

(6)通过员工的沟通。员工生活在社区中，每天都在与外部公众进行大量的接触。员工沟通的最大优势是可扩大企业与社区公众人际交往的接触面和加深接触的深度。公共关系部门平时应鼓励员工积极参与社区活动，在社区的各种社团组织中担任职务，提高员工在社区生活中的影响力，并向员工就如何向外界宣传介绍本企业进行指导，及时向他们提供各种信息和资料。

(7)举办展览或陈列。利用本企业的设施或租用社区内的公共场所举办介绍企业的各种展示活动。

(8)积极参与或赞助社区的文化体育事业。积极参加社区的各种文化体育活动，如参与或赞助文化周、音乐会、歌咏比赛、书画摄影展、体育或竞技比赛、节日的游园等活动。更有价值的是，有针对地长期扶植赞助具有地方特色的文化体育活动项目。

(9)协助地方发展教育事业。如设立奖教、奖学基金，以鼓励教师治学、学生向学；捐献教育设施，以改善地方办学条件。

(10)参与或赞助社区的公共福利事业，协助解决社会问题。如协助政府相关部门安置退伍军人，扶植残疾人就业，关心老人和儿童的健康，参与保护老年人、儿童、妇女合法权益的活动，关心对失足青年的教育、社会治安的治理等。

(11) 搞好环境保护工作。主动采取措施以减少生产所造成的空气污染、噪声、水质和土壤污染。根据实际需要和企业的能力积极推行各种美化环境、净化大气、水质改良、生态保护等计划，以造福社区。

◇ 同步案例4-4

政府的"黄金周"长假政策给旅游业带来的利好

七天的长假制度，中国人闲暇时间增多，大大丰富了人们的生活内容。与此同时，百姓的休闲消费能力也在不断提高，用于餐饮、购物、旅游、健身、娱乐等的消费与以前相比大幅度增加。

七天的长假，是旅游、交通运输行业和其他行业商家赚钱的时机，被媒体称为"黄金周"。

1999年9月18日，国务院修订发布《全国年节及纪念日放假办法》，规定春节、劳动节、国庆节和新年（元旦）为"全体公民假日"，其中春节、劳动节和国庆节放假三天，元旦放假一天；还规定这四个"全体公民假日"如果适逢星期六、星期日，应当在工作日补假。2000年国庆节开始，对国庆节、春节和劳动节这三个节日的休假时间进行了统一调整，将节日前后的两个周末（共四天）和法定假期三天集中休假，这样共计七天时间。自实行这种休假制度以后，每逢这三个节日的休假称为"长假"，通常前面冠以节日名称。

2008年增设清明节、端午节和中秋节为法定假日，五一法定假期从三天改为一天。这样少了一个"大黄金周"，增加了四个三天假期的"小黄金周"。

对于旅游而言，三天假期可以设计一个近距离游了。

"黄金周"推动了中国旅游业的发展，尤其是国内旅游业的发展，促进了假日经济的形成，开启了中国城镇居民大众休闲旅游的新时期。

■ 资料来源：作者整理。

思考题：
政府还能在哪些方面支持旅游企业？

◇ 思考与练习

1. 什么是顾客关系？处理顾客关系的手段有哪些？
2. 什么是媒体关系？公共关系人员如何处理好新闻媒体关系？
3. 旅游企业与政府关系和与社区关系有什么异同？
4. 为什么说"客户关系管理"也是公共关系的一种方法？

◇ 拓展案例

二维码 4-1

让客人赔偿

第五章　旅游企业的形象塑造与传播

◇ **学习目标**

知识目标：
掌握组织形象的含义；掌握旅游企业 CIS 导入与组织形象塑造。
能力目标：
能利用有关组织形象传播的理论知识分析和解决实际问题。
情感目标：
培养解决实际问题的创新精神。

◇ **学习重难点**

组织形象的含义；CIS 导入；旅游企业组织形象传播策略

◇ **本章关键词**

组织形象；CIS；传播模式；传播策略

◇ **导入案例**

各地形象宣传语

为了提高辨识度和提升本地旅游形象，全国各地在分析本地的历史文化背景和评析现有旅游形象定位的基础上，纷纷推出形象宣传语。以下是部分地区的宣传语：

重庆市：奇迹之城，梦想之都
三亚市：美丽三亚，浪漫天涯
丽江市：七彩云南，梦幻丽江
沈阳市：新沈阳，新环境

广州市:一日读懂两千年

福州市:福山福水福州游

银川市:塞上明珠,中国银川

武汉市:高山流水,白云黄鹤

桂林市:桂林山水甲天下

新疆维吾尔自治区:掀起你的盖头来

西藏自治区:千山之宗,万水之源

云南省:彩云之南,万绿之宗

■ **资料来源**:作者整理。

思考题:

你喜欢哪一条呢?说说理由。

第一节 塑造良好的组织形象

一、组织形象的含义与特点

(一)组织形象的含义

形象是人们感觉、认知客观事物,获取有关信息后所形成的印象。社会组织所进行的生产、管理、服务、推广等活动,总会有意或无意地给公众留下这样或那样的印象和看法。

组织形象是公众对组织的总体评价,是组织的特征与表现在公众心目中的反映。组织形象的构成是丰富的、多维的。评价组织形象最基本的指标有两个:知名度和美誉度。

1. 知名度

知名度表示一个组织被公众知道、了解的程度,以及组织社会影响的广度和深度,即评价组织名气大小的客观尺度。根据知名度的大小,可以将其划分为不同的层次,如图 5-1 所示。高知名度也可能是坏名声。因此,一个组织若想树立良好形象,还要提高美誉度。

图 5-1　知名度层次示意图

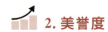 **2. 美誉度**

美誉度是指一个组织获得公众信任、赞许的程度,是评价组织社会影响好坏程度的指标,也就是一个组织"品德"好坏的客观尺度。

 3. 知名度、美誉度构成的实际组织形象

以知名度和美誉度为指标,组织形象可以被描述为四种类型(见图 5-2):① 高知名度、高美誉度型;② 低知名度、高美誉度型;③ 低知名度、低美誉度型;④ 高知名度、低美誉度型。

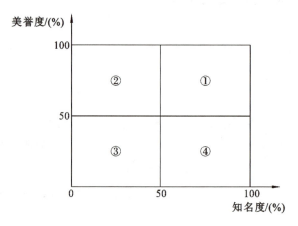

图 5-2　组织形象四分图

组织经过对调查材料的整理分析,便可得出自身形象所属的类型。根据知名度和美誉度的统计结果,可寻找组织管理工作中存在的问题及其原因,从而克服不足、发扬长处,进而调整组织形象。比如,在调查中发现组织的美誉度不错,但知名度不高,就需要寻找适宜的媒介,如大众媒介等,来开展宣传工作。若组织的知名度很高,但美誉度不佳,就要控制宣传,采取措施加强美誉度的建设。

不同类型的组织形象的公关对策见表 5-1。

表 5-1　不同类型的组织形象及其公关对策

类型	含义	形象评估	公关对策
①	高知名度、高美誉度型	最佳	维持、巩固
②	低知名度、高美誉度型	良好	扩大宣传、提高知名度
③	低知名度、低美誉度型	一般	提高知名度和美誉度
④	高知名度、低美誉度型	恶劣	增加美誉度、挽回名声

(二)组织形象的特点

依据对组织形象的认识,组织形象的特点主要表现在以下几个方面。

1. 主观性与客观性

组织形象是客观性与主观性的统一。一方面,组织形象源于组织的表现,即有什么样的表现就有什么样的形象,因此组织形象具有客观性;另一方面,评价者是公众,不同公众的价值观念、审美观念、功利性都不同,同一组织在不同公众心目中会产生有差异的形象,因此组织形象具有主观性。

2. 整体性与多维性

组织形象是指组织的整体形象,是一个组织状况的全面综合反映。组织形象也是多维的。从时间维度看,公众在形成对某一组织的形象概念时,常常有一个体验、感受的积累过程,是经过多次、多方面的体验、感受而产生的结果。从空间维度看,公众对组织形成的形象概念是经过多方面感知、了解、接触才形成的。组织形象的内容不是单一的,而是由多个构成要素所组成。

从多维性来看,组织形象包括产品形象、市场形象、技术形象、环境形象、服务形象、员工形象、经营者形象、公关形象、社会形象等多个要素。

3. 相对稳定性

无论组织形象处在何种状态,公众主观的认识一般落后于组织实际的变化,从而表现为组织形象的相对稳定性。在塑造、推广组织形象初期,即使组织的若干形象要素出色,要被公众广泛知晓直至深入人心,也并非一日之功。这不仅是因为公众有一个认识过程,还可能因为认同一个组织形象意味着对其他组织形象的放弃,需要改变原来的心理定势。

4. 传播性

组织形象既是组织的物质实体本身,又是企业的精神风貌的呈现。它构成一种信息,可以借助于各种媒介来传播,让社会公众直接或间接地感受、认知。

二、组织形象塑造的价值效能

第一,良好的组织形象可以提升公众的信心。组织一旦被公众所认可、信赖,它生产的产品也就同样被公众认可、信赖,即可以为具有该组织名称的产品创造出一种消费信心。

第二,良好的组织形象可以提升组织的产品形象。良好的组织形象在公众心里有一种延续作用,留下深刻的"烙印",会在长时间内发生作用,长期地影响顾客的消费心理和消费行动。如果一个企业有了良好形象,那么其产品就会赢得广大顾客的信赖,保证销售渠道畅通,并使企业不断顺利地开拓新的市场。这种良好形象的延续作用,促使顾客产生对组织的偏爱并持续地保留着消费的渴望,因而不断涌现出新的消费需求。当企业推出新产品时,公众会很快地接纳。因为公众信赖的不是新产品,而是生产这种产品的企业。

第三,良好的组织形象能够优化组织的生存环境。在现实生活中,一些知名度、美誉度甚高的企业,其社会地位都比较高,易得到政府和主管部门的器重、同行的信赖和金融机构支持。这种来自社会的理解、信赖和支持,增加了企业的价值和分量,成了企业无形的资产和财富,为企业解决各类难题、争取更有利的外部条件提供了极大的便利。

第四,良好的组织形象可以吸引优秀人才。良好的组织形象对人才有强大的吸引力,对内有强大的凝聚力,是现代组织竞争的法宝。

三、公共关系与组织形象的相互关系

在现代社会,组织要发展,就必须塑造良好的形象,它是现代组织不可或缺的竞争力和制胜法宝。而要塑造良好的组织形象,就必须运用公共关系这一手段。因此二者之间存在密不可分的相互联系和内在的一致性。这种关系具体体现在以下四个方面。

第一,组织形象问题是公共关系理论的核心问题。公共关系工作有两大基本的、主要的职能,即协调内外关系、塑造组织形象。其中塑造良好的组织形象是协调内外关系的目的。

第二，公共关系活动以塑造良好的组织形象为中心。公共关系活动主要包括沟通信息、树立形象、协助决策、协调关系。要塑造良好的组织形象，必须协调好组织内外的各种关系，化解各种矛盾，这是公共关系工作的主要内容。

第三，公共关系危机的处理以保护组织形象为目的。当组织形象因为某些原因出现损害时，组织的公共关系部门可以利用自己的关系网络优势及时地协调内外关系，向外界传递信息。在沟通了解的基础上消除误解，达成谅解，使组织形象往好的方向发展。

第四，良好的组织形象是组织开展公共关系活动的有力保证。拥有良好形象的组织，其知名度和美誉度都很高，这样的组织在开展一系列公共关系活动时，就能够得到外部公众的肯定与信任，获得更多的投资与支持，还可增强内部公众的向心力和凝聚力，使他们产生强烈的归属感和荣誉感。

◇ **同步案例5-1**

2021年6月湖北旅游传播指数榜

2021年7月15日，荆楚网、楚天舆情数据研究院发布湖北旅游传播指数，神农架旅游传播指数居市州首位，屈原故里位于景区榜单"C位"。神农架举办华夏始祖炎帝祭祀大典，600名炎黄子孙沿着先祖的足迹，齐聚神农架，祭祀华夏始祖炎帝神农生辰。央广网、人民网、湖北日报、荆楚网等媒体聚焦报道，推高了神农架的旅游传播指数。

前三位详情如下（数据统计时间：2021年6月1日至6月30日）：

市州旅游形象指数TOP3			县区旅游形象指数TOP3			景区旅游形象指数TOP3		
排序	市州	指数	排序	县区	指数	排序	景区	指数
1	神农架	94.61	1	洪湖	94.473	1	屈原故里	94.72
2	武汉	94.52	2	秭归	94.31	2	凤娃古寨	94.54
3	恩施	94.47	3	黄梅	94.31	3	三峡大坝	94.43

■ 资料来源：根据荆楚网资料整理。

思考题：

如何评价旅游企业的组织形象？

二维码 5-1 遇见武汉

第二节　旅游企业 CIS 导入与组织形象塑造

一、CIS 及其构成要素

CIS(corporate identity system)，翻译为中文是企业识别系统。CIS 把企业文化、经营理念、管理行为融入现代企业策划设计和企业管理活动中，使之系统化、规范化、标准化。CIS 对内规范企业行为，强化员工的凝聚力和向心力，使其形成自我认同，提高工作热情，从而降低经营成本；对外传播企业理念，树立品牌形象，使社会公众对企业确立牢固的认知与信赖，避免认同危机，提高沟通的效率和效果，以取得更大的经济效益与社会效益。

CIS 包括企业理念识别、企业行为识别、企业视觉识别三个子系统。

（一）企业理念识别（mind identity，MI）

企业理念识别是企业形象的灵魂。企业的创业愿景、企业精神、企业作风、企业哲学、核心价值观等都属于企业的理念识别。企业理念识别是 CIS 的重要组成部分，因为它们表现出一种独特的文化品质和企业价值观念，正是它们决定着企业的一切行为。虽然它们是无形的，但能够指导与体现在一切有形的事物之中。

（二）企业行为识别（behavior identity，BI）

企业行为识别是指在 MI 指导下，以企业经营管理为中心的系列活动，具体可以分为对内行为识别、对外行为识别两个部分。对内行为识别指企业的工作行为、风尚、习俗、技术力量、行为规范和业务水平等；对外行为识别指企业的公共关系活动、商务交往活动、公益活动等。例如有的企业对工作精益求精，对质量一丝不苟，外界就能够通过员工的行为体会到认真负责的企业形象。

（三）企业视觉识别（visual identity，VI）

企业视觉识别是企业形象最外层、最直观的部分。它以企业标志、标准色、标准字、象征图形和吉祥物等为基础。企业的各种外观物品，如事务用品、车辆外观、办公室装饰、广告媒介、户外招牌、员工制服、产品标牌及包装等，形成企业独特的视觉识别手段。

二、旅游企业 CIS 架构

企业形象系统是由产品形象、市场形象、技术形象、环境形象、服务形象、员工形象、经营者形象、公关形象、社会形象等组成。导入 CIS 是塑造企业形象效果较好、方便快捷的方式。

旅游企业可以运用 CIS 的设计原理塑造具有个性的旅游形象。系统化的旅游企业形象塑造包括 MI（理念识别）、BI（行为识别）和 VI（视觉识别）三个部分，见图 5-3。

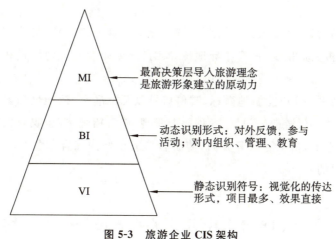

图 5-3　旅游企业 CIS 架构

（一）旅游企业理念识别（MI）

MI 是确立旅游企业独具特色的经营理念的识别系统，包括对老的旅游企业进行重新包装和更新，以及对新的旅游企业或产品的创意、构思和规划。这两种不同类型的旅游企业的形象策划都是为了适应形象导向的时代背景，通过提炼、创造和组装旅游要素，形成具有鲜明个性、旅游吸引力极强的旅游地和旅游服务，再通过 BI 和 VI 的行销，传播到社会公众心中，从而增强旅游企业的吸引力和扩大市场占有率。因此 MI 属于旅游企业文化的意识形态范畴，是 CIS 导入的基础、核心和灵魂。

设计一个旅游企业的理念基础，来自对以下三个方面的把握。第一，对"文脉"的把握。文脉是指旅游地所在地域的自然地理背景、历史文化传统、社会心理积淀、经济发展水平的组合。第二,对旅游地与周边辐射区域内其他旅游地的关系把握,这种关系包括竞争和互补。第三,对客源市场的把握。规划创意时对市场的预测准确性十分重要,不仅要考虑市场的属性(国际、国内或地区指向性),而且要分析市场的占有份额、游客数量以及游客类型。

(二)旅游企业行为识别(BI)

旅游企业具有高度的组织化特征,是一种由人和地理空间相结合的组织结构。因此,旅游企业 BI 是确立旅游经营理念与创造旅游文化的准则,是对旅游企业运作方式所做的统一规划而形成的动态识别系统。它以旅游经营理念为出发点,对内建立完善的组织制度、管理规范、员工教育、行为规范和福利制度;对外则开拓旅游市场,进行旅游产品开发,通过社会公益文化活动、营销活动等方式来传达旅游经营理念,以获得社会公众对旅游地的识别和认可。因此,BI 反映理念基础及其主题口号,并渗透到整个识别系统中。例如"亲切、主动、高效的服务"这一口号,通常包含在旅游企业行为识别系统中。

(三)旅游企业视觉识别(VI)

VI 是 CIS 的静态表现形式,是具体化、视觉化的传递方式。VI 在 CIS 中最具有传播力和感染力,最容易被大众接受,占有主导地位。因此旅游企业的表现形式和形象设计就显得十分重要。

以旅游景区为例,VI 以旅游地徽标、宣传口号以及标准字、标准色和象征图形与吉祥物为基础,设计并渗透在旅游地的门景、各种旅游景观、旅游招牌、广告媒介、旅游商品包装、旅游建筑外观、旅游车辆、员工制服等方面,使游客形成良好的综合印象,并加以口头传播,以达到行销传播的目的。

三、旅游企业 CIS 导入中公共关系人员的工作内容

导入 CIS 工作应该由企业高层成立专门的委员会来负责,整体设计工作一般应该通过对外招标的方式让专业公司来完成并主持实施。

导入 CIS 工作与公共关系工作有着紧密的联系。一方面,CIS 导入是为构建企业的新形象,本身就体现了一种公共关系理念,与公共关系工作的目的是一致的;另一方面,在 CIS 导入过程中,公共关系人员可以发挥重要的作用。

在旅游企业 CIS 的导入中公共关系人员的工作内容有以下几个方面。

(一)CIS 核查

公共关系人员要对 CIS 的导入过程和状况进行核查。CIS 核查工作分两个层面:一是

对导入情况的检查、检验,二是是对 CIS 导入效果的补充、改进。对于企业思想、企业形象和识别问题等,都需要在实践中不断检验、不断完善。

(二) CIS 教育

公共关系人员应该主持 CIS 教育工作。学习 CIS 对深入理解企业文化与企业价值观具有重要意义。企业导入 CIS 后,随着时间的推移,原有的员工会对它逐渐淡漠,新的员工、新的客户又会对它感到陌生。因此,加强培训是 CIS 教育的重要环节,企业通过 CIS 教育可以使企业理念与价值观扎根在员工头脑里,促进其行为统一。加强员工对 CIS 设计开发和实施的历史过程的了解,使员工理解企业识别系统的设计意义,进而激发员工的使命感。

(三) CIS 传播

CIS 传播是公共关系人员主要参与的工作。传播是传播者利用各种媒介,将信息有计划地与公众交流的沟通活动。CIS 的形象效果来自有计划的、持久有效的传播。CIS 按照传播的渠道,可分为人际传播和大众传播两种方式。CIS 作为一种经营文化和精神文化的统一,不仅要广泛融合于企业生产经营的各种系统中,还应通过各种传播方式广为扩散,形成冲击效果。对 CIS 传播应加强管理,进行有组织、有计划的筹划和安排,其内容应主要包括对信息、传播、广告、新闻宣传、公关活动、促销活动等统一的规划和有计划的实施。

◇ **同步案例5-2**

如家连锁酒店集团公司的 CIS 导入

1. 如家酒店的理念识别

为宾客营造干净温馨的"家",为员工提供和谐向上的环境,为伙伴搭建互惠共赢的平台,为股东创造持续稳定的回报,为社会承担企业公民的责任。

如家的理念显得异常的温暖,为宾客营造干净温馨的"家"。从企业核心理念到宣传语"不同的酒店,一样的家",处处都有着宾至如归的"家"文化的影响。

如家的理念识别系统,不仅体现在顾客方面,还兼顾了员工、伙伴、股东以及对于社会的责任。面面俱到的周密考虑,有利于企业树立良好的社会形象,提高其知名度与美誉度。

2. 如家酒店的行为识别

企业内部提倡零缺陷,能够保证按照恒定的质量标准永远重复下去,才是最为成功之处。其管理团队提出了"像制造业一样生产服务",主要就是强调服务质量的标准化。

企业外部通过多种活动提高知名度。例如,赞助东方卫视《加油!好男儿》节目;迎接世博会,推出多项绿色环保活动;举办员工运动会、技能比拼大赛等活动;制定反舞弊策略;制定商业行为和道德规范。

3. 如家酒店的行为识别

以如家的LOGO为例,其非常有辨识度,由红、黄、蓝三色构成,颜色鲜艳、对比强烈,可识别性高。小房子样式的设计,HOMEINN的标志,"I"做成弯月的样子。"如家"两字嵌在房门中,整体LOGO巧妙而简洁,给人以温馨的家的感觉。

■ 资料来源:https://www.wenmi.com/article/pvujky008rt2.html.

思考题:

从本案例看CIS导入对酒店的形象传播的影响。

第三节　旅游企业的组织形象传播体系

一、传播的含义与特点

传播是传播者与受传者之间信息的双向交流与共享的过程。在这个过程中,一方(信源)有意向地将信息编码并通过一定的渠道传递给意向所指的另一方(接收者),以期唤起特定的反应或行为。完整的传播必须是意向所指的接收者感受到信息的传递,赋予信息以喻义(破译编码)并受其影响而做出反应。

在公共关系中,传播是现代企业利用各种媒介将信息或观点有计划地与公众进行交流的双向沟通活动。作为一种社会现象,传播是信息交流与共享的过程,具有以下几个方面的特点。

第一,传播是动态的,传播是信息的流动。作为传播的参加者,人们不断地受到来自其他人的信息的影响,因此信息经历着连续的变化。

第二,传播具有对称性、双向性。传播必须在信源和接收者之间进行。一般来说,这意味着两人或两人以上,即至少两个人之间的信息传递是双向的。

第三,传播活动是不可逆的。由于传播的进行性特点,接收者一旦被某一信息影响,这一影响的后果就不可能再收回。虽然可以发出其他信息以修正原信息影响的效果,但无法消除已实现的效果。

二、传播的基本要素

传播要素是构成一个完整的传播活动所必需的要素,或者肯定会存在的要素。由于理解的差异和分析的深浅,传播要素的范围还处于变动之中。

一般而言,传播最基本的要素有五个:信源、信息、信道、信宿和效果。如果是双向信息传播,还要加上反馈这一要素;如果考虑信息还必须通过编码和译码才能传递和接收,那么相应还要加上编码和译码这两个要素。其他因素如时空环境、共同经验范围等也是传播的基本要素或隐含要素。

(一)信源

信源是信息产生的最初发源地,也指信息发布者或传播者。在公关传播中,信源一般指某个具体的社会组织。但信息发布者并非总是信息的最初发源地,因为有时信息以自在的或原始的形式出现,而发布是一个主动的传播行为。例如,某个调查机构是市场信息的发布者,它是通过市场调查获知有关信息的,而这些信息可能完全以原始、散乱、个别的形式存在。因此,信源有时并不十分容易确定。

同一信息经过不同的传播者,会有不同的传播效果。也就是说,传播效果在很大程度上取决于传播者的特性,取决于公众对传播者的看法。传播者的特性就是传播的隐含要素,包括:传播者的权威性和整体形象;传播者的动机;传播者的心理因素;传播者与接收者的关系;等等。

由传播的基本要素所构成传播系统见图 5-4。

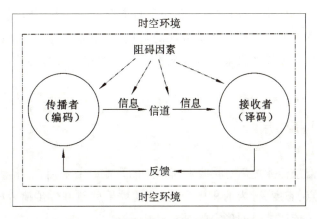

图 5-4　传播的基本要素及传播系统

（二）信息与编码

信息指有价值的消息，也包括观念、态度和情感。或者说，信息是指信源要传递的内容。社会组织作为公关主体，要主动传递各种有利于实现组织公关目标的信息。

形象塑造所确定的形象目标及基本形象信息是公关传播的主要内容。同时，社会组织还应把不断变化的情况或公众关心的情况告知给公众。此外，还可传递组织的观念、态度和情感。

在主动传播信息时，传播者要把原始、散乱的信息制成外界所能接受和理解的符号或形式，这一过程就是编码。确定信息内容和编码过程的界限有时易于分辨，有时二者交织在一起，难于分辨。如果所要传递的信息内容已完全确定，剩下的事情就是把内容很好地表达出来，那么编码过程是明确的。但在大部分情况下，编码过程同时就是信息内容的确定过程。例如，新闻稿的写作过程既是信息内容的确定过程，也是编码过程，此时不仅涉及写作体裁和文字通顺问题，还涉及什么该写、什么该删除，最后呈现在公众面前的信息就是经过编码的。

（三）媒介与信道

媒介是指信息传播的中介物或信息的载体。媒介通常包括电视、电影、网络、报纸、杂志、磁带、唱片、光盘，此外还可以把口头语言、人体动作等也归入媒介范畴。

信道是指信息传递的渠道、途径。如果信息要跨时空传播，一般必须借助信道及其媒介。邮件系统（实际是运输系统）、有线或无线的电报电话、广播电视系统、互联网系统，都是常见的信道。此外口头流传方式也是一种信道。

（四）信宿与译码

信宿是指信息的传播对象，即接收并利用信息的公众。信宿也称受传者或接收者。由于信息传播具有到达率的有限性和易扩散性的两重性，因此信息的实际接收者往往与目标公众不一致。在进行公关传播决策时应该根据公关目标选择好目标公众，并关注目标公众的特性。

（五）效果与反馈

传播效果是指信息传播之后对接收者所产生的影响。一般而言，信息传播范围越大，有更多公众发生了观点、态度、行为的积极变化，传播效果就越好。传播者应明确传播的目标和所要追求的效果。传播效果的确定既要考虑必要性，也要考虑各种投入的可能性。

传播之后应进行效果评估,即进行信息反馈。反馈是一种信息的回流,不仅能获知前一次传播的效果,还可收集到有用的信息,为调整、改进下一步的行动提供依据。

(六)时空环境

任何传播都是在一定时空环境下进行的,因而时空环境也可以说是传播的基本要素。

时空环境有许多隐含特性,对传播效果有重大影响。例如,在不同时间目标接收者的情绪、精力状况是不一样的。又如,传播地点、传播环境、主体和客体的文化背景等都会影响整个传播过程。

三、传播沟通的模式

传播过程是一种信息传送和交换的复杂过程。从本质上讲,当信息交流双方凭借一定媒介进行交流活动时,就形成了一种传播关系。人类的信息交流是非常复杂的社会现象,要想深入了解这种复杂的现象,就必须借助于传播模式。传播模式分析是提供一种思考过程或结构的有用方法。

(一)拉斯韦尔传播模式("5W"传播模式)

美国学者哈罗德·拉斯韦尔于1948年在《社会传播的结构与功能》论文中首次提出了构成传播过程的五个基本要素,并按照一定结构顺序将它们排列,形成了后来人们称为"5W"传播模式或"拉斯韦尔程式"的过程模式。五个基本要素如图5-5所示,即:who(谁);says what(说了什么);in which channel(通过什么渠道);to whom(向谁说);with what effect(有什么效果)。这五个要素又构成了后来传播学研究的五个基本内容,即控制研究、内容分析、媒介研究、接收者研究和效果研究。

图5-5 "5W"传播模式

该模式的缺陷是，它只是单向流动的线性模式，过高地估计了传播的效果，忽略了反馈的作用。但是时至今日，拉斯韦尔传播模式仍然是引导人们研究信息交流过程的一种简便的综合性方法。

（二）香农-韦弗传播模式

香农-韦弗传播模式于1949年由美国的两位信息学者香农和韦弗在《传播的数学理论》一文中首次提出，又称为"传播过程的数学模式"，如图5-6所示。开始，由于香农的工作背景，他只对传播的技术感兴趣。后来，他与韦弗合作研究，使得这一模式在其他传播问题上有了更广泛的应用。香农-韦弗传播模式让我们能确定并分析传播过程的各个重要阶段和传播要素，因而非常有用。

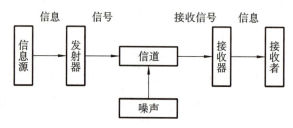

图 5-6　香农-韦弗传播模式

在这一模式中，传播被描述为一种直线性的单向过程，包括信息源、发射器、信道、接收器、接收者以及噪声六个传播要素，这里的发射器和接收器起到了编码和译码的作用。在信号传递过程中，还有一些干扰因素（噪声）影响传播过程。

（三）奥斯古德-施拉姆循环传播模式

奥斯古德-施拉姆循环传播模式是对香农-韦弗传播模式的不足之处进行改进之后形成的一种传播模式。该模式不仅引入了反馈机制，而且突出了反馈的双向性，表明任何传播活动都应具有双向性，如图5-7所示。

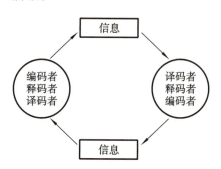

图 5-7　奥斯古德-施拉姆循环传播模式

奥斯古德-施拉姆循环传播模式的特点是：① 没有传播者和受传者的概念，传播双方都是主体，通过信息的授受，处于"你来我往"的相互作用之中；② 该模式的重点不在于分析传播过程中的各个环节，而在于解析传播双方的角色功能，参与传播过程的每一方在不同的阶段都依次扮演译码者、释码者和编码者的角色，并相互交替这些角色。奥斯古德-施拉姆循环传播模式体现了人际传播（特别是面对面传播）的特点，但不适合大众传播的过程。

（四）德弗勒互动过程传播模式

德弗勒互动过程传播模式是主要的传播过程模式之一，20世纪50年代由美国社会学家德弗勒创立，又称大众传播双循环模式。其主要内容是：在闭路循环传播系统中，受传者既是信息的接收者，也是信息的传送者，噪声可以出现于传播过程中的各个环节，如图5-8所示。

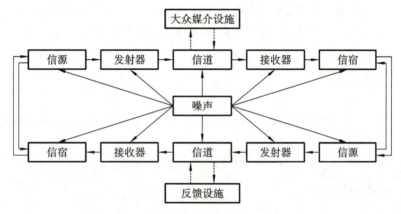

图 5-8　德弗勒互动过程传播模式

德弗勒互动过程传播模式有如下特点：一是这一模式增加了反馈机制，克服了单向直线传播的缺点，明确补充了反馈的环节和渠道（大众媒介设施和反馈设施），使传播过程更符合人类传播互动的特点；二是这一模式拓展了噪声的概念，指出噪声不仅对信息而且对传达和反馈过程中的任何一个环节或要素都会产生影响。

德弗勒互动过程传播模式的局限性：一是对以报纸、广播等媒介为主的大众传播过程要素的众多性和复杂性反映不够，有简单化倾向；二是对人类传播的新媒介和新技术未能足够重视，甚至有低估新的传播技术的效果的倾向。

四、传播沟通的媒介

（一）符号媒介

符号是由人类创造的能明确传达信息并能为具有共同文化的人们所普遍接受的载体。符号媒介是人类相互沟通中运用最广泛的传播媒介之一，也是公关传播的主要媒介。符号媒介可以分为以下几种类型。

1. 有声语言

有声语言就是自然语言、口头语言。它是人际沟通和公关传播中运用频率最高的媒介，其特点是传播速度快、容易引起人际互动、传播费用低、形式和场合灵活多样，但也会出现语言不通的情况。

2. 无声语言

无声语言是有声语言的文字符号形式。文字媒介的主要特点是便于斟酌，需要进一步借助实物载体才能传播，因而文字媒介易于保存和跨越时空，但其信息传播与反馈速度不如口语传播。实物载体主要是印刷品，但包装物、建筑物、汽车等都可以负载文字。

3. 有声非语言

有声非语言是人们在沟通活动中发出的有声音但不分音节的语言，如简单的呼叫声、笑声、掌声等。

4. 无声非语言

无声非语言是指各种人体语言，包括人体动作、手势、表情、眼神等。

（二）实物媒介

在公关活动中，许多实物包含着丰富的能被人们广泛接收和认知的信息，因此能充当传递信息的载体。有的实物已经发展为一种符号媒介，能被人们明确理解。如酒店的造型、客房的装饰等，再如企业用于交换、赠送的实物等。组织的各种实物所发出的信息应符合组织整体形象定位的要求，而且实物载体之间的整合、协调也很重要。

（三）人体媒介

人体媒介是指借助人的素质、外在形象、服饰以及人们进行的各种活动乃至事件来传递信息的载体。在企业中，领导的品行和声望、技术人员的学历与职称、员工的服务水平、新闻人物、新闻事件、对内对外活动等都是一种人体媒介或以其为载体传递信息。有的人体媒介负载的信息十分简单，比如员工的文化水平构成；有的则负载着大量信息，比如一系列社会活动就可以负载丰富的信息。

（四）大众媒介

大众媒介指在信息传播过程中处于职业传播者和大众之间的媒介,主要包括广播、电视、报纸、杂志、图书、互联网、移动手机等。大众媒介具有超时空性,传播面特别广泛,因而在公关活动和广告宣传中能发挥重大作用。

五、传播沟通的策略

无论是口头的还是书面的传播,都要建立在有效的沟通策略上。从传播的各个环节来看,共有五种基本策略:① 发送策略;② 接收策略;③ 信息策略;④ 渠道选择策略;⑤ 清障策略。

（一）发送策略

发送策略是指如何从传播者的角度选择合适的传播沟通方式。对传播者来说,在沟通之前最重要的事情就是确定沟通的目标。预先确定明确的目标,沟通就更具针对性,从而更有效率。

在发送策略中,还需要考虑作为传播者的可信度,即接收者对传播者的相信程度。这是因为接收者对发送者的相信程度会影响两者之间的沟通效果。研究表明,有五大因素会影响一个人的可信度:① 身份、地位;② 良好的意愿(接收者所感觉到的);③ 事业知识;④ 外表形象;⑤ 共同价值。考虑可信度是为了保证沟通效果,而保证效果的方法之一是传播者应尽可能通过各种方式提高自己的可信度。

（二）接收策略

接收策略是指根据接收者的需求和爱好调整沟通方式。这一策略能使接收者更好地理解沟通内容,以达到预期目标,因而是整个沟通过程中非常重要的内容。

接收策略的运用主要包括确定接收者、分析接收者以及在沟通过程中激发接收者。

1. 确定接收者

在许多场合中,传播者可能拥有多个不同的接收群,确定接收者就是对接收者进行选择划分,并确定以谁为中心进行沟通。一般来说,可将接收者划分为:① 主要接收者;② 次要接收者;③ 联络人;④ 意见领袖;⑤ 核心决策人。

 **2. 分析接收者**

接收者(也称受众)研究是传播学研究的重要课题。接收者是根据自己的需要、知识、能力、态度以及过去的经验来参与传播活动和对社会提供的大量信息进行选择。接收者的这种选择主要有以下几种表现。

(1)选择性注意。接收者的感官只对感兴趣的、需要的、有用的信息开放。选择性注意也是个人信息收受处理能力与社会信息过量之间矛盾的一种必然的选择。

(2)选择性理解。接收者对同一信息根据自己的知识、经验和需要来加以重构、理解。

(3)选择性记忆。接收者容易记住自己所感兴趣的、需要的、在意的信息,而很快忘却自己所不感兴趣的、不需要的、不在意的信息。

(4)选择性接受。接收者会根据自己的判断标准来选择接受自己所需的,认为是正确的、有价值的信息,抵制排斥不需要的、没有价值的信息。

因此,要注意研究接收者的特点,根据公众的选择来不断调整自身的传播内容和方式。

 **3. 在沟通过程中激发接收者**

接收者对接收到的信息可能并不了解或不感兴趣,传播者要根据不同接收者的不同特点,通过各种沟通技巧引导接收者,使其尽可能对发出的信息产生肯定评价。

(三)信息策略

在公共关系活动中,信息沟通应当是公共关系主体的自觉要求,客体相对来说是被动者。因而,客体发出的信息有时是无意发出的,公共关系主体则应当尽量发送有意义的信息。信息的内容要遵循有用、新颖、健康、真实的原则。

 **1. 有用原则**

发送的信息要从公众对象的需要出发。信息沟通是为了互相满足各自的需要,因此,选择对公众有用的信息是信息沟通的一条基本原则。公众对象不同,其需要也不同。总之,信息要对确定的公众有用。

2. 新颖原则

信息的基本特点是新,是人们尚不知道的事物。公众的需要各不相同,但对新颖的事物往往会给以更多的注意,印象也更深刻。内容新颖的信息对公众才有吸引力,并且具有普遍的吸引力,能够推动信息的多级传送,增加信息辐射的范围。

3. 健康原则

有用而新颖的信息并非一定健康,传送内容不健康的信息是对公众和社会的毒害,必然受到舆论的谴责或法律的制裁。公共关系主体要对公众和社会负责,必须选取对公众身心有益的消息作为信息传送。

4. 真实原则

发送内容虚假的或不确定的信息会失去公众的信任。在公共关系活动中,偶尔的一次信息发布失误都有可能造成难以挽回的影响。因此,信息的内容必须遵循真实原则。

(四)渠道策略

渠道策略是指传播者在信息传递的媒介选择方面的有关技巧。信息时代的发展产生了许多新的沟通工具,如传真、电话、电子邮件、视频会议等。这些新的信息媒介加快了信息沟通的速度,扩大了信息传播的面积,为沟通和交流提供了极大的方便。

沟通渠道的选择应注意以下几个方面。

(1)积极适应新传播生态的变化和发展。公关人员在进行传播沟通工作时,应密切关注新的传播技术的发展与应用,并及时更新自己的知识,调整自己的传播策略和改变传统的、习惯的传播方式,以适应新的变化的需要。

(2)选择健全合适的组织沟通网络。信息的沟通都是通过一定的渠道进行的,由各沟通渠道所组成的结构形式称为沟通网络。信息沟通的有效性与沟通网络有一定的关系。

(3)采用双向沟通方式。改善公关传播沟通,关键在于实行有效的双向沟通,双向沟通的长处主要有:对于传播者,会产生较大的心理压力,随时都有可能得到来自受传者的批评或质询;对于传播内容,由于可以及时得到反馈,双向传播的内容要比单向传播正确、误差较少;对于选择接收者,双向传播易于辨识接收者,对自己的行为较有把握。

(五)清障策略

传播中的沟通障碍指的是一切干扰信息及时、准确、完整地发布、传递、接收的东西。沟通障碍主要表现在以下几个方面。

1. 信息表达的障碍

传播者要把一种思想观念传递给自己的受众,首先得把思想观念编码转换成双方都能理解的清晰的符号。在这一过程中传播者容易受到一些因素的影响而出现表达问题,如传播者本身的某种传播素质缺陷、传播者知识经验的局限等,传播就会出现沟通的障碍。

2. 信息传递的障碍

在信息的传递过程中由于时空因素的制约或人为的、工具的原因,也会出现各种障碍。如时机不适、漏失或错传、环境的干扰等都会影响信息的正确传递,甚至会造成传递的中断。

3. 信息收受的障碍

接收者对传播者发出的信息必须经过接收,进而对接收到的信息符号进行译解,然后才能达成对信息的理解。在这一过程中,接收者经常会出现障碍,如接收者的选择性知觉、接收者理解的差异或曲解、信息过量等。

事实上障碍是不可能被消除的,但可以通过一些具体的措施来减少障碍:在传播前先考虑接收者的接收能力和自己的传播能力,知己知彼;考虑沟通的环境;正确选择传播方式和传播媒介;注意反馈、跟踪;检查传播活动是否既能切合眼前的需要,又符合长远的目标;注意言行一致和传播的持续一贯;使自己成为一个好的听众。

◇ **同步案例5-3**

哈罗德·拉斯韦尔的故事

在第一次世界大战期间,宣传成为使用最广的信息传播手段之一,也成为战争的武器,引起了美国政府的重视。美国政府在当时邀请了许多著名的社会学家、心理学家、政治学家等参与研究,哈罗德·拉斯韦尔(1902—1978)就是其中之一。

拉斯韦尔从国家安全和个人自由双重视角出发,充分地肯定宣传的权力存在、力量及其必要性,他坚持宣传是现代战争的三条战线之一(其他两条战线是军事、经济)。因为宣传可以迷惑敌人、消耗敌人,"宣传蕴藏着惊人的价值"。这无疑符合了当时美国国家力量的期待与需要,拉斯韦尔的宣传研究迅速被美国的资本力量接受。

拉斯韦尔将传播学与政治学有机地结合起来。或许当时他并没有一门心思地开创一个新的学科,但他的研究成为传播学的基石之一。

1948年的《社会传播的结构与功能》一文,是拉斯韦尔被后人尊称为传播学奠基人的重要依据,他在这篇传播学纲领性力作的开篇就提出了传播的经典定义,也即我们熟知的"5W"传播模式:传播就是谁通过什么渠道,对谁说了什么,取得了什么效果。此时的拉斯韦尔已不再单纯地进行宣传相关的研究,而开始转向更多社会传播与社会效果的研究。

"5W"传播模式被广泛接受就在于其图像模型的简洁直观,第一次将复杂而琐碎的传播活动明确地概括为五个主要环节与元素,这种划分也影响了后来的传播学研究领域,我们常说的"控制研究""内容分析""媒介分析""受众分析"与"效果分析",正是由这条主线扩展开来。从这一点来看,可以说拉斯韦尔铸造了传播学——或者至少是经验学派——的研究基石。

■ 资料来源:https://weibo.com/ttarticle/p/show?id=23094 04504181456109781.

思考题:
何谓"5W"传播模式?

第四节　旅游企业的组织形象传播策略

一、旅游企业的人际传播策略

(一)人际传播的含义与特点

人际传播指人与人之间直接或借助于媒介所进行的信息交流活动,主要有面对面传播和非面对面传播两种形式。面对面传播主要通过声音、表情、动作和姿势等进行,非面对面传播则主要通过信件、电报、电话、电子邮件等方式进行。

人际传播有以下几个特点。

(1)传播者与受传者共同参与沟通。人际传播在少数人中间展开,它的最小规模是两个人之间的传播。

(2)反馈及时。由于人际传播在少数人中间展开,交流具有直接性,反馈及时、准确,接收信息的人转眼间就可能成为信息的传播者。参加者可根据对方的反应,或修正自身发出的信息,或详加说明,或改变话题。

(3)信息交流非常灵活。在人际传播中交换的信息,只要少数人理解就行,不一定非得具有一般性。

(4)沟通中有情感交流。影响人际传播的因素很多,人与人之间的互相吸引是最重要的因素,这种吸引表现在人们的相互影响、相互感知、相互理解和互有好感上。

(二)旅游企业组织形象采取人际传播的基本方法

1. 针对游客的传播

旅游行业是一个面对面提供服务的行业。旅游行业的服务过程与人际传播的过程同时进行。

对于景区而言,通过向游客宣传介绍和提供周到满意的服务,能够在游客心目中留下深刻的印象。一个游客对景区表示满意,会影响到其他游客对景区的评价。如果景区回头客多,现实游客的口碑相传可以带来更多的潜在游客。有关调查表明,大部分游客在选择旅游目的地时,都询问过亲友的意见。

对于旅行社而言,不论是全陪导游还是地接导游,整个服务过程就是一个进行人际传播的过程。旅游团作为一个松散的临时组合起来的团体,游客会出现不同的问题和要求,因而导游需要有高超的人际沟通技能。旅游活动中,导游要把游客当作合作伙伴,设法与游客建立正常的伙伴关系;在沟通中通过诚恳的态度、热情周到的服务、谦虚谨慎的作风,与游客建立感情。导游语言是一门口语艺术。丰富的景点内容只有通过流畅的口语表达,才能获得良好的效果。高水平的导游讲解能使直观的景物由静态变成动态。

对于饭店而言,更要发挥人际沟通的作用,特别是饭店服务人员与客人之间的直接沟通,应该让客人产生宾至如归的感觉。回头客对饭店十分重要,没有或者缺少回头客的饭店必然会面临倒闭的风险。

2. 针对其他公众的传播

对于除游客公众以外的其他公众,旅游企业在与其传播沟通的过程中主要应该采用人际沟通的办法。

以政府公众为例。饭店星级的评定、景区级别的评定、导游资格的认定等,都要与旅游管理部门沟通,要向旅游管理部门传播自己的良好形象。对于其他政府部门如税务部门、环保部门等,也需要与其进行良好的沟通。通过汇报情况、邀请参观指导、寻求建议等方式的沟通传播,旅游企业可与其建立正常良好的关系。

对于媒体公众,也需要良好的人际沟通。

3. 针对群体中意见领袖的传播

意见领袖是指活跃在人际传播网络中,经常为他人提供信息、观点或建议并对他人施加个人影响的人物。大多数人在改变自己的观点时都或多或少地受到意见领袖的影响。

常见的意见领袖有社团领导人物、非正式组织的威望人物、旅游团中的领导干部或德高望重的人、网络中的版主和有影响的博主等。

意见领袖对组织的传播同时起着促进和阻碍的作用,如果意见领袖因为个人偏见或者对旅游企业提供的服务不满意,其人际传播活动将破坏企业形象,破坏大众传播效果。旅游企业要把对意见领袖的沟通工作作为树立自身形象的重要途径。

4. 针对危机事件的传播

旅游企业一旦遇到危机事件,需要与事件的当事人进行人际沟通。对于一些投诉事件,如果能够当面处理好,就能大事化小、小事化了,就能消除后患。所以要认真看待哪怕很小的投诉,要体现出真诚、真心为游客着想的态度。

二、旅游企业的大众传播策略

(一)大众传播的含义与特点

大众传播是传播者运用先进的传播技术和专业化的传播手段,以社会上的一般大众为对象所进行的信息传播活动。大众传播是现代信息传播的主要手段,其媒介主要有报纸、杂志、广播、电视、电影和网络等。

在现代社会,大众传播为社会公众提供各种信息、知识、观念和娱乐活动。旅游企业在公关活动中,必须充分地利用它、全面地掌握它。大众传播这一形式与其他传播形式相比,具有以下特点。

(1)大众传播主体拥有现代化的传播设备和经过专门训练的传播人员,具有高度的专业化和组织化。

(2)传播对象是一般的社会公众,广泛而分散。

(3)传播内容具有公开性,是社会组织和个人共享的。

(4)大多数大众传播是单向的,而且传播者和接收者在时间上和空间上是隔离的,因此大众传播的信息反馈有限。

(二)旅游企业组织形象采取大众传播的策略

旅游企业可以采取多种传播手段进行沟通。

(1)印刷媒体传播。旅游印刷媒体传播(平面传播)是目前国内旅游传播的主流,在传播成本、传播广度、传播效果的持续性方面占有优势。其主要形式有旅行指南、旅游地图、旅游宣传册、旅游期刊和报纸等。

(2) 户外宣传类传播。主要有户外宣传画、广告牌、提示标语等。

(3) 实物类传播。如纪念品、礼品及赠品等。

(4) 电子媒介传播。包括广播、电视、有线电视、卫星电视以及互联网等。

电视是时间、空间并举的媒介,视听兼备,真实性和现场感强,具备较好的宣传旅游地的条件。从对旅游的大众传播角度看,电视传播有旅游纪录片和广告等。旅游纪录片充满诗情画意并且雅俗共赏,一些机场、火车站、地铁站、汽车站等多有 LED 屏,因此,可选择潜在旅游者较为集中的城市的上述场所播放旅游纪录片。

(5) 事件传播。如节庆、赛会、新闻发布会以及各类公关专题活动。

(6) 人物类传播。如利用影视歌明星作为形象代言人。

三、旅游企业的新媒体传播策略

(一) 关于新媒体的内涵

新媒体是指在新的技术支撑体系下出现的媒体形态。在传播学界,报纸、广播、电视通常被称为传统媒体。其中报纸被称为第一媒体,广播被称为第二媒体,电视被称为第三媒体。20 世纪末,随着互联网技术的应用,新的媒体形式出现。1998 年 5 月,联合国秘书长安南在联合国新闻委员会上提出,在加强传统的文字和声像传播手段的同时,应利用最先进的第四媒体——互联网。自此,"第四媒体"的概念正式得到使用。

互联网已经超过了报纸、广播、电视等传统媒体,成为公众获取旅游信息的最重要的渠道。在我国,互联网首先影响的是中国年轻一代的中产阶层,他们有很高的学历、受过很好的教育、有较高的收入,愿意把钱花在休闲和旅游上。绝大多数旅游者在去目的地旅游之前,都会上网查询旅游地介绍、景区环境、交通和服务情况等。

随着智能手机的应用越来越广,出现了第五媒体。第五媒体是以手机为视听终端、手机上网为平台的个性化即时信息传播载体,它是以大众为传播目标、以定向为传播目的、以及时为传播效果、以互动为传播应用的大众传媒平台。

手机媒体的传播经历了三个阶段:接、打电话时期,短信时期以及网络时代。手机媒体的基本特征是数字化,最大的优势是携带和使用方便。手机 App 使得手机成了一个沟通交流的平台,其最便捷的是对即时信息的获取与沟通。手机媒体集大众传播和人际传播的优势于一身,伴随旅游者旅游的全部过程,包括出行前、出行途中和出行后。这个过程对于旅游企业来说,称为售前服务、售中服务和售后服务的全过程。

(二) 新媒体与旅游企业的组织形象传播

新媒体在旅游企业的组织形象传播中具有超越时空传播、交互沟通、定制服务等重要功能。新媒体在旅游企业的组织形象传播方面的作用表现在以下几个方面。

1. 利用网络发布新闻公告

网络新闻公告在维护组织形象方面具有重要作用。旅游企业在发布新闻公告时,应注意以下几点。① 及时发布新闻公告。与传统媒体相比,新媒体的一大优势是即时性,如果企业希望尽快传播某一事件,最好的方式就是利用新媒体。② 新媒体和传统媒体相互配合。如果人们能在传统媒体和新媒体上同时看到同一条新闻,将会大大加深对企业的印象。所以,企业站点上的新闻公告应该易于搜索。③ 建立广泛的网络联络。当企业推出新的旅游产品或服务项目时,应当及时向有关新媒体发送信息。此外,企业可以建立游客邮件列表,或通过网站邮件列表收集对本企业感兴趣的游客的邮件地址并及时向其发布企业的最新动态。

2. 创造有利的舆论环境

社会舆论在旅游企业组织形象传播中扮演重要的角色,正面、有利的公众舆论可以为企业排除障碍、减轻阻力。企业公共关系工作的一个基本方面就是分析舆论,有目的地推行自己的公共关系计划,创造良好的社会舆论环境,使企业在公众心目中树立良好形象。网络舆论是企业组织形象传播中不可忽略的重要方面,网络为舆论的传播提供了便利的途径。借助网络,舆论的传播可以突破时间和空间的限制,从而各方面的信息可以得到及时、广泛、深入的交换和沟通。

3. 加强旅游企业与各界的交互式沟通

交互性是新媒体区别于传统媒体的主要特征,也是其在组织形象传播中的最大优势所在。旅游企业在利用新媒体与公众进行沟通时,应充分发挥这一优势,而企业网站正是实现交互式沟通的重要场所。首先,旅游企业可以通过网站及时向全体员工发布有关企业经营管理各方面的信息,使员工随时了解企业最新动态;同时,可以通过网站广泛征求员工意见和建议,及时利用网络反馈给领导决策层。其次,旅游企业可以通过网站及时向股东发布有关企业经营状况的信息,征集股东的意见和要求,争取股东的了解、信任和支持,从而创造有利的投资环境,稳定已有的股东队伍,吸引新的投资者。再次,旅游企业可以通过网络顺畅地实现与外部公众的交互沟通,从而解决一些沟通困难。

4. 新媒体的广告传播

在传统媒体时代,报刊、电视等是企业播放广告的主要媒介载体。在新媒体时代,网络为企业广告提供了新的媒介载体。在线网络广告与传统广告相比,具有目标定位强、信息传播快捷、没有时空限制、版面容量无限大、交互性强等特殊优势。

（三）新媒体技术在旅游传播中运用的具体形式

 1. 网站传播

网站传播包括自建网站、利用专业旅游网站和利用门户网站的旅游频道或旅游论坛。

第一，自建网站。网站既是旅游企业的宣传平台，也是与游客的互动平台。网站的内容与形式设计应尽量考虑潜在游客的特征与需求，提供本企业的全面介绍、旅游产品的各种信息，使潜在游客访问页面后能产生对旅游消费的进一步兴趣。另外，要注意搜索引擎的优化。网站基于搜索引擎优化是一项技术工作，可聘请专门的技术公司来实施，通过搜索引擎优化可使企业获得搜索引擎收录并在检索结果中排名靠前。

第二，利用专业旅游网站。在我国，专业旅游网站很多，如携程网、中国旅游网、同程旅游网等。旅游企业可以利用这些专业旅游网站进行宣传、营销。

第三，利用门户网站的旅游频道或旅游论坛。大型门户网站如新浪、网易等都有旅游频道，访问率高，也是旅游企业特别是旅游地塑造形象的阵地。

 2. 官方微博、微信、公众号的传播

官方微博、微信、公众号把网络和手机两种媒体结合在一起，具有强大的传播能力。

以微博为例，微博网站的即时通信功能非常强大。在任何地方，只要有手机就可即时更新自己的内容。企业经营者可以开设个人微博、企业公共关系部门可以开设企业官方微博，巧妙地运用微博传播企业的形象。当企业出现危机事件时，微博是企业进行危机公关、表明企业态度和立场的一个重要的即时沟通平台。

微信群已经成了旅游过程中必不可少的沟通工具，一个旅游团组成一个微信群，沟通交流贯穿始终。

 3. 移动视频、电子书传播

移动视频、电子书具有人性化、生活化、方便化的特点，容易为大众所接受。旅游企业可以定期制作有关电子书，整合文本、图像、声音、视频等形式的内容，采用合理的推广形式，并与专业旅游网站联系，在定期向会员邮箱发送的期刊内增设下载链接。同时，利用官方微博、微信、公众号能更快、更定向地传播。

 4. 其他新媒体的传播

手机安装各种支持传播的 App，颠覆了印刷等平面媒体的地位。今日头条、抖音、小红书等新媒体平台有着强大的传播功能,许多旅游企业运用微观测量和数据驱动的新媒体平台进行内容评估、收集相关信息,例如帖子在新媒体平台发布后收集了多少"赞",以及在线视频吸引了多少浏览量等。

通过数字技术、网络技术与移动技术等进行传播,旅游企业能增强与公众之间的互动性,真正做到以游客需求为导向、以差异化为核心的发展,游客的反馈能够及时得到处理,经营者能够及时做出改善。同时,在新媒体环境下,组织形象的传播内容更新、速度更快、范围更广,能够在媒体发酵的基础上进行多次传播,引起公众的广泛关注。

◇ 同步案例5-4

新媒体传播带来新挑战:杯子的秘密

2018年11月14日当晚,微博博主"花总丢了金箍棒"发布了一条时长12分钟的视频,揭示了14家高星级酒店卫生脏乱差的现象,其中包含喜来登、宝格丽、丽思卡尔顿等高星级酒店。视频以一个杯子的视角向大众传达酒店业普遍存在的卫生问题。视频全程可以看到酒店的工作人员在擦水池、玻璃、地面、马桶时不更换抹布。

这次事件使得高星级酒店爆发了严重的公关危机。而更让公关专家们关注的是,微博、短视频、手机这些关键词显示了新媒体传播的威力。

如果不是在新媒体环境中,这个事件就不会传播得这么快、影响这么大。企业要重视新媒体传播,新媒体是一柄双刃剑。一方面,它虽然能传播酒店的负面新闻,另一方面,酒店也能利用它来消除影响,传播正面形象。

■ 资料来源:根据互联网上相关资料整理。

思考题:

新媒体技术使得人人都有了在媒体上发声的渠道,如何看待这种现象对企业公关的影响?

◇ 思考与练习

1. 试解析组织形象的内涵。
2. 结合具体的旅游企业谈构建CIS系统。
3. 论述旅游企业如何利用新媒体技术传播组织形象。
4. 课后收集实际事例讨论旅游企业与新闻媒体保持良好关系的必要性。

◇ 拓展案例

二维码 5-2

"惠游湖北"提升湖北美誉度

第六章　旅游企业公共关系活动的沟通策略

◇ **学习目标**

知识目标：
掌握旅游企业公关文稿的类型。

能力目标：
理解旅游企业公关活动中口头语言沟通的技巧和实像传播的技巧。

情感目标：
领会沟通和传播的艺术性。

◇ **学习重难点**

主要的旅游企业公关文稿写作技巧；旅游企业公关活动中口头语言沟通的技巧和实像传播的技巧

◇ **本章关键词**

口头语言沟通；公关文稿；实像传播；公共关系广告

◇ **导入案例**

古人语言机智的两则故事

故事1：钟会的机智应答
　　钟毓、钟会少有令誉。年十三，魏文帝闻之，语其父钟繇曰："可令二子来。"于是敕见。毓面有汗，帝曰："卿面何以汗？"毓对曰："战战惶惶，汗出如浆。"复问会："卿何以不汗？"对曰："战战栗栗，汗不敢出。"

（选自《世说新语·言语》）

故事2：晏子使楚

晏子使楚，楚人以晏子短，为小门于大门之侧而延晏子。晏子不入，曰："使狗国者从狗门入，今臣使楚，不当从此门入。"傧者更道，从大门入。见楚王，王曰："齐无人耶？使子为使。"晏子对曰："齐之临淄三百间，张袂成阴，挥汗成雨，比肩继踵而在，何为无人？"王曰："然则子何为使乎？"晏子对曰："齐命使，各有所主。其贤者使使贤主，不肖者使使不肖主。婴最不肖，故直使楚矣。"

晏子将至楚。楚王闻之，谓左右曰："晏婴，齐之习辞者也。今方来，吾欲辱之，何以也？"左右对曰："为其来也，臣请缚一人过王而行，王曰：'何为者也？'对曰：'齐人也。'王曰：'何坐？'曰：'坐盗。'"晏子至，楚王赐晏子酒，酒酣，吏二缚一人诣王。王曰："缚者曷为者也？"对曰："齐人也，坐盗。"王视晏子曰："齐人固善盗乎？"晏子避席对曰："婴闻之，橘生淮南则为橘，生于淮北则为枳，叶徒相似，其实味不同。所以然者何？水土异也。今民生长于齐不盗，入楚则盗，得无楚之水土使民善盗耶？"王笑曰："圣人非所与熙也，寡人反取病焉。"

（选自《晏子春秋》）

思考题：
你还知道哪些古人语言机智的故事？

第一节　旅游企业公关活动中的口头语言沟通

一、口头语言沟通的特点

口头语言沟通作为公众语言交流的主要形式之一，是在公共语言空间中运行的。在现代社会，随着交往媒介的多样化和交往手段的现代化，公众交往越来越频繁与密切，公共语言空间也越来越广阔。在仪式典礼、会务会议、前台接待、导游带团等活动中，正确的口头语言沟通非常重要。因此，口头语言沟通是公关活动的重要组成部分。

（一）口头语言沟通是双向互动的行为

口头语言沟通是一个双向交流的过程。参与方既是信息的传播者，也是接收者，二者共同构成一个传播过程的主体。双方的信息传播是以交流的方式进行的,传播者与接收者不断地变换角色,在传递信息的过程中,必须相互理解,分析对方的动机、目的、需要等,并根据对方的反应对自己的传播内容和传播方式进行修改、补充。

口头语言沟通不仅是双向的,也是互动的。任何方式的信息传播活动,其结果都将对所有参与方产生相应的影响。这种互动是指社会中人与人、群体与群体之间通过接近或接触、语言或手势等传播信息而发生的心理交感和行为交往的过程。

（二）口头语言沟通能体现情感

口头语言沟通的主体与客体都是人,双方的交流主要通过语言传递与沟通,情感信息伴随着信息传递的全过程,交流双方在接收信息内容的同时,也在接收伴随而来的情感信息。这些信息会迅速地或潜移默化地影响双方的心理,使其情感发生变化。因此,在语言传递与沟通的过程中,沟通主体和蔼可亲的态度、体贴入微的语言等情感信息,可以拉近与公众的距离,受到赞赏与肯定;而公众全神贯注的表情、热情洋溢的情感表露,也能激励沟通主体。

（三）口头语言沟通能体现公关礼仪

文明礼貌用语可以体现交流的真诚。真诚是指所传递的信息要真实可靠,语言交流的态度要诚恳。微不足道的事情更能表现出真心实意,体现出对公众的尊重。

虚心与谦和是中国人的传统美德。在沟通活动中,沟通主体以良好的形象,加以语言交流的虚心与谦和,就能对公众产生更大的吸引力与影响力。具体而言,就是在出言谈吐上对公众诚实,对事实尊重,对自身及组织恰如其分地评价以及对与公众发生的误解予以宽容与谅解。只有这样,沟通主体与公众才能达到相互谅解、相互容忍与和谐共处的目的。

口头语言沟通的礼仪具体表现为以下几点。第一,使用恰当的称谓语。对不同职业、不同民族、不同年龄、不同性别、不同文化层次和背景的公众,要选用恰当且让人容易接受的称谓。恰如其分的称呼有助于营造一个相互尊重、和谐融洽的交流氛围。第二,使用得体的谦辞敬语。这能凸显语言沟通者文明礼貌的态度和良好的文化素养,能缩短语言交流双方之间的心理距离,有助于交流活动顺利开展。第三,注重词语的柔和性和庄重性。多用亲切自然的语气和委婉的表达方式,少用命令语气和祈使句式。

二、公关活动中口头语言沟通的一般技巧

口头语言是人类最重要的交流工具之一。公关语言是公关实务及人际关系中一种有意义的媒介。在公关活动中,注重语言表达的准确与技巧,发挥语言的交际功能,对于彼此间的沟通起着不容忽视和低估的作用。

（一）口头语言运用的一般技巧

 1. 态度积极，显露诚心

表达诚意非常重要。要想公关活动取得成功，公关人员的言语表达要富有真情实感，尊重、同情与理解要发自内心，表里如一、推心置腹，才能达到以情感人的沟通效果，在最短时间内互建彼此信任。如果在沟通中流露出漫不经心、目光游移，就会给公众留下言不由衷、虚情假意的印象。

 2. 区别对象，灵活变通

同样一句话，对一个人管用，对另一个人可能不管用。因此，语言要根据具体情况灵活变通。

第一，要考虑对话者的文化背景。不同的国度甚至不同的地区有着不同的文化背景，在公关活动的语言交流中，公关人员选择语言材料及场合语境要充分考虑文化背景的影响。重视社会的文化背景，可以避免与特定背景不协调的情境出现，从而实现有效的语言交流。

第二，要考虑当时所处的时空环境。公关语言受特定时间、特定氛围的限制和要求，因此语言交流必须遵循当时的事实。

第三，随时观察对话者的反应，调整自己的表达方式。可针对对方的前言后语、逻辑关系、言语风格、思维方式和修养等，巧妙地表达自己的观点、阐述自己的理由、抒发自己的情感，也就是常说的听话辨音、察言观色。

 3. 技巧表达，变换方式

在日常的公关活动中，应注重说话的语调、语速、重音，可借助眉、目、鼻、嘴的表情语以及体态语、手势语的发挥，在保持一个积极的沟通态度的基础上，根据具体情况巧妙地变换说法，选择积极的用词与方式。如此交流，才能产生较好的沟通效果。

4. 机智幽默，缓和气氛

幽默是思想、学识、智慧和灵感在语言交流中的巧妙运用。所谓幽默法，就是运用意味深长的诙谐语言传递信息的方法。实践表明，当言语交际由于某种原因陷入僵持或难堪的境地时，恰当而机智地运用幽默语言，可有效缓和、化解紧张气氛。

第六章 旅游企业公共关系活动的沟通策略

5. 不卑不亢，维护尊严

对于原则性的问题，在语言表达中要不卑不亢。例如，在面对游客时，如果对方无理取闹，不要一味顺从或者敷衍，要态度和蔼、语气坚定、神态从容地予以解释。再如面对谈判对手的步步紧逼，既要机智灵活，又要立场坚定、维护尊严。

（二）口头语言传播的基本条件

1. 发音规范

每个人都有地方口音，这是正常的，但旅游公关人员以及所有的旅游业服务人员都应该会说一口流利的普通话。讲话时的每一句话、每一个词都是由一个个最基本的语音单位组成的。只有清晰地发出每一个音节，才能清楚、准确地表达自己的意思、思想。如果发音不规范，带有浓重的乡音、鼻音，或者把一些关键的音节发错，讲话者所要表达的意思与表达出来的意思以及听众接收到的意思很可能大相径庭，语言沟通的效果就会大打折扣。因此，发音规范是语言沟通有效的首要条件。

2. 语速恰当

语速就是讲话声音的快慢。在语言交流过程中，忌讳以一个速度说到底，没有一点变化。要快慢相间、张弛相合，根据讲话内容、场合等的不同而灵活变化。一般而言，涉及需要强调的重要事情、不好的事情，以及在解释疑惑、讲解道理、列举数据、谈心交流时，说话应当减速。

3. 语气积极

语气，即说话的口气，是说话时的感情、音量、语调和表达意思的有机统一，能够直接体现出说话者的立场态度、个性特色以及感情变化。例如一句"你在做什么"，如果语气不同，表达的意思会完全不同：可能是询问，可能是斥责，也可能是调侃，还可能是关切。另外，在汉语中，很多不同的词语尽管表达的基本意思相同，但感情色彩有很大差别。在语言沟通中，应该斟酌自己的用词，多选用那些有平和语气的词语。

4. 语意明晰

语意是语言形式所表达的内容和意思。语言沟通时只有使语意得到确切表达，才能保

143

证自己传递的信息被对方顺利地接收和理解。要注意以下几个方面：一是语言要切题、切景，通俗简洁，力求讲话时突出主题、意思集中概括，不要不着边际地绕圈子；二是逻辑要清晰顺畅，表达要层次分明，不要含糊其辞或让人不知所云；三是语言要形象生动，富有表现力和感染力，形象生动的语言能够使语意更直接、明了地被表达出来。

三、应对游客异议的语言技巧

在旅游公关实践中，经常会面对游客的异议甚至投诉。如果游客是对的，就应该及时纠正企业的服务；如果游客是错的或者误会了，应该有技巧地化解。消释游客异议，有赖于合理、巧妙地运用语言技巧。

（一）应对游客异议应该坚持的原则

一是实事求是。要说真话，不自吹自擂、夸大其词，不飞短流长地议论竞争者。说话以诚相见，给人以真诚可信的印象，故而乐于接受本企业的服务。不局限于站在企业的立场同游客发生联系，而应换位思考，站在游客的立场来考虑问题。

二是态度谦恭。对于游客的错误，服务人员要做到大事清楚、小事马虎，大处着眼、小事着手，得理也要让人，只要能在事实上分清是非就可以了，不一定非要明说游客不对。

三是语言适度。游客异议有很多种，服务人员要善于察言观色，掌握丰富而娴熟的语言技巧，随机应变，把握说话分寸。针对不同的异议，采取相应的有效的语言技巧。

（二）消释游客异议的语言技巧

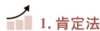 **1. 肯定法**

先肯定其部分内容，再否定其他内容。按人之常情，游客愿意被肯定，而不愿意被否定。因此要尽可能用肯定的语气说话，这样对方才乐于接受。服务人员在表达不同意见时，最好不要开门见山地提出反对意见，要尽量用"是的"等话语同意游客的部分意见，体现出更多的柔性，用"如果"来表达另外一种可能性，用"但是"来表达真实情况。

 2. 忽视法

游客提出一些不同意见，如果并不是真的想要讨论或获得解决，或这些意见和眼前工作没有直接关系，这时只要面带笑容地予以同意或不予理睬就行了。

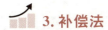
3. 补偿法

有些游客会因自身原因导致的损失提出异议,虽然不一定合理,但只要不是原则性的大事,可以在适当的情况下给予一定的补偿,如语言安慰、附送赠品等。这样有利于拉住老客户。

4. 反驳法

反驳法是指提供有关信息,以事实和证据服人,增强说服力。其目的是不让游客把误会带走。多数情况下,如果直接反驳游客,容易不知不觉地陷入无休止的争辩中。当游客有所误会时,有必要反驳以澄清游客的误解,纠正游客不正确的观点。因为游客若对旅游企业的服务和诚信有所怀疑,如果相关人员不能旗帜鲜明地表明态度,即使在其他方面做得再好,也难以消除游客的误会。在运用反驳技巧时,应特别注意遣词用语,态度诚恳,勿伤害游客的自尊心。

四、谈判的语言技巧

谈判的过程其实就是谈判各方运用各种语言进行洽谈、沟通的过程。在谈判中,同样一个问题,恰当地运用语言技巧可以使双方听来饶有兴趣,而且乐于合作;否则,可能让对方觉得是陈词滥调,产生反感情绪,甚至导致谈判破裂。谈判中语言表达要注意以下四个方面。

(一)语言要表达客观事实

谈判语言的客观性是指在谈判中表达思想、传递信息时,必须以客观事实为依据,尊重事实、反映事实,不弄虚作假、凭空想象,并且运用恰当的语言向对方提供令人信服的依据。

(二)语言要针对主题

可能在开场白时,会有一些无关紧要的话,但正式开始后,要直奔主题。在谈判中,双方各自的语言都是表达自己的愿望和要求的,因此谈判语言的针对性要强,语言要围绕主题、对准目标、有的放矢。谈判语言的针对性具体包括针对某次谈判、针对某项具体内容、针对某个具体对手、针对对手的具体方面等。要有选择地、有针对性地使用谈判语言,才能有益于谈判活动的顺利进行。

（三）语言论辩性要强

谈判语言的论辩性在某种程度上就是论辩的艺术。通过对谈判议题的辩论，才能拓展问题的外延和内涵，使问题更加明晰，便于找到双方差距，进而找出解决办法。因此，谈判语言的论辩性从一开始便融入谈判的本质中，谈判者为此必须掌握语言的运用技术，才能在辩论中取胜，才能少让步。

（四）表达方式要委婉

谈判中有些话语虽然正确，但却令对方难以接受，不能取得较好的效果。比如，在否决对方要求时，可以说"您说的有一定道理，但实际情况稍微有些出入"，然后委婉地提出自己的观点。这样做既不会有损对方的面子，又可以让对方心平气和地认真倾听自己的意见。对于自己的意见，不要说得太满，要留下回旋的余地。

五、导游讲解的语言技巧

对于旅行社而言，导游从一定意义上来说就是公关人员，因为其承担着公关人员在面向游客时的主要职责。

导游讲解的内容是十分丰富的，不仅包括对景观的解说，还包括旅行过程中的思想沟通、知识传播和情感交流等。精彩的讲解往往能够加深游客对景点的印象，使游客流连忘返，从而使得整个旅游活动能够顺利进行。如果导游讲解枯燥乏味、漏洞百出，则会使游客游兴大减。

（一）语意精确，不要信口开河、不懂装懂

导游讲解的内容要有根有据、正确无误，切忌信口开河、任意夸大。如果导游对事物理解不全面、不正确，就容易使游客产生误解。在讲解一个关键的问题时，如果导游出现知识性错误，游客会对其所讲述的其他问题产生怀疑，这就大大降低了游客对导游的信任度。还有的导游对讲解的内容不熟悉，缺乏自信心，讲解时常用"大概""好像""可能"之类的模糊语言，语意含混，游客也肯定不会满意。

（二）语音规范，可用少许方言调节气氛

让游客听懂导游词是导游讲解的基础。通常游客来自四面八方，如果导游讲解时使用方言、俚语，即使所带的是国内团，由于我国幅员辽阔、方言众多，游客可能听不懂或产生误

解。要成为一名优秀的导游,讲解时应该使用大多数游客能接受的规范性语音。

有时在游客的要求下,也需要夹杂一点方言或者地方民歌,主要是为了调节气氛,满足游客好奇心理,但要适可而止。

(三)把握节奏,运用好语音表达技巧

同一篇导游词,不同的人来讲解会形成不同的解说效果,有的讲解引人入胜,有的讲解却枯燥乏味,这就要求导游运用好语音表达技巧。

(1)重音突出。每一篇导游词都有需要突出的重点,都有需要特别强调的字词,只有找准重音并采用恰当的方法将重音表现出来,才能使语音生动、语意清晰。

(2)停顿得当。要根据导游词情感表达的需要,在恰当的地方通过连接技巧使表达更流畅动听,在合适的地方通过或短或长的停顿使导游解说产生韵味,达到意味深长的效果。

(3)语气适宜。在导游解说中,导游的语气应符合当时情境:迎宾时,应该气息饱满、音量提高;讲解时,应该平静舒缓、音量适中;离别时,应该依依不舍、声音柔软。在导游讲解中如果需要讲述故事,在语气运用上富于变化能将故事讲述得活灵活现。

(4)控制节奏。导游讲解要有节奏,不要一味地热情洋溢、慷慨激昂,或者一味平淡叙述,没有高潮、没有尾声、没有节奏的起伏变化,这些都会令游客感到讲解的单调乏味。导游在讲解过程中,要善于根据讲解的内容和身体状态来控制自己的讲解节奏。

(四)游客参与,激发团队游兴

导游在讲解过程当中,经常需要提出问题来吸引游客的眼球,从而激发游客的游兴。其方法主要有以下几种。

(1)我问客答。导游在讲解过程中,为防止讲解单调乏味,与游客互动、适当组织游客积极参与讲解是大有益处的。问题要提得恰当,要预料到游客可能毫无所知,也要预料到游客知之不详、答案各异。导游要引导游客回答,避免强迫游客回答。对回答者应多鼓励,避免直截了当地否定。

(2)客问我答。游客在游览过程中接触的都是新鲜事物,对很多东西都充满了好奇,往往会就一些感兴趣的问题对导游进行提问。有时候也需要导游引导游客提出问题来活跃气氛,导游应自信地面对提问,精彩地做出回答。

(3)自问自答法。导游可以自己提出问题后略做停顿,让游客猜想,但并不期望他们回答,等到吸引了他们的注意力后,导游再做出简洁明了的回答。导游的"问"只是为了激起游客的思考兴趣,导游的"答"也只是为了铺开讲解的气氛。

(4)客问客答法。当游客向导游提出问题后,导游并不马上给予解答,而是故意让其他游客来回答,通过游客的共同参与来增加游兴。

（五）设置悬念，吸引游客注意力

人们往往都有好奇心，充满探究欲。导游讲解可以利用人们的这种心理，在游览某个景点或景区时，为引起游客的关注，导游在讲解时提出令人感兴趣的话题，但故意引而不发、制造悬念，激起游客急于知道答案的欲望。

◇ 同步案例6-1

民间俗语

中国民间在人际交往中流传着很多为人处世的俗语，例如下面几条：
(1) 出门看天色，进门看脸色；
(2) 到什么山上唱什么歌；
(3) 为人且说三分话，未可全抛一片心；
(4) 伸手不打笑脸人；
(5) 你敬我一尺，我敬你一丈；
(6) 听话听音，锣鼓听声。

■ 资料来源：作者整理。

思考题：
假如你是一名导游或者其他旅游接待人员，当你在接待游客或者带旅游团的时候，你觉得上面哪些话是值得参考的？

第二节　旅游企业公关活动中的文稿撰写艺术

一、公关调查报告的撰写

撰写公关调查报告是公关人员的职责之一。为此，公关人员应充分了解公关调查报告的内容、特点和作用，把握公关调查报告的基本结构，从而写出有特色、高质量的公关调查报告。

（一）公关调查报告的含义与类型

公关调查报告是在公关调查的基础上写就的、用以综合反映调查事实并归纳出观点和结论的书面材料。公关调查的内容在一定程度上决定了调查报告的内容。公关调查的内容十分广泛，但主要包括组织基本情况调查、公众意见调查、社会环境调查三个方面。因此，公关调查报告主要分为组织基本情况调查报告、公众意见调查报告、社会环境调查报告三种类型。

1. 组织基本情况调查报告

组织基本情况包括三个方面：一是组织的总目标、发展战略的方向；二是组织的经营情况，包括组织建立的时间、历史上的重大事件及其社会反应、对社会的贡献、市场情况、经营管理特色、组织的外观形象等；三是员工的基本状况，是指组织的员工素质及队伍变化情况。组织基本情况调查报告是公关人员的案头必备材料，是分析问题、制订公关计划的参考依据。

2. 公众意见调查报告

公众意见调查是为了解公众对组织的看法及组织行为的效果。调查内容包括：组织的知名度和信誉度；社会新闻媒介对组织的反映；公众对组织的产品和服务及经营管理人员形象的评价；组织承办、赞助的各种公共关系专题活动的效果；组织员工对组织规章制度和领导的意见；等等。公众意见调查是公关部门的一项经常性工作，公众意见调查报告是公关决策的基础和依据。

3. 社会环境调查报告

社会环境是指对组织生产经营活动产生影响的各种自然条件、社会条件及其相关因素的总称。社会环境调查是指收集一切与组织有关的社会环境资料，从而找出影响组织发展的主要因素，预测其变化规律，掌握发展趋势，为组织的发展方向、投资规模、经营方针等方面的决策提供依据。社会环境调查包括政治环境调查、经济环境调查、文化环境及社会问题调查、社区环境及行业情况调查等。社会环境调查报告对于组织的生存和发展有十分重要的作用。

另外，按报告的性质作用分类，公关调查报告可分为问题型调查报告和经验型调查报告两种。问题型调查报告是针对某一公关事件或问题的调查报告，要求弄清真相、剖析原因，并提出处理对策。经验型调查报告是对公关活动的成功经验进行系统调查之后,所写的供借鉴推广的调查报告。它比较注重概括具有规律性的东西,以便引起人们的关注。

(二)公关调查报告的结构与写法

调查报告的表达方式有叙述、说明、议论等,其中,叙述是其主要的表达方式。陈述调查的经过、调查对象的基本情况和事实材料都要用叙述,并辅之以说明等表达方式;而对实际情况和事实材料进行剖析、归纳,对经验进行总结,则要用议论。

调查报告的基本结构由标题、正文、落款和附件四个部分组成。

1. 标题

标题是调查报告全文的精神体现。好的标题不但可以使读者深刻地理解调查报告的内容,而且可以吸引广大读者争先阅读。对调查报告标题的要求有六条:一要准确;二要鲜明;三要生动;四要新颖;五要简练;六要小化。

2. 正文

正文是调查报告的主体部分,是充分表现主题的关键所在。调查报告的正文一般由导语、主体、结尾三个层次组成。

(1)导语。导语是调查报告的开头部分,要求用简明而生动的文字写出调查报告中最主要、最新鲜的事实,鲜明地揭示调查报告的主题思想,引起读者的兴趣。

(2)主体。调查报告的主体是导语的引申展开、结论的根据所在。其内容包括两大方面:一是调查得到的事实情况,包括事情的前因后果、发展经过、具体做法等;二是研究这些事实材料所得出的具体认识或经验教训。

按照内容,调查报告的主体一般有三种写法。第一,并列式写法,即将说明主题的材料按照事物性质归类,每一类用一个小标题(即分论点)统率,然后按照一定的内在联系排列起来。各个小标题之间是并列的,这样能使文章条理清晰、观点突出。第二,平叙式写法,即按照事情发生、发展、结局的先后顺序安排材料,将其分成相互衔接的多个层次,一层一层地把事情的来龙去脉报告清楚,这样既能使人了解事情全貌,又能得到方向性、指导性的经验教训。第三,因果式写法,即先将调查的结果、结论告诉读者,然后再叙述这一结果、结论的由来,从多个方面分析其形成的原因。以上三种写法,无论采取哪一种,都要注意先后顺序、主次分明、详略得当,更好地表现主题。

(3)结尾。结尾是调查报告的结束语,其作用是启示决策、加深印象、提高认识。结尾的写法有多种:总括前文,得出结论;归纳主旨,强调意义;概括现状,提出展望;深化主题,加深人们对通篇内容的印象。结尾也可以针对调查的情况和问题,提出解决的办法和意见,表明作者对问题的看法和建议。

3. 落款

落款即署名和日期。公关调查报告的署名有两种：一种是署在文前标题下，另一种是署在文后右下方。一般说来，署名单位在文前标题下比较正规，署名个人则两处都可以。日期或与作者同署，或单独署，但都署在文后。

4. 附件

公关调查报告的附件包括调查所用的各种量表、组织活动的各种统计报表、调查对象意见书及调查采访与谈话的记录等，内容与形式都很多。附件一般要在正文之后注明顺序和名称。

二、公关新闻的撰写

（一）公关新闻的含义与特点

新闻是对新近发生的、广大公众所普遍关心的事实的报道。新闻必须具备三个要素：报道的是客观事实；这些客观事实是新近发生的；这些新近发生的事实是广大公众所关心而未知的。

所谓公关新闻，是公关主体把本组织新近发生的、内外公众所普遍关心的事实及时报道给内外公众的文体。公关主体借助报纸、刊物、广播、电视和自办传播媒介向内外公众报道公关信息，目的是建立和发展与内外公众的良好关系，提高自身的知名度，以争取内外公众的理解、合作与支持，创造最佳环境，树立组织自身在公众心目中的良好形象。公关新闻一般由公关主体的专职或兼职公关人员撰写，也可以由本组织提供素材，让记者撰写。

公关新闻具有以下特点。

(1)内容新鲜。新闻报道的事实必须是新近发生的事。新鲜性包括时间新和内容新两个方面。一件事情如果是司空见惯的或者重复出现的，就没有多少新意，难以引起人们的兴趣。

(2)真实可信。真实是新闻的生命，新闻不允许虚构和想象。对于事情的背景和历史，以及事情本身，包括时间、地点、人物、原因、结果等，甚至对于一些具体细节、具体场面和人物的话语、心理活动等，都应力求真实、准确。

(3)需要"制造"。一个企业的日常工作很难出现大众感兴趣的新闻，策划公关专题事件是必要的。

(4)活泼有趣。公关新闻不能强制公众去看，要抓住公众就必须在内容上做到新鲜、奇特,在形式上做到生动活泼,在语言表达上做到诙谐幽默、可读性强。以较强的趣味性增强公关新闻传递信息的刺激强度,获得最佳的公关效果。

(二)公关新闻的题材

就一个企业而言,一般可以从以下几个方面挖掘新闻题材。

(1)企业策划的或者参与策划的大型活动。如企业的庆典,各种有意义的纪念活动、社会活动等。

(2)企业推出的新产品、新服务。如旅行社推出的有创意的新线路。

(3)企业与社会的关系。如各级政府领导人或社会各界知名人士到企业参观、指导工作、发表讲话或题词,企业积极参加社会公益活动、热心社会福利的良好表现等。

(4)企业中各类人物的活动。如员工获得了某项特别的奖励,为企业争得荣誉;员工的学习、娱乐、保健等有特色的活动;员工优良的服务态度、与社会知名人士交往的情况等。

(三)公关新闻的写作要求

公关新闻包括公关消息、通讯、特写、专访、评论等各种体裁。公关新闻在写作上有比较固定的结构形式,一般由标题、导语、主体、结尾和背景五个部分组成。

公关新闻在写作上具有以下要求。

第一,取材要新鲜、典型、真实。

第二,标题要具有强烈的吸引力和感染力,否则读者不会往下看。

第三,要高度重视导语。导语如果写得不好,读者也不会往下看。要把新闻中最重要、最新鲜、最有吸引力的事实,高度概括地加以叙述。

第四,正文要求语言简明扼要、新颖生动,内容凝练。

三、旅游礼仪文书的撰写

(一)公关礼仪文书的含义与特点

公关礼仪文书是在公关礼仪活动中所使用的文书。组织为了协调与公众或其他组织之间的关系,通常出于礼貌、礼节的需要制发一些向公众或其他组织表达祝颂、庆贺或纪念等感情的实用文书。这些在社会公众之间相互平等、尊重基础上形成的礼节性文书就是公关礼仪文书。组织通过公关礼仪文书向社会公众展示组织各方面的形象,增强与公众的联系,使公众认同组织、产生对组织的信任与好感,以提高组织的地位与声誉,实现公共关系目标和组织发展的战略目标。

公关礼仪文书具有以下特点。

(1)礼仪性。作为礼仪活动的实用文书,礼仪性是公关礼仪文书的本质特点。礼仪文书多在一些喜庆节日、重大活动时使用。

(2)体式性。礼仪文书一般都有固定的体式,如请柬、聘书,不但在内容上有称谓、正文、敬语等固定的写法和格式,而且纸张的质量和尺寸、封面装帧也有一定的要求和样式。这些体式是在长期的礼仪活动中约定俗成的,它不仅起到规范作用,而且在形成规范之后,会对读者心理产生影响。不合体式的公关礼仪文书会影响公关效果。

(3)简明性。公关礼仪文书不是为了阐述实质性的问题,而是出于礼仪上的需要,以拉近相互间的距离。

(二)公关礼仪文书的类型

礼仪文书种类繁多,使用范围较广,常见的类型有如下几种。

(1)一般公关文书。大致包括柬帖、启事、广告词、企业简介、产品或服务说明等。

(2)礼仪演讲文。大致包括祝贺词、欢迎词、告别词、欢送词、答谢词、颁奖词、誓词等。

(3)书表、电报类。大致包括倡议书、建议书、意向书、聘书、海报、喜报、慰问电、贺电、唁电等。

(4)常用信件。大致包括公开信、证明信、介绍信、表扬信、慰问信、感谢信、邀请信、催索信等。

(三)公关礼仪文书写作举例——企业简介的写作方法

1. 写作概述

企业简介是企业对自身的沿革、规模、设备、技术经济实力、产品规格、业务范围等进行说明和介绍的一种应用文。

企业简介的作用在于:首先,让人们获得有关本企业的基本情况;其次,扩大自己的影响,提高自己的声誉,树立良好的企业形象,具有广告作用。

企业简介的主要特点:一是真实性,它必须如实地介绍企业的情况,不能为推销产品或为了提高知名度而夸大其词,甚至故意编造;二是简要,它往往抓住企业的某些特点及产品的优势做简明扼要的说明。

2. 写作方法

企业简介一般包括标题、引言、正文、落款四个部分。

(1)标题。标题通常是企业名称加上"简介"二字构成,如某饭店简介。

(2)引言。引言一般写明企业的沿革和性质、规模、技术力量、产品特点等,语言简明,概括性强。

(3)正文。正文一般包括三个方面的内容:一是介绍企业的概况、产品范围、声誉、成就等;二是说明产品的内容及用户的评价;三是写明对用户所负的责任。

(4)落款。落款通常写明企业的名称、地址、联系电话、邮政编码、网址等。

四、导游词的撰写

一篇优秀的导游词,对成功导游起着举足轻重的作用。要成为一名出色的导游,不仅要会背导游词,还要能自己动笔写导游词。

(一)导游词的结构

导游词一般包括以下三个部分。

(1)习惯用语。习惯用语包括游览前的开头语、游览结束时的欢送词等。开头语包括问候语、欢迎语、介绍语、游览注意事项和对游客的希望等方面。

(2)整体介绍。用概述法介绍旅游目的地,帮助游客宏观了解,引发游客兴趣。

(3)重点讲解。重点讲解部分即对主要游览内容的详细讲述,因而是导游词最重要、最精彩的组成部分。

(二)导游词写作技巧

 1. 强调知识性

向游客介绍有关旅游目的地的历史典故、地理风貌、风土人情、传说故事、民族习俗、古迹名胜、风景特色等,使游客增长知识。一篇优秀的导游词必须有丰富的内容,内容必须准确无误、令人信服。导游词写作还要注意深层次的内容,如同类事物的鉴赏、有关诗词的点缀、名家的评论等。

2. 讲究口语化

导游词的口语化是极其重要的。导游词多采用口头传播方式,其最终目的是用来直接向游客讲解,因此必须口语化。语音、词汇、语法、修辞等各方面都应无条件地服从口头表达的一系列特殊需要,并且在各方面做出相应的调整,只有这样才能适应导游交际。

3. 讲究趣味性

游客旅游是为了休闲娱乐,因此导游词的趣味性很重要。为了突出导游词的趣味性,可以从以下几个方面考虑。

(1)编织故事情节。讲解一个景点,要不失时机地穿插趣味盎然的坊间传说和民间故事,以激起游客的兴趣和好奇心理。

(2)适当地运用修辞手法。导游词中恰当地运用比喻、比拟、夸张、象征等手法,可使静止的景观深化为生动鲜活的画面,揭示出事物的内在美,使游客沉浸陶醉。

(3)幽默风趣的韵味。幽默风趣是导游词艺术性的重要体现,能为导游词锦上添花,使现场气氛轻松、活跃。增加导游词的趣味性可借鉴小品中的"抖包袱"技巧。

(4)随机应变,临场发挥。一篇优秀的导游词是导游专业知识和业务能力的体现,但在现场讲解中有时会遇到特殊情况,导游要能够随机应变,这也反映出导游的技能技巧。

4. 重点突出

每个景点都有代表性的景观,每个景观又都能从不同角度反映出它的特色内容。导游词必须在照顾全面的情况下突出重点。面面俱到、没有重点的导游词是不成功的。

5. 要有针对性

导游词不是千篇一律的。它必须从实际出发,因人、因时而异,要有的放矢,即根据不同的游客以及当时的情绪和周围的环境进行讲解。切忌"不顾游客千差万别,导游词仅凭一篇"的现象。编写导游词一般应有假设对象,这样才能有针对性。

6. 弘扬正气

传递积极向上的价值观是导游义不容辞的职责,导游词应当弘扬爱国主义精神、弘扬社会主义核心价值观。

(三)创作导游词应该注意的几个问题

(1)对景区特产应该推介而不要推销。介绍景区当地的风土人情和名品特产是导游词写作的题中应有之义,但导游的工作不能陷于推销产品、做促销工作,这样会引起游客反感。

(2)注意传说故事的传奇色彩而不传谣。绝不能道听途说、信口雌黄,误把"传谣"作"传奇"。

(3)导游词应该杜绝低级内容,通俗而不庸俗。导游词用语应该通俗化,但通俗不等于媚俗,更不是庸俗。导游词中提倡的通俗是俗中有雅、雅俗共赏,是一种富有文化底蕴和思想内涵、于真诚直白的字里行间见文化品位。

◇ 同步案例6-2

企业简介写作案例:北京中国国际旅行社有限公司简介

北京中国国际旅行社有限公司(简称北京国旅),成立于1958年,经过60多年的艰苦努力,已发展成为实力雄厚、服务项目广泛的旅游全资质企业。公司现有训练有素的员工300余人,大部分是有专业知识储备、服务意识强的年轻人。其中,精通英语、日语、德语、法语、西班牙语、意大利语、俄语、泰语、朝鲜语等语种的业务骨干和导游翻译员240余人;特级、高级、中级以上导游员占62%。

北京国旅的业务范围:入境旅游;国内游;国家特许经营中国公民出国旅游业务;承办商务旅行、国际和国内会议。

我社具有专业的特色服务、规范的专业操作、丰富的组织经验、协作的团队精神。如电话咨询(帮您了解线路)、提供资料(方便您查询)、献计献策(帮您制订最佳方案)、规范作业(注重细小环节,顾客利益至上)、领队服务(能够给您释疑排忧)、质量跟踪(反馈您的意见)。

公司依托几十年的旅游服务经验,本着"宾客至上,信誉第一"的服务宗旨、严格规范的管理制度、高质量的服务,赢得中外游客的广泛赞誉,连续七届被北京市旅游局评为首都旅游"紫禁杯"最佳企业和先进企业,连续多年被评为全国国际百强旅行社。北京国旅正在以良好的信誉和优质服务,竭诚为各界人士提供优质服务,为北京的旅游业做出应有的贡献。

■ 资料来源:http://www.citsbj.com/.

思考题:
本篇企业简介在形式或内容上有什么欠缺之处吗?

第三节　旅游企业公关活动中的实像传播

一、实像传播的含义与形式

实像是指一个社会组织生产的产品实样或形象性的图片资料、视听材料,以及能反映社会组织整体形象的各种信息。实像传播是以真实具体的内容和形象生动的方式向公众传播信息。

实像传播的形式多种多样,常见的有以下几种。

(1) 网络视频。如上传在视频网站上的内容多样的视频。

(2) 影视片。如在电影和电视剧以及其他媒介上播放的各样内容的宣传片。

(3) 录音、录像、幻灯。在公共关系的传播活动中,也经常使用录音、录像、幻灯等传播媒介。

(4) 图像标识。主要有照片和图像以及企业标识系列。

(5) 人体活动媒介。如各种相关文体表演、模特展示、形象代言人的相关活动等。

(6) 示范性服务。如组织形成的具有一定规范标准的服务流程和模式。

(7) 实物媒介。如展览活动,赠送和赞助活动中的公关礼品,带有本组织标识的实物宣传品、象征物和模型等,服务场所的装饰、布置,等等。

(8) 旅游商品。旅游商品可以传播旅游地形象。

二、实像传播的特点

与口头传播、文字传播相比,实像传播信息直观可靠、反馈直接迅速、手段多样综合,并且在实像中包含文字和语言。例如,一段公关宣传视频除了有图像外,还有字幕、声音等。

(1) 信息直观可靠。实像提供的信息比语言和文字更直观、更可靠,因此实像传播比口头传播和文字传播更能打动公众。公众通过实像深入了解旅游企业,能达到比较理想传播效果。

(2) 反馈直接迅速。实像传播能集中、生动地再现事物的某一个方面,表现组织或产品及服务的某种特征,从而能更好地吸引公众的注意力、强化公众的记忆。实像传播能够给公众带来强烈的参与感,其信息反馈比较迅速,能够获得即时的真实可靠的反馈。

（3）手段多样综合。实像传播形式多样，因此实际上包含了所有的传播手段。

此外，实像传播的缺点表现在制作成本较高、技术复杂、组织难度大、目标集中性不如口头传播等方面。

三、实像传播的技巧

（一）充分运用现代影视制作技术

与文字传播相比，影视传播的视听性、画面性具有明显的优势。视听与画面传播可以覆盖更多的人群，打破文字传播的局限性，使传播覆盖面达到最大化。逼真的画面、纤细入微的影像，能让游客有身临其境的感觉，而且影视传播更易受到新一代年轻人的青睐。

（二）充分适应受众的审美情趣

实像传播的技巧在相当程度上是建立在人们的审美情趣基础之上，这就要求传播者应当具有装饰设计、工艺美术、商标、包装、造型、广告宣传等方面的美学知识和美工技术。强调审美需要对不同的受众区别对待，不同年龄、不同地区、不同民族、不同职业、不同性别和不同文化程度的人有着不同的审美情趣，充分适应不同人的审美情趣才可能获得事半功倍的传播效果。

（三）注意烘托环境气氛

环境气氛的烘托是指调动人们的视觉、听觉、味觉、嗅觉、触觉的辨别感知能力，使人们通过对光线、颜色、形态、形状的感受，按照实像传播策划的意图进入情境，从而使实像传播活动取得理想的效果。例如，在上海世界博览会的中国馆，就通过气氛的烘托充分调动了游客的辨别感知能力，使游客陶醉其间、产生共鸣。

（四）注意展示传播实像的细节与功能

实像传播是利用物体实样或实物的图像来传播信息，在传播过程中就要充分展示实像的细节及功能，才能达到实像传播的应有效果。即使实像的外观能吸引人，但这不会打消受众在功能、质量方面的疑虑，因此应当向受众展示实像的细节，人们只有在对实像的细节认识清楚、对其功能认可时，才会在理性上产生认同。

◇ 同步案例6-3

武汉旅游形象大使

武汉市政府主办的"2009中国武汉国际旅游节",2009年9月28日上午在汉口江滩市政广场开幕,著名演艺明星任贤齐受邀担任"武汉旅游形象大使"。

当天开幕式上,著名演艺明星任贤齐受邀担任"武汉旅游形象大使",并为家乡父老演唱了知名曲目《春天花会开》。这是武汉市首次邀请演艺明星担任旅游形象大使。主办方称,任贤齐自出道以来,一直保持了积极进取、时尚健康的演艺形象,这与武汉大气包容、时尚活力的城市旅游形象非常吻合,并且任贤齐非常热心于家乡公益事业,是当之无愧的武汉城市旅游形象"代言人"。任贤齐也通过经纪人表示,今后将利用各种场合、各种方式,尽力向海内外推介武汉独特的旅游资源、厚重的历史文化,并利用各种机会邀请四海宾朋来汉投资兴旅、观光休闲。

■ 资料来源:长江网 http://news.cjn.cn/24hour/wh24/200909/t1002756.htm。
思考题:
邀请影视明星担任景区的旅游形象大使有利有弊,试简要分析。

第四节 广告传播在旅游企业公关活动中的应用

一、公共关系广告的含义与特点

公共关系广告指的是一种以介绍组织的各方面情况、塑造组织形象、协调组织与各类公众的关系为目的的广告。公共关系广告与产品广告的最主要区别在于:产品广告以推销产品为直接目的,依据产品特点和市场情况进行策划、制作、刊播,是直接为营销服务的;而公共关系广告是通过让公众了解一个组织的情况以及组织对社会公益的关注,来表明组织的立场、传播组织的理念等,起到与公众沟通交流、塑造组织形象的作用。公共关系广告的主题可以是传播组织的形象、组织的发展历史、所处地位、目前状况、组织的价值观、经营理念、战略方针，以及组织的人事、财务、经营、社会服务，甚至可以是解释误解、化解纠纷、澄清流言等。

公共关系广告有如下特点。

(1)广告的对象是组织自身。公共关系广告以传播组织的形象为目的，广告对象是组织自身，而产品广告的对象是组织生产的产品。

(2)采用的宣传手段委婉。公共关系广告以引导、教育或解释的方式让公众了解组织及其产品。

(3)观念上注重长期性和系统性。

(4)传播方式复杂多样。公共关系广告除了可以通过与产品广告同样的播出方式传播外，还可以通过新闻报道、专题访问、社会公益性活动等隐性方式表达广告之意。

在实际的组织公众传播中，公共关系广告与产品广告的作用其实是很难严格区分的。一方面，公共关系广告虽不直接推销产品，但同样可以通过其所塑造的组织形象所产生的影响力而达到推销产品、扩展市场的目的；另一方面，产品广告的商业气息日益淡化成为现代广告发展的一个趋势。

二、公共关系广告的作用

公共关系广告通过间接的途径发挥效用。它并不直接劝导人们去购买产品，而是通过让广大公众认识组织、了解组织、信任组织，在公众心目中树立起组织的良好形象，进而购买组织的产品。公共关系广告强调社会整体利益，商业色彩淡，易使公众产生好感。公共关系广告的作用表现在以下几个方面。

(1)公共关系广告有助于加深公众对组织的了解。公共关系广告的主要目的就是使广大公众了解本组织的战略方针、经营理念、发展规划，了解本组织的目前情况及承担的社会责任，争取社会各界的真诚理解和鼎力支持。

(2)公共关系广告有助于组织提高美誉度。商品广告有助于提高组织的知名度，而公共关系广告更注重提高组织的美誉度。如组织率先发起一项对社会有重要意义和影响的活动，或倡议一种新观念，显示其社会责任感、伦理道德观、创新精神等，就是一种能提高美誉度的公共关系广告。

(3)公共关系广告有助于组织提升亲和力。组织亲和力是组织在日常的经营活动中显现出来的为社会公众所熟悉和喜爱的感召力、感染力和影响力。通过表达谢意的广告或者节日祝贺的广告都可以实现这一目标。

(4)公共关系广告有助于组织重塑形象。通过解释性广告、道歉广告、公益性广告可以起到这样的作用。

三、旅游企业公共关系广告的类型

（一）依照传播目的来划分

依照旅游企业的传播目的，公共关系广告有以下几种主要的类型。

(1)实力广告。实力广告主要向公众展示企业在资源、设施和人才等方面的实力，使公众产生这是一个人才济济、实力雄厚、值得信赖的企业的好印象。

(2)观念广告。观念广告主要向公众宣传企业的经营目的、经营思想、价值观念、企业精神等。

(3)信誉广告。信誉广告传播社会公众对企业的好评、赞誉及企业在国内外博览会、展销会、各种比赛和评比活动中的获奖情况，从而提高企业的信誉。

(4)谢意广告。谢意广告即用广告形式向各类公众致谢。可以通过发布谢意广告宣传企业的实力、企业形象，以及企业为社会所做的贡献。

(5)祝贺广告。祝贺广告即在节日之际应用广告向公众祝贺，在相关企业开业、庆典之际表示祝贺。如新春佳节期间在电视、报纸上向公众拜年，在祝贺别人之际宣传自己的形象。

(6)歉意广告。歉意广告即通过广告的形式向公众表示歉意，争取得到公众的理解、支持和合作。

(7)响应广告。响应广告即用广告响应社会生活中的某一重大主题，表示企业关心、参与公众生活，并借助这一主题扩大企业的影响。例如通过宣传绿色饭店，响应低碳环保的社会主题。

(8)创意广告。创意广告即企业率先发起某种有重大影响的社会活动或创立一种新观念，显示引领社会新潮流的能力。

(9)记事广告。记事广告通过故事、报告文学、电视专辑等形式，宣传企业的历史发展状况和对社会的贡献等，让公众了解企业。

（二）依照表达主题来划分

依照旅游企业的不同表达主题，公共关系广告有以下几种主要的类型。

(1)企业声誉广告。公共关系广告采用最多的是声誉主题。以饭店为例，为了树立饭店的形象，提高信誉，应向公众宣传饭店的沿革历史、经营理念、服务形式、设施设备等。

(2)企业贡献广告。企业贡献广告旨在加强社会公众对目前企业的经济贡献的了解。以景区企业为例，贡献广告可以详尽说明景区的建设对繁荣地方经济、丰富人们的文化生活以及提供就业机会等的材料、数据和案例。

(3)员工内部关系广告。在企业中,员工内部关系涉及福利、就业安全保障、工资标准和企业其他的利益关系。采用这一主题对外传播,能表现一个团结向上、有安全保障、有发展前景的企业形象。

(4)专题事项广告。企业可以利用公共关系广告来宣传周年庆典、陈列展览等各种事项,以引起广大公众、有关单位和新闻媒体的关注,利用各种宣传渠道来创建企业的良好形象。

(5)服务型广告。企业通过积极投入社会服务,协助政府解决地方性或全国性的社会问题,并把自己所做的工作通过媒体传播出去,以提高企业的知名度和美誉度。如参加社会公益活动;关心城市建设;保护环境;促进文化教育事业的发展及良好的社会风气的形成;向灾区和贫困地区捐款、捐物;为文教、科研、慈善事业募集资金;为广大公众及公共设施提供服务与便利;等等。

◇ 同步案例6-4

美国黄石公园门外的公益告示

在美国黄石公园大门外曾经见过一份告示,据说是美国旅行代理商协会(ASTA)关于生态旅游的十条戒律,告示内容如下。

无论是商务旅游还是休闲旅游:

(1)尊重地球的脆弱性。要注意到只有所有的人都愿意保护地球,独特而美丽的目的地才能被后代享有。

(2)只留下脚印,只带走照片。不要折断树枝,不要乱扔杂物,不要从历史遗迹和自然保护区获取纪念品。

(3)使你的旅行更有意义。了解你参观的地方的地理、习俗、礼仪和文化,花时间倾听人们谈论的东西,鼓励当地居民参加环境保护活动。

(4)尊重别人的隐私和自尊,要征得别人的同意再拍照。

(5)不要买用濒危动植物制成的产品。如象牙、龟甲、动物皮毛等。阅读美国海关不能进口物清单——《行前须知》。

(6)沿划定的路线走。不打扰动物,不侵犯其自然栖息地,不破坏环境。

(7)了解和支持为保护环境而努力的保护计划和组织。

(8)只要可能,就步行或使用对环境无害的交通工具。鼓励公共交通司机在停车时关闭发动机。

(9)支持那些致力于节约能源和环境保护的企业(饭店、航空公司、度假区、游船、旅行商和供给商)及行为,包括:改善水和空气的质量;再利用废物;对有害材料的安全管理;消除噪声;鼓励社会参与环保以及雇用致力于环保且有丰富经验的训练有素的员工。

(10)询问美国旅行代理商协会的会员,以找出那些署名赞同美国旅行代理商协会关于航空、陆地和水上旅游的环境指南的组织。美国旅行代理商协会建议这些组织采用自己的环境规范来约束在特殊景点和生态系统的行为。

■ 资料来源:戈尔德耐.旅游业教程:旅游业原理、方法和实践.大连:大连理工大学出版社,2003.

思考题:

这是一篇针对游客行为的忠告,你觉得有什么需要修改或者补充的吗?

◇ 思考与练习

1. 消释游客异议的语言技巧有哪些?
2. 旅游企业公关谈判中语言表达要注意的事项有哪些?
3. 以学校里发生的事情为例,撰写一篇新闻稿。
4. 从视频网站收集旅游风光片或广告片的视频案例,并进行评析。

◇ 拓展案例

二维码 6-1

熊本熊打造地方旅游品牌

第七章　旅游企业公共关系活动的过程管理

◇ **学习目标**

知识目标：
掌握旅游企业公共关系活动的概念；旅游企业公共关系活动四个过程的管理方法。
能力目标：
理解旅游企业公共关系活动中的调研、计划的制订、计划的实施、评估过程。
情感目标：
领会公关活动是有计划、有步骤的工作，要用心去做。

◇ **学习重难点**

旅游企业公共关系专题活动；旅游企业公共关系活动四个过程的管理方法

◇ **本章关键词**

公共关系活动；调研；计划；实施；评估

◇ **导入案例**

成功的政治造势活动——南门立木

　　令既具，未布，恐民之不信，已乃立三丈之木于国都市南门，募民有能徙置北门者，予十金。民怪之，莫敢徙。复曰："能徙者予五十金。"有一人徙之，辄予五十金，以明不欺。卒下令。（来自《史记·商君列传》）

思考题：
公共关系活动过程实际上是策划和实施的过程，试评价商鞅的造势活动。

旅游企业公共关系活动是指一个旅游企业为打造良好的企业运营环境、争取公众舆论支持而采取的一系列通过协调、传播沟通等手段有计划地开展的策略、行动和活动的总称。

旅游企业公共关系活动从类型来看,表现为日常公共关系活动和公共关系专题活动两大类。日常公共关系活动是指公共关系部门例行性业务工作和临时性工作。在当今全员公关的理念下,企业人人都可以做到的日常接待工作如热情服务、礼貌待客,都可视为广义的旅游企业日常公共关系活动。公共关系专题活动是为了实现旅游企业的某一具体目标或应对某一突发事件,经过专门策划而举行的活动。

旅游企业公共关系活动的过程包括四个步骤:旅游企业公共关系调研;旅游企业公共关系计划的制订;旅游企业公共关系计划的实施;旅游企业公共关系活动的总结评估。

第一节 旅游企业公共关系调研工作

一、旅游企业公共关系调研的意义和程序

所谓旅游企业公共关系调研,是指旅游企业公共关系部门采用各种有效的调研手段,收集和分析公众对本企业社会形象的看法,进而发现问题、得出结论的过程。

(一)旅游企业公共关系调研的意义

公共关系调研包括调查和研究,这两个方面是不能分离的。调查是研究的前提,为研究提供详尽的事实;而研究是调查的深入,它所总结的经验和上升的理论能更好地指导调查活动的进行。公共关系调研是社会调研的一种,它是运用一定的方法,有计划、有步骤地考察组织的公关状态,收集必要的资料,综合分析各种因素及其相互关系,以达到掌握实际情况、解决组织面临的实际问题的一种社会实践活动。

旅游企业公共关系调研有如下意义。

1. 可以准确地对企业进行形象定位

公关调研可以使公关人员准确地了解企业在社会公众心目中的形象定位。企业的形象

定位是企业在公众心目中形象的定量化描述。通过形象定位可以测量出企业自我期望的形象与其在公众心目中的实际形象之间的差距,公关人员可针对这一差距策划有效的公关活动方案,由此也可以大大加强计划的目的性。

 2. 为决策提供科学依据

公关调研的首要任务是及时地为企业提供决策依据并能有效地预测和检验决策的正确性。只有了解了公众的要求和愿望才能做出符合公众要求和愿望的决策,只有做出符合公众要求和愿望的决策并认真实施才能使企业在公众心目中树立起良好的形象,公关调研是行之有效的办法。

 3. 及时地把握公众舆论

公关调研可使公关人员及时地把握公众舆论,并适时地做出决策。公众舆论一般是自发产生的并处于不断扩大或缩小的动态中,是公众对企业的一种变动的表层认识。但是,当少数人的观点、态度扩展为多数人的观点、态度时,分散的、彼此孤立的意见会集合为彼此响应的公众整体意见,这对企业的形象将产生很大影响。积极的公众舆论有利于企业塑造良好形象,消极的公众舆论则有损企业形象,甚至会造成企业形象危机。因此,通过公关调研来监测公众舆论,能帮助企业及时扩大积极舆论、缩小消极舆论。

 4. 提高公关活动的成功率

在开展某项公关活动之前,必须对现有的人力和物力条件做充分的调研,必要时还要做现场考察。通过调研,公关人员能够对所要开展的公关活动的主客观条件有足够的了解,这样才能保证公关活动有充分的准备和切实可行的计划,并取得好的效果。

 5. 调研本身也是形象塑造的过程

从企业主观方面来说,公关调研是以收集信息为主要目的;但在客观上,开展调研活动要与调研对象进行广泛接触,调研人员同时向公众传播着企业注重自身形象的信息。恰当的调研本身也会赢得公众对企业的好感。因此,从某种意义上说,公关调研本身也是一种传播,也会起到塑造企业形象的作用。

(二)旅游企业公共关系调研的程序

旅游企业公共关系调研的程序过程包括四个阶段:计划阶段、实施阶段、分析阶段和报告阶段。详细的程序框架见图7-1。

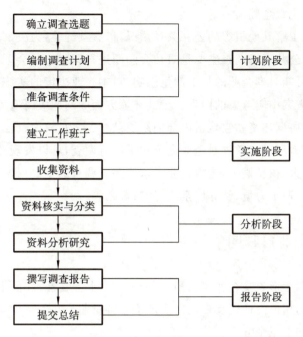

图 7-1　公共关系调研程序

图 7-1 中,调查计划包括调查工作进度与日程安排以及调查活动分阶段、分步骤实施的时间要求。调查条件是指应该准备的与调查工作有关的条件,如人员、物质、经费等。调查人员要具备一定的文化基础知识和组织管理知识,还要具有科学、严谨、认真、踏实的工作作风;调查人员需要接受培训,培训合格才能被选用;调查费用预算、调查经费的申请和划拨要科学合理。

注意,对于中小型旅游企业,不可能也没有必要拥有大量的公关人员,其调查工作可以交由专业的公共关系咨询公司去做,企业只需要做第一步工作,即确定调查选题。

二、旅游企业公共关系调研中收集信息资料的内容

在旅游企业公共关系调研中,收集信息资料的具体目的和任务是随实际情况的发展而变化的,但其基本内容是相对稳定的,主要由下列几个方面构成。

(一)旅游企业面临的客观环境

任何科学决策都是建立在组织内部和外部环境调查研究基础上的。因此,决策者必须清楚了解本组织的内部情况及外部情况。旅游企业面临的各种客观环境包括以下几个方面。

(1)社会宏观环境。社会宏观环境包括政治环境、经济环境和文化环境。政治环境包括社会制度、法律、治安安全程度等。经济环境包括经济形势、市场供应、物价情况等。文化环

境包括社会规范、文化观念等。

(2)社区环境。了解其他组织的公共关系情况,借鉴其经验,为决策和实施提供参考。

(3)公共环境。公共环境调查主要是对社会问题进行调查。社会上的重大事件、重大问题、社会思潮等,都可能对本企业的员工产生影响,对本企业决策的实施发生作用,因此公共环境必须作为决策方案中应考虑的因素。公共环境方面的问题应属追踪调查的内容。

(4)单位内部的协调环境。它包括内部的组织结构、人力、权力、员工关系等。

(5)企业竞争压力环境。通过对企业竞争对手进行调查,可以发现竞争对手的特长和缺陷,以便采取适当对策,扬长避短,为本企业谋求优势。调查的主要内容有竞争对手的构成、主要市场、价格优势、职工力量、领导层素质、战略规划等。

(二)旅游企业自我期望形象方面的信息资料

旅游企业自我期望形象是企业自己所期望建立的社会形象,是企业全体成员对自己所在企业的未来形象的超前设计性反映。这决定了旅游企业公共关系调研中对信息资料的收集应该相对集中在如下三个方面。

第一,领导层对企业形象的期望。作为整个组织的决策者,旅游企业的领导层决定和掌握着企业的总目标、发展方向、重大工作项目等,因此领导层对企业形象的期望往往代表了旅游企业整体对自身社会形象的期望,这对于企业社会形象的选择和塑造具有重要意义。

第二,企业内员工对企业形象的期望。企业内员工的态度和行为对于企业目标和策略的实现具有决定性意义,尤其是市场经济发展的规律已经将组织目标与个人目标、组织命运与个人命运紧紧地结合在一起,旅游企业的员工对自己所在企业的社会形象及在旅游市场中的地位有很大的期望。

第三,期望形象与实际状况的差距。旅游企业公共关系调研人员在了解和掌握了企业领导层和员工对本企业的自我期望形象的具体情况之后,还必须根据本企业的实际状况和基本条件,对这个"自我期望形象"进行审订,使之既能有力地鞭策企业的全体成员,又能比较顺利地真正树立起来。这就要求旅游企业公共关系调研人员对企业的实际状况和基本条件进行调查研究,完整地掌握本企业各方面的基本资料,包括经营决策、投资趋向、资金开发、竞争策略、人事组织状况等。

三、旅游企业公共关系调研的主要方法

公共关系调研的方法很多,下面介绍几种常用的方法。

(一)抽样调查

抽样调查就是从被调查的总体全部单位中抽取一部分单位作为调查样本,并以部分调

查结果来推算全体的一种公关调查方法。被选取的对象称为样本。抽样调查的一个主要问题是如何保证样本对于总体的代表性,也就是说,抽样总是会存在抽样误差,只有把抽样误差控制在一定范围之内才能使调查获得成功。抽样调查的形式主要有以下几种。

(1)随机抽样。随机抽样中,调查对象总体中每个单位都有同等被抽中的可能,它是一种完全依照机会均等原则的抽样方法,如抽查、摇号等。

(2)等距抽样。等距抽样亦称机械抽样,是根据总体各个单位的空间、时间或某些与调查无关的标志排列程序,每隔一定距离抽取一个单位。运用此法抽样,先将总体的每一个单位编号,用公式 $R=N/n$(N 为总体单位数,n 为样本数),计算样本距离,从 1 到 N/n 号中随机任选一个号码为第一个样本单位,然后依次加上 R,即得到第二个、第三个……第 n 个样本单位。这种抽样方法用于被考察的总体单位数较多时,较为方便。

(3)分层抽样。分层抽样亦称分类抽样或分组抽样,适用于总体量大、差异程度较大的情况。先将总体中全体单位按其差异程度分为不重叠的层,然后在每层中选一个简单的随机样本。

(4)整群抽样。整群抽样即将总体中的若干调查单位的集合体作为抽出单位,并对其中所有单位逐个考察。整群抽样又可分为一段抽样和分段抽样两种类型。

(二)典型调查

典型调查是在对所研究对象已有初步了解的基础上,有计划、有目的地选择若干具有代表性的单位作为典型加以周密系统的公关调查。先进典型要具备先进经验条件,一般典型要具有普遍意义的代表性。代表性是典型调查的关键。典型的代表性要体现代表事物最充分、最突出和最集中的重要特征,因此要选好典型。

(三)个案调查

个案调查是将某一社会单位或社会现象作为一个"个案",对其中若干现象、特征和过程做长期的公共关系调查,以摸透其来龙去脉的过程。公共关系的个案调查主要包括人员个案调查、生活单位或社会团体个案调查以及各类社会问题个案调查三种类型。公共关系的个案调查一般采用参与观察法,即调查者同被调查者生活在一起,获取有关资料,调查者从切身的感受、详尽的资料中取得理论性与实用性成果。个案调查所获得的资料比较详尽,能够具体深入地把握该个案的全貌。另外,调查者有一定时间弹性,可采取的方法也比较多样。个案调查的不足之处有两点:一是代表性差,二是所需时间较多。个案调查是一种定性研究方法,要求调查者在知识、经验、思维等方面有较高的水平。

(四)民意测验

民意测验是公共关系调研中应用最广泛的方法之一,用来测定公众对社会生活中有争议问题的态度,用来了解公众对某一计划、方案、措施的看法,对某个预定人选的倾向性,以及公众当前普遍关心的问题等。具体方法是通过随机抽样取得一定数目的测验对象,利用问卷提出问题让测验对象回答,然后收回问卷进行统计、分析、研究,得出结论用以解释民众意见和取向。进行民意测验应注意两个问题:第一,制定问卷要力求简单、明确,避免含糊其辞和模棱两可;第二,对测定结果要有正确的态度和科学的分析,有些问卷应保密,以避免不应有的副作用。民意测验是吸收公众意见和建议的一种有效的公关方式。

(五) 问卷法

问卷法是公共关系调研常采用的方法之一。其做法是利用事先设计的问卷,以询问的方式收集调查资料。回答问卷可以通过邮寄,可以组织笔答,可以通过电话询问,还能采用访谈方法。这种调查方法的特点是有一套固定的问题,被调查者的答案简单,有的只做"是"或"否"之分,这样便于对答案进行系统分类,从而进行定量对比。问卷设计是问卷法的关键,抽样调查、民意测验、专家问卷法等常采用此法。

(六) 访问法

访问法常常用于公共关系问题的研究。这是通过有目的的谈话收集研究资料的方法。可以是电话访问,也可以是面谈;可以是个别访问,也可以是开会座谈。其优点是方便、灵活,缺点是被访问者易受拘束或受调查者的影响,所以调查者的素质和访问技巧是成功访问的关键。访问法可以分为结构性访问和非结构性访问。结构性访问就是调查者严格按照预先拟定的调查表或问卷向被访问者发问。非结构性访问是指调查者在访问之前未拟定提问材料,只是根据调查主题随机应变地提出问题。

四、公共关系调研技术

公共关系调研技术包括标准设计技术、统计技术,以及录音、摄像、电子计算机的使用等。下面介绍两种最常用的技术设计。

(一) 问卷设计

问卷设计是问卷调查的关键技术。问卷设计的主要原则是扣题、清晰、精练、有特色。设计一份好的问卷必须从多个角度、多个层次来考虑问题,并运用一些特殊的措施,使被调查者无从作假或不愿作假。对于收回的问卷,还必须进行效度和信度测定,保证其科学性和实用性。

问卷的形式可以从不同的角度分为多种,一般按出题的方式分为两种:开放式问卷和封闭式问卷。

(1)开放式问卷。开放式问卷要求被调查者自由地发表意见。

(2)封闭式问卷。封闭式问卷也称固定问卷,是指事先把有关答案都准备好,被调查者只要从中选择一项或几项认为适当的答案即可。具体可分为以下几种:① 是否式,即答案只有"是"与"否"两项,选择其中之一即可;② 选择式,即两个及以上答案被列出,被调查者只要选择其认为对的答案即可;③ 排列式,即要求被调查者把答案按其重要性或时间性等排列起来,通常用数字1、2、3……表示;④ 填入式,即直接以数字或特定的文字把答案填入问卷的空格即可;⑤ 尺度式,即把答案描述成两个极端,中间分为若干心理距离,被调查者者在适当的地方或程度上打钩即可。

总之,不管什么类型的问卷调查,都有四个基本要素,即题目、说明、问卷的具体内容、统计性资料(即登记表)收回方法。

公共关系调查问卷设计的关键在于具体内容,内容编制可按下列步骤进行。

第一步,根据研究题目与假想,找出所需资料。

第二步,确定采用问题的类型。

第三步,列出问卷的标题和提纲。

第四步,列出有关题目,即把抽象的理论命题变为具体的经验命题,把调查提纲中的概念变成一系列变量和指标,用指标作为衡量变量的标准和尺度。比如性别是变量,则"男""女"性别是指标。设计题目要考虑问题是否有意义、是否范围太广、是否抽象、篇幅是否太大、能否使用计算机处理等细节。

(二)访谈方案设计

访谈方案是指按公共关系调查课题进展的逻辑顺序或空间、时间顺序,把所要调查的问题整理记录下来,以备访问时发问或回答使用。设计访谈方案要遵循以下访谈原则。

(1)自由联想原则。被调查者思路越开阔,意见就表述得越充分。

(2)非指示原则。其他人介入的程度越低,被调查者越能充分表述个人意见。

(3)行为抽象原则。在不能直接对某一现象考察时,可以抽出一些与此现象相关的行为来考察,从这些彼此相关的行为研究中认识某一现象的真实情况。

(4)影射原则。在出现被调查者不真诚合作的情况时,要设计某种情境使被调查者有所反应,打破僵局。公共关系调查的访谈要注意谈话技术。引导被调查者接受访问,可采取开门见山、旁敲侧击、投石问路等方法;要尊重被调查者,开诚布公,取得信任;听对方谈话要全神贯注,深入交谈时应表示出兴趣;用短暂的停留表示对某一问题的重视;用重复加强表示对某一问题的理解;对某部分自己不赞同的意见,要用商讨的、平易近人的、相互磋商的方式进行讨论;按方案上的问题顺序发问,言谈要轻松,要准确把握要点;切忌用暗示答案的方式发问;答非所问时要追问,如果对方搪塞,可用"激将法"鼓励对方。

五、资料的整理分析

（一）资料整理分析的意义

所谓资料的整理分析，是指将收集到的各种信息资料，按一定程序和方法进行分类、审查、检验和初步加工综合，使之系统化、条理化，从而以集中、简明的方式反映调查对象总体情况的工作过程。

资料的整理分析对整个调查研究来说具有重要的意义。首先，只有对原始资料进行整理和分析才能去粗取精、去伪存真、由此及彼、由表及里，保证资料的真实、准确和完整，从而提高调查研究资料的使用价值，达到深刻认识事物本质的目的；其次，通过整理和分析，可使收集的大量杂乱无序的资料统一化、系统化、适用化；再次，对原始资料的整理和分析可以产生新的信息；最后，在整理和分析原始资料的过程中，可以发现调查工作过程中的不足，为以后开展调查研究积累经验。

（二）资料整理分析的程序

 1. 资料的审核

在进行资料汇总前，要对调查收集来的原始资料进行审核，这是保证调查工作质量的关键。资料的审核一般是指对回收问卷的有效性、完整性和访问质量的检查，这些检查常常是在调查进行的过程中就已经开始了。审核的目的是检查被调查者是否有舞弊行为。

 2. 资料的编辑

资料的编辑是检验所收集资料的正确性、完整性与一致性，对进行资料增减工作，剔除收集来的信息资料中的"水分"，将资料进行分类等。在编辑时应根据资料所注来源对其进行区别对待：确认为第一手资料的，可以直接为调研所用；而对于第二手资料，只能用作间接参考。

3. 资料的分组

资料的分组主要是根据事物内在的特点和调查研究任务的要求，按某种标志将所研究现象的总体划分为若干组成部分。通过这种分组形式，把不同性质的现象分开、相同性质的现象归纳在一起，从而反映出被研究现象的本质和特征，这是资料整理中极其重要的一步。然后，对分组后的资料进行汇总和必要的计算，得出各项总量指标，在此基础上，编制成表或绘制成图，为资料分析工作打下良好的基础。

4. 资料的录入

首先是数据录入。经过审核、编辑和编码的问卷已交到了计算机录入人员手里，数据录入的软件系统也已经为有理解力的录入提供了程序，实际的录入过程已准备就绪，通常数据将直接根据问卷录入计算机。

其次是对录入数据的审核。要检查数据录入的准确性，以免今后返工，浪费人力、物力和财力。

最后是缺省数据的处理。缺省数据是指由于被调查者未做回答或调查者没有记录造成的未知变量值。一般有以下几种情况产生缺省值：被调查者不知道问题的答案；被调查者拒绝回答有关的问题；被调查者答非所问。

5. 资料汇编

汇编就是按照调查的目的和要求，对分类后的调查资料、数据进行计算、编辑和汇总，使之成为能反映调查对象客观情况的系统、完整、集中、简明的材料。

资料表格化是资料汇编的一项重要方法，就是把收集的资料组合起来并通过人工或机器使之以表格的形式表现出来。用表格的形式来表达数据，比用文字表达更清楚、更简明，便于显示数据之间的联系，有利于进行比较和分析研究。

六、调查报告的撰写

完成了调查资料的收集和分析工作，最后的任务就是要把调查研究的结果以某种恰当的形式传达给他人，同其他人进行交流，这就是撰写调查报告的工作。对于一项调查项目来说，调查报告是其成果的集中体现。调查报告撰写得好坏，将直接影响整个调查研究工作的成果和作用。可以按照下述步骤进行调查报告的写作。

（一）确立主题

调查报告的主题就是调查报告所要表达的中心问题，它是整个调查报告的灵魂。在一般情况下，调查报告的主题就是该项调查的主题，即调查报告所要反映的中心问题也就是整个调查的中心问题。有时由于某些因素的影响，调查所得的资料与调查最初的目标之间存在一定的差距，无法说明事先预定的调查主题，此时要根据实际的资料和结果重新确立调查报告的主题。

（二）拟定提纲

主题确立后，应先构思好调查报告的整体框架，并进一步将框架转变为具体的写作提纲。写作提纲的主要作用是厘清思路，明确调查报告内容，安排好调查报告的总体结构，为实际写作打下基础。拟定提纲的方法是对调查报告的主题进行分解，并将分解后的每一部分进一步具体化。

（三）选择材料

一项调查所得资料与调查报告所用的材料并不是一回事。调查资料往往都与调查主题有关，但不一定都与调查报告的主题紧密相连。或者说，并非所有的调查资料都能成为撰写调查报告时所用的材料。因此，在写调查报告前，必须对所用的材料进行选择。这种选择首先应以写作提纲的范围和要求为依据，即应按照调查报告的框架来进行，这样才能保证所选取的材料与调查报告的主题密切相关；其次还要坚持精练、典型、全面的原则，做到既不漏掉一些重要的材料，又能使所用的材料具有最大的代表性和最强的说服力。

（四）撰写报告

当前三步工作完成后，就已有了一个结构分明、材料齐备的调查报告雏形，剩下所要做的就是用适当的文字把它们流畅地组织在一起。当调查报告全文写完后，要反复地从头阅读、审查和推敲每一个部分，认真修改好每一个细节，使得调查报告不断丰富和完善。

◇ **同步案例7-1**

盖洛普 Q12 员工满意度调查问卷

乔治·盖洛普（1901—1984），美国数学家，抽样调查方法的创始人、民意调查的组织者，他几乎是民意调查活动的代名词。

1. 什么是盖洛普 Q12？

盖洛普 Q12 就是针对前导指标中员工敬业度和工作环境的测量，盖洛普通过对 12 个不同行业、24 家公司的 2500 多个经营部门进行数据收集，然后对它们的 105000 名不同公司和文化的员工态度进行分析，发现有 12 个关键问题最能反映员工的保留、利润、效率和顾客满意度这四个硬指标。这就是著名的盖洛普 Q12。

2. 盖洛普 Q12 的具体内容

您好！非常感谢您能抽出时间回答下面的问卷。您的建议是公司管理改进的重要依据，您的意见将会被严格保密。感谢您的配合！

填写说明：问卷分为三列，第一列是问题，第二列需要您做选择，如果你选择了"0"或者"5"，请在第三列做出解释。选择的分数越高代表您越赞同问题的描述，选择的分数越低代表您越不赞同问题的描述。选择结果只代表您认为现在团队所处的状态。请在您选择的分数上打"√"。

(1) 我知道对我的工作要求。目前状况 012345
(2) 我有做好我的工作所需要的材料和设备。目前状况 012345
(3) 在工作中，我每天都有机会做我最擅长做的事。目前状况 012345
(4) 在过去的六天里，我因工作出色而受到表扬。目前状况 012345
(5) 我觉得我的主管或同事关心我的个人情况。目前状况 012345
(6) 公司里有人鼓励我的发展。目前状况 012345
(7) 在工作中，我觉得我的意见受到重视。目前状况 012345
(8) 公司的使命/目标使我觉得我的工作重要。目前状况 012345
(9) 我的同事们致力于高质量的工作。目前状况 012345
(10) 我在部门有一个最要好的朋友。目前状况 012345
(11) 在过去的六个月内，公司有人和我谈及我的进步。目前状况 012345
(12) 过去一年里，我在工作中有机会学习和成长。目前状况 012345

感谢您填写问卷！

■ **资料来源**：百度百科。

思考题：
你有过做问卷调查的经历吗？谈谈对问卷调查有些什么了解。

第二节　旅游企业公共关系计划的制订工作

经过广泛、深入的调研，公共关系工作的第二步就是制订公共关系计划。公共关系计划的制订，就是组织为实现组织的公关目标，对公关活动的性质、内容、形式和行动方案进行谋划与设计的思维过程。制订一个完整的公关计划，至少要包括确定公关活动目标、确定目标公众、选择公关活动模式、选择公关活动方式、编制公关活动预算。

一、确定公关活动目标

公关活动目标，即公共关系人员经过努力要达到的目的以及衡量这一目的是否达到的具体指数。公关活动目标有战略目标与策略目标。战略目标是长期目标、总体目标。策略目标是短期目标，是为实现战略目标服务的。为了确保公关计划获得最终的成功，得到客户的高度认同，首先必须要花相当大的精力明确自己的目标。

公关活动目标必须满足如下几个条件。

一是公关活动目标必须是具体的、可测的。在总体目标下要进一步形成具体的细化目标，而且目标要能够被量化。

二是公关活动目标要满足必要性条件。这个目标是必须要实现的，而不是可有可无或者无关紧要的。

三是公关活动目标要满足充分条件，即目标是完全体现了最初的意愿的。

四是公关活动目标具有合理性，即必须考虑组织的现有条件，设定的目标是通过努力可实现的。如果目标过高、不切实际，必然导致失望和沮丧。当然目标过低，也会影响公关活动的效果。此外，公关活动目标的确定还必须有时间的限制，必须是在规定的时间里应达到的结果。

二、确定目标公众

（一）确定目标公众的意义

公众是公关活动的对象或客体，在某种意义上说，公关活动就是针对公众所进行的活动，确定和分析公众就是确定对谁进行工作和怎样进行工作。一个组织的公众往往是多方面的，但一次具体的公关活动要有所侧重，面面俱到是不现实的。因此，在制订公关计划时，就需要根据公关活动的目标选择目标公众。

（二）确定目标公众的原则

目标公众的确定是由组织所面临的公关问题决定的，要遵守以下三个方面的原则。

1. 根据公关目标确定公众范围

组织开展公关活动，其目的是为实现组织目标创造良好的内外环境。组织目标的实现有赖于组织具体任务的完成，公关活动也应为组织完成具体任务服务。因而，在公共关系计划中,确定目标公众必须以组织的目标任务为依据,根据公共关系目标,分析不同公众的权利与利益,确定公众范围。

如某饭店为提高自己的声誉而组织建店周年庆典专题活动,其目标公众主要是同行、新闻媒介、政府部门、部分重要客户和社会名流。这样划定公众范围主要强调的是相关性。

2. 根据公关活动需要确定"集中影响的公众"

所谓"集中影响的公众",是指对本组织的意见、态度和行为十分重要,但当下对本组织的了解又十分缺乏的个人或团体。因此,公共关系实务工作必须对这些公众进行集中影响。

"集中影响的公众"是公共关系实务工作必须针对的重点对象,因为他们的态度、意见和行为十分重要,而他们又不了解本组织,甚至因为不了解而持反对态度。公共关系实务工作必须以适当的方式方法,促使这些公众的态度产生转变,特别是要使那些持中间态度的公众转变成支持态度。这些在公共关系计划中必须被给予充分重视,并在方案设计中体现出来。如果一次公关活动没有确定集中影响的公众,只是笼统地向普遍的公众进行宣传,虽然也能产生一定的影响效果,但由于不能保证对关键的那部分公众产生影响,公关活动的效果是不理想的。

3. 根据组织的实力确定"扩散影响的公众"

在关注集中影响的公众的同时,必须考虑扩散影响的公众。所谓"扩散影响的公众",一是指那些对本组织来讲是比较重要的,但是对组织了解不够的个人或团体,二是指那些对组织来讲也非常重要,但他们对组织比较了解,而且基本持赞成态度的个人或团体。如果不对他们进行劝说,就不可能创造出良好的气氛和环境,不可能吸引更多的人关注本组织,不可能获得普遍的支持。

在公关活动中,组织面对广泛的公众,往往感到人力和财力不足。在这种情况下,就应将有关公众按与组织关系的密切程度、影响的大小程度、相关事情的紧迫程度等因素进行排队,优先选出最为主要的一部分公众作为目标公众。这样确定公众强调的是重要性。

三、选择公关活动模式

在确定了公关活动目标和目标公众之后,制订公共关系计划的第三个步骤就是选择恰当的公关活动模式。所谓公关活动模式,就是公共关系工作的方法系统,它是由一定的公关目标和任务以及这些目标和任务决定的数种具体方法和技巧组成的有机系统。公关活动模式具有明显的适应性特征,仅适用于特定的公关任务。常见的公关活动模式主要有以下几种。

（一）宣传型公关

宣传型公关，即组织运用各种传播媒体和活动类型，传递组织信息，影响公众舆论，迅速扩大组织的社会影响，以加深社会公众对组织的信任和了解，形成有利的社会舆论的公关活动模式。其具体形式有发新闻稿、广告、演讲、记者招待会、新产品展览会、印发公关刊物、制作视听材料等。宣传型公关的特点是主导性强、时效性强、传播面广、推广组织形象的效果快，特别有利于提高组织的知名度。其缺点是传播层次浅，无反馈，一般只停留在认知层面。

（二）交际型公关

交际型公关一般是指通过人与人的直接接触和交流，进行感情的联络，建立广泛的社会关系网络，形成有利于组织发展的良好环境的公关活动模式。其具体形式有座谈会、招待会、工作宴会、茶会、慰问、专访、接待、应酬、个人信函、电话、电传等。电子媒介空前发达的时代势必造成人际关系的冷落，因而交际型公关就显得特别灵活和富有人情味，使公关活动直达情感层次。但这种模式范围很小，不适宜与大量的公众进行沟通。

（三）服务型公关

服务型公关就是向公众提供实惠服务，以实际行动感化公众，赢得公众的理解，在公众心目中留下深刻的印象，为组织树立良好的形象的公关活动模式。其具体形式有各种消费教育、消费培训、便民服务、免费咨询等。服务型公关的特点是以行动作为最有力的语言，实在实惠，容易被公众所接受，有利于提高组织的美誉度。

（四）社会型公关

社会型公关是组织发起或参与社会性的公益活动，以提高组织的社会声誉、扩大组织的影响、赢得公众支持的公关活动模式。其形式有：赞助文化、教育、体育、卫生等事业；支持社区福利事业、慈善事业；参与国家、社区重大活动并提供赞助；利用本组织的庆典活动和传统节日为公众提供康乐活动或招待；等等。社会型公关的特点是社会参与面广，与公众接触面大，社会影响力强，但同时其投资费用比较高。

（五）征询型公关

征询型公关是指组织在发展过程中广泛征求公众意见、收集信息、了解舆情民意、把握时势动态、监测组织环境的公关活动模式。它为组织决策提供咨询，同时树立组织的社会形象。这类活动的具体形式有：发布征询性公告，公开征询方案设计；进行市场调查，访问客户;设立热线电话;建立质量服务跟踪卡、信访制度、接待机构;举办信息交流会;等等。征询型公关的特点是以输入信息为主,具有较强的研究性和参谋性。

四、选择公关活动方式

在选择公关活动模式时,针对不同组织的环境和公共关系的具体状态,可以采取不同的公关活动方式。

(一)建设型公共关系活动

建设型公共关系活动多应用于组织的开创阶段,以及某项事业、某项产品、某项服务的初创阶段。为了提高组织的知名度,组织可通过宣传和交际等手段,主动向公众介绍自身,给公众以良好的第一印象,努力尽快打开局面、扩大影响。如开业广告、开张典礼、落成剪彩,以及新产品介绍酬宾、赠送、优惠等。

(二)维系型公共关系活动

维系型公共关系活动是指组织在稳定顺利的发展时期,为了维系已享有的声誉、稳定已建立的关系的一种策略。它的特点是采取较低姿态,持续不断地向公众传递信息,在潜移默化中维持与公众的良好关系,使组织的良好形象长期保存在公众的记忆中。如保持一定的见报率;在高大的建筑物上长期树立组织的名称、标志或商标广告;逢年过节专访、慰问;给老客户适当的优惠或奖励;等等。

(三)防御型公共关系活动

防御型公共关系活动是指组织的公共关系可能出现不协调,或者已经出现了不协调,为了防患于未然,而提前采取或及时采取的以防为主的措施。如及时调整组织自身策略和行为,主动适应环境的变动和公众的要求。

(四)进攻型公共关系活动

进攻型公共关系活动是指组织与环境发生某种冲突、摩擦时,为了摆脱被动局面、开创新的局面,采取出奇制胜、以攻为守的策略,抓住有利时机和有利条件迅速调整组织自身的策略和行为,改变对原环境的过分依赖,以便争取主动,力争创造一种新的环境使组织不致受到损害。

（五）矫正型公共关系活动

矫正型公共关系活动是组织公共关系状态严重失调、组织形象受到严重损害时所进行的一系列活动。组织要及时进行调查研究，查明原因，采取措施做好善后工作，以求逐步稳定舆论，挽回影响，重塑组织形象。

五、编制公关活动预算

编制公关活动预算指的是组织的公共关系部门预测本组织在一定时期内从事公共关系活动所可能需要的经费。

（一）公关活动预算的重要性

编制公关活动预算对公共关系活动的开展是十分重要的，其重要性主要表现在以下几个方面。

第一，编制预算可以从资金和财力上保证公共关系活动的正常开展。它不仅可以使各项公关活动的资金有所着落，而且可以了解和掌握开支，使各项活动的支付都有所控制，做合理安排。

第二，编制预算可以估计公共关系的各项活动及全年活动的成本，以便考核成绩和效果。

第三，当财力受到限制时，通过预算能正确衡量利用现有资金来开展最紧迫的活动。

第四，编制预算可以统一管理全年在处理各种关系上的随意性开支，减少以权谋私，清除管理中的漏洞，保证把公共关系纳入管理工作的正常轨道。

（二）公关活动预算的基本构成

从公关活动的目标看，公关活动预算的基本构成主要包括两大部分：一是日常公关活动经费，二是实行特定的公共关系计划所需要的活动经费。公关活动预算的编制常常以年度为期，也包括跨年度的计划。从公关活动经费所支出的项目看，又可以细分为如下的项目。

(1)劳务工时报酬。大量的公共关系工作靠人去进行，即使是在发达国家，公共关系工作仍然是劳动力密集的。因此，其费用的主要部分用来支付公关人员的工资。这里的公关人员既包括公关专家，也包括在公关部门工作的一般人员。在许多国家，无论是自设公关部门还是外聘公关顾问，大约三分之一的经费都用作劳务工时报酬。

(2)行政办公经费。行政办公经费指维持公关部门的日常工作而支付的费用。如办公用品费用、通信费、房租、水电费、交通费、保险费等。

(3)器材设备和成品制作费。这是指制作各种宣传品、纪念品,购买摄影设备材料、工艺美术器材、视听器材、展览设施、通信设施等的费用。

(4)公共关系广告费用及各项大众媒介宣传费用。

(5)实际活动费用。实际活动费用主要包括:座谈会、招待会、宴会、大型纪念活动或庆典活动及其他接待应酬的开支;为公众免费提供的各种教育、培训和服务费用;调查研究费用以及公关人员的日常差旅费、交际费。

(6)赞助费。赞助费指赞助社会文化、教育、体育和各种福利事业和慈善事业的费用。

(7)临时机动费用。公共关系活动是一项灵活性非常强的工作,受到多种因素特别是人的因素的影响,因而不可能将所有费用的细节都能估算出来。在编制预算时,必须考虑各种突发的、偶然的情况需要临时改变或增加费用。在预算中,应该对这种情况的出现有所准备,设置临时机动费用,做到有备无患,从经费上保证公关活动的应变能力。

◆ 同步案例7-2

从"5W"模式到"5W1H"模式

在第五章,介绍了拉斯韦尔的"5W"传播模式,这一模式经过人们的不断运用和总结,逐步形成了一套成熟的"5W1H"模式,并将其运用到其他方面。

"5W1H"的内容如下:

what——做什么?目标与内容;

why——为什么做?原因;

who——谁去做?人员;

where——何地做?地点;

when——何时做?时间;

how——怎样做?方式、手段。

"5W1H"模式为人们提供了科学的工作分析方法,常常被运用到制订计划草案中和对工作的分析与规划中,并能使人们有效地执行,从而提高效率。

■ 资料来源:https://www.yebaike.com/22/1462220.html.

思考题:按照"5W1H"模式制订一份简要的公关活动计划。

第三节 旅游企业公共关系计划的实施工作

公共关系活动实际上是一种信息传播活动。公关计划的实施,就是运用多种传播手段把预期信息传播给对象公众。为此,在实施传播过程中,需要正确地制作信息和选择媒体,需要不断排除传播沟通中的障碍并选择适当的时机。

一、制作信息

制作信息是公共关系计划实施工作的内容之一。公共关系人员要根据对象公众的社会、心理等方面的特征,制作出为公众所接受的公关信息。

(一)影响公众对信息选择的因素

1. 选择性注意

选择性注意指的是人们在大量的信息面前,只能把注意力集中在个别的、少量的信息上,而对其他的信息不予注意,即便被迫注意,也是视而不见、听而不闻。公众对信息选择性注意,既有客观原因,又有主观原因。从客观上讲,社会是一个信息的大海洋,任何一个人的精力都是有限的,不可能接触所有的信息,只能选择其中极小一部分加以注意。从主观上讲,人们之所以注意某些信息,是因为这些信息能满足人们的功利需要或者精神需要。

2. 选择性理解

选择性理解指的是对同一信息,人们总是按自己的喜好进行理解。即所谓的"仁者见仁,智者见智"。理解的程度同个体差异、社会类型、社会关系、知识结构、价值观念有关。一般地,与公众内外特征较一致的信息,受到曲解的程度较低;反之,则较高。与事实有关的信息被曲解的程度较低,与价值有关的信息被曲解的程度较高。

3. 选择性记忆

选择性的记忆指的是在人们所接触的信息中，对于人们的记忆来说，这些信息的数量仍然过大，人们没有必要也没有可能记住全部信息。因此，人们必须忘记其中大部分信息才能记住他们所要记住的一些信息。在传播过程中，要使信息被公众牢固记忆，必须激发公众的兴趣，提高信息对公众的刺激强度和反复出现的频率。

（二）制作信息的过程

在信息制作过程中，要注意以下几个方面的问题。

（1）信息宗旨要明确。信息要取得更多人的注意，首先必须宗旨明确、主题突出，有中心、有重点。

（2）信息的内容要便于公众理解和接受。要使信息的内容便于公众理解和接受，首先信息的内容要客观公正。所谓客观公正，就是不要功利性太强、商业味太浓。

（3）要注意信息的结构和语言。为了使传播的信息被公众注意、理解和记忆，要注意信息的结构和语言。从信息结构方面看，有四个方面需要注意。一是可以增强信息刺激的强度。如通栏的大标题、高大的路牌等，都可以增强信息的强度而引人注意。二是增强信息的对比度，这也是引起注意的重要方法。通过强烈的对比，引起公众对信息的注意，而不至于被忽略和舍弃。三是提高信息的重复率，对公众的重复刺激是信息引人注意、理解、记住的一个重要手段。一般来说，重复的次数越多，信息越容易被注意、理解和记忆。四是加强信息的新鲜度。一则信息即使刺激性很强、位置也很显要，但持续播出时间太久，人们在心理上会产生一种疲劳和厌倦的感觉，就会充耳不闻、熟视无睹。

二、选择媒体

在公共关系信息传播活动中，为了使传播活动取得最好的效果，就需要使用最佳的传播媒体来传播信息。一般来讲，在传播媒体选择上，可以采用以下的方法。

（一）根据公关活动目标选择媒体

各种媒体都有其特定的功能，能够为公共关系的某一目标服务。因此，选择媒体首先应考虑本组织公共关系活动的具体目标和要求。如要提高组织的知名度可以利用大众传播媒介；要与社会名流沟通，可采用茶话会、宴会的方式；要缓和组织内部的紧张关系，则可以通过人际传播的方式加以解决。

（二）根据不同的目标公众选择媒体

不同的目标公众适用于不同的传播媒体，因此要根据目标公众的特征如教育程度、职业习惯、生活方式、经济状况等，选择和使用传播媒介。例如，对文化程度不高的公众，宜采用广播、电视；对于喜欢思考和阅读的公众，应多采用报纸、杂志；对出租汽车司机，最好用电台广播。

（三）根据传播内容选择媒体

传播媒体和传播的内容都具有其自身的特点，只有将二者的特点结合起来选择传播媒体和沟通方法，才能收到最佳的传播效果。例如，对于一些比较复杂、需要反复思考才能明白的事物，应该用印刷媒体（如报纸、杂志）；对于开业典礼等大型公关活动的盛况，采用电视、网络传播能产生较好的效果。

三、选择时机

公共关系活动的实施是一项时效性非常强的活动，能否正确及时地捕捉时机，是影响传播效果的重要因素之一。时机的选择或捕捉有两层意思：一是捕捉的时机要准确，二是把握时机要及时。前者指的是对那些可以预先选定的时机，一定要选准其"时间区间"，后者指的是对那些预先不可选定的、稍纵即逝的时机，要及时抓住、不可犹豫。

选择时机应注意以下问题。

(1)要注意避开或利用重大节日。凡是跟节日没有任何联系的公共关系活动，应当避开节日，以免被节日期间的活动所冲淡；凡是跟节日有直接联系或间接联系的公共关系活动，则可以考虑利用节日来烘托气氛，扩大公共关系活动的影响。

(2)要注意避开或利用国际性或全国性的重大事件。凡是需要广为宣传的公共关系活动都应避开国内外的重大事件。因为在这个时候，公众的注意力和传播媒介往往被这些事件所吸引，容易忽略组织的公共关系活动。凡是需要为公众所知晓，又希望降低关注度的活动，则可以选择在重大事件发生而人们的注意力被吸引的时机进行。这样可以借助重大事件的影响，减轻公众和舆论的压力。

(3)适时利用形成的新闻事件，抓住有利的引起社会注意的新闻，因势利导，加以利用，以扩大组织的影响。

(4)利用与知名人士、权威人士接触交流的时机，借助权威的声望来进行公关宣传。

(5)不宜在同一天或同一段时间里同时开展两项重大的公关活动，以免其效果相互抵消。

总之，正确地选择时机是实施公共关系活动的一种技巧和方法。但是在运用过程中不能千篇一律地按照固定的模式进行，而应该根据当时当地的情况及整个公共关系的目标把握好时机。

四、计划实施过程中的沟通障碍

公关计划实施的过程中，传播和沟通不畅都会影响计划的实施效果。传播和沟通中的障碍主要表现在以下方面。

（一）语言、心理、观念障碍

语言障碍的表现有词不达意、语义不明、模棱两可，或不同语言之间交流出现障碍等。交流的双方有心理距离，即为心理障碍；或者在观念上有很大的差距，即为观念障碍。克服这些障碍的策略是研究公众的心理、观念，找到差距何在、关键点是什么，然后运用语言技巧缩短差距。

（二）风俗习惯障碍

风俗习惯是指在一定的民族、文化、宗教信仰等历史背景下形成的具有固定特点的调整人际关系的社会因素。深入了解目标公众的风俗习惯，克服由此产生的障碍十分必要。

（三）组织障碍

组织障碍是组织的结构设置不合理而导致组织内外信息不能有效地传递。解决组织障碍的方法：首先，在组织结构上减少层次，减少信息传递的环节；其次，建立多种信息传递及反馈通道，做到及时传递、及时反馈；再次，健全组织结构，建立高效、快捷的信息传递机制。

五、化解可能出现的意外事件

大型公关活动有一定的不可确定性，为了杜绝意外事件发生，公关人员在策划与实施的过程中要抱有强烈的危机意识，充分预测有可能发生的各种风险，并制定出相应的对策。只有排除了所有风险，制订出的策划方案才有实现的保障。发生紧急事件时，要随机应变，不要手忙脚乱，迅速查明原因并确认事情的真相。对于已造成负面影响的，及时向公众道歉，防止再次发生，同时与媒体建立关系，避免负面报道，策略性处理媒介与公众关系。此外，可以化危机为机遇，借助突发事件扩大传播范围，借助舆论传播诚意，争取公众的支持，反被动为主动。

◇ **同步案例7-3**

精工表奥运公关计划的实施

1964年,第18届奥林匹克运动会在日本东京举行。在这之前,奥运会所使用的计时装置几乎都是瑞士产品。当奥运会一宣布在东京举行,日本主办单位决定的第一个事项,就是大会的计时装置要使用日本的国产表。

当东京奥运会决定使用日本国产表后,奥委会有些人曾感到不安,他们唯恐如果发生了问题会使大会难堪。精工计时公司决心解除他们的顾虑,于是,公司开始着手制订并实施为期四年的整体计划。

整个公共关系计划分三个阶段进行。

第一阶段主要是全力以赴地开发计时装置技术,以及说服主办单位使用该公司的产品。虽然使用与否,最后决定权在于奥委会,可是各下属委员会有选用的权力。另外,会场的布置也须经过日本国立竞技场和东京政府的承认。精工计时公司为了攻克这些难关,一方面极力在各单位之间进行游说工作,另一方面将新开发出来的计时装置提供给在日本国内举办的各种运动大会作为试验之用。

第二阶段是对已开发出来的计时装置进行技术改进,同时展开以"精工的竞技计时表将被用于东京奥运会"为主题的公共关系活动;准备了奥运会预备会上所需要的宣传手册,同时利用传播媒介的广告活动也随之展开。

第三阶段从进入东京奥运会那年开始。公共关系的种种计划先后开始实施,宣传活动也逐渐活跃,从而形成了"东京奥运会必须使用精工计时装置"的舆论。无论是报纸、杂志,还是广播、电视,在报道与奥运会有关的消息时,都会或多或少地涉及精工计时公司。公司与奥运会的结合,使整个公共关系计划得以顺利地展开。当东京体育馆室内比赛大厅的竞技计时装置完成,而举行盛大的落成典礼时,公司的技术被夸耀为日本科学的精华、无与伦比的结晶,终于实现了"精工——世界的计时"的愿望。

精工计时公司为这次重大的公共关系活动投下的资本是85名技术员与890名作业员,以及数亿日元的经费。

东京奥运会结束以后,曾有日本人访问罗马,在一家餐厅里引发一桩趣闻。餐厅侍者请求看他腕上的手表,由于他佩戴的是瑞士产品,侍者大感惊讶:"您真的是日本人吗?"这就是花了四年的时间以及数亿日元的费用,终于取得公共关系活动成功的最好证明。

■ 资料来源:胡锐.现代公共关系案例评析.杭州:浙江大学出版社,2000.

思考题:

谈谈公关计划实施中应该注意的问题。

第四节 旅游企业公共关系活动的总结评估工作

旅游企业公共关系评估，就是根据一定的标准，对公共关系方案、方案实施过程和效果等进行衡量、检查、评估和估计以判断其达到的水平或状态。

旅游企业公共关系评估可以应用于公共关系运作的各个环节。它在旅游企业公共关系活动的调研阶段、计划阶段、实施阶段分别发挥着不同的功能作用。

一、评估在旅游企业公共关系活动中的地位和作用

评估在旅游企业公共关系活动中的地位是由它所具有的下列作用所决定的。

（一）指挥定向作用

旅游企业公共关系活动的核心目标是塑造旅游企业的良好社会形象。其目标的实现依赖于一系列环节作用的有效发挥，而为使每个环节的运作都以合理的程序和预期的效果作用于其目标，这就得使用评估手段去进行检查、对比，从而使各个环节紧紧沿着目标方向和路线运行。

（二）区别优良、分等鉴定作用

通过评估，可以区别旅游企业开展的各项公共关系活动对其形象所产生的影响程度。例如，新业务开辟方面的公共关系活动，对旅游企业形象的影响是大还是小，是积极性影响还是消极性影响，等等。

（三）督促、激励作用

评估的督促与激励作用，是评估分等鉴定作用的必然结果。旅游企业公共关系评估是对旅游企业的员工及管理人员开展公共关系工作效率的鉴定与评价。它能给人以某种精神上的满足，促进人们对企业公共关系活动的主动性与工作热情，激励全体员工在做好本身业务的同时，力所能及地主动开展和参与有关企业形象塑造的公共关系活动。

（四）问题鉴定作用

评估还具有诊断组织形象存在问题的作用，即问题鉴定作用。旅游企业的社会形象是由各方面的因素构成和得到体现的。评估在鉴定组织形象是否存在问题、在改进工作过程等方面具有特殊重要的地位。

（五）目标调节作用

在市场经济条件下，旅游企业的组织目标需要根据市场情况和社会发展的目标要求不断进行调整，但是，调整后的公共关系目标在多大程度上可以满足组织目标的要求呢？这就需要通过评估对公共关系的目标体系不断做出相符于组织目标的修正、纠偏和调节。这就是评估对公共关系的目标调节作用。

二、旅游企业公共关系评估的程序

旅游企业公共关系评估是一项技术性很强的工作，能否科学地组织评估，对评估的质量与结果的可靠性和有效性有着重要的影响。评估的程序包括下面几步。

（1）确定评估目的。这一环节主要是确定以下三个问题。第一，为什么要评估。这是评估工作在展开之前必须明确的问题。一次特定的公共关系评估，其主要目的是对旅游企业的公共关系效果做出鉴定，衡量其是否达到了组织目标的要求或是否帮助旅游企业找出了其社会形象方面的问题。根据评估所获得的信息，改进公共关系工作或对公共关系目标做出调节。第二，确定评估活动的主要组织者，即由谁来评。主要组织者可分为领导评估、同行评估和自我评估等多种类型。第三，确定评估活动的主要内容。

（2）组织准备和方案准备。组织准备包括成立评估小组或专门的评估委员会，以及聘请有关专家、动员员工参加等。方案准备主要包括下列任务：第一，确定评估所依据的目标；第二，根据特定的目标设计指标系统；第三，设计表格与文件。

（3）进行评估工作的宣传动员。务必使与评估有关的人员能真正地发动起来。

（4）收集信息。收集信息的方法有调查研究、核心人物访问、表格汇总与文献呈报等。

（5）分项评分和汇总整理。

（6）评价结果处理。这一步主要有这样几项任务：形成综合判断；分析诊断问题；估计本次评估的质量；向有关方面反馈有关信息。

三、旅游企业公关活动评估的方法

公关活动的效果可以通过某种更为精确的方法来加以衡量和评估。这些方法主要有以下几种。

（一）民意测验法

民意测验法是指选择一定数量的目标公众,通过问卷等形式征求他们对公关活动的意见,并加以分析、统计,说明公关活动的效果。

（二）直接观察法

直接观察法就是根据直接观察所得出的印象对公关活动效果做出评价。组织的领导者、公共关系人员、特邀的组织外部人士直接进入公关活动和一般社会环境,来观察活动情况和效果。例如,在联谊活动中,可以通过个人直接的访谈来了解公众的反映,据此做出评价。

（三）资料分析法

资料分析法是指通过对旅游企业业务经营资料、业绩数据的分析来评估公关活动的效果。

（四）传播审计法

所谓传播审计法,就是通过大众传播媒体对本组织的报道来评估公关活动效果的一种方法。这种评估方法的基本内容有:第一,对报道量的评价分析,包括报道的篇幅、报道的次数、报道媒体的种类和数量、报道的范围等;第二,对报道质量的评价分析,包括报道媒体的级别,以及所报道的内容是属正面报道还是反面报道、是全面报道还是摘报、是作为重点报道还是作为一般性报道等;第三,对各方反应的评价分析,包括对各方反应的定量分析和定性分析;第四,对报道时机的评价和分析,包括报道的时机是否及时、报道是否符合公关目标的要求、报道与当前社会舆论主题在性质上的关系、报道是否有可能成为社会舆论注视的中心等。

（五）内部、外部监察法

内部监察法是由组织内部人员，如组织其他部门负责人或上级负责人，对公关部门的工作表现进行调查和评价，主要针对其所开展的工作和所取得的成果、目前存在的问题和将来的计划以及必须采取的措施进行建议。外部监察法是由聘请的外部专家对企业的公共关系进行调查、访问和分析，对企业的公关活动做出较为客观的评价和衡量，并对未来的活动提出建议和咨询。

◇ 同步案例7-4

黄山风景区选择多种公关模式

黄山市旅游集团和黄山市旅游相关部门大力开展公关活动，选择多种公关模式进行组合宣传，黄山市的旅游形象得到快速提升，游客量、旅游收入年年攀升。

模式一，宣传型公共关系活动

2009年黄山市旅游部门和旅游企业按照1∶1的比例拼盘资金500余万元，在央视、旅游卫视和《今日中国》等重点媒体上连续投放旅游宣传广告。

模式二，社会型公共关系活动

纪念邓小平同志"黄山谈话"30周年系列活动。相继举办的万人登黄山启动仪式暨2009安徽旅游节开幕式、第十三届中国黄山国际旅游节暨徽文化节开幕式、安徽旅游推介会、全国发展乡村旅游工作会议、"皖南国际旅游文化示范区"新闻发布会、安徽省旅游服饰展示会（赛）等百余项活动，隆重纪念邓小平同志"黄山谈话"30周年。

模式三，社交型公共关系活动

2009年8月中旬，安徽省旅游局深入皖北各市县进行旅游调研；9月15日，召开"皖北旅游联合推介会"；10月5日，在合肥天鹅湖广场举行了"皖北风——百团万人游皖北"大型旅游推广活动启动仪式。这次活动皖北6市统一行动，景区景点、宾馆饭店联动合作，安徽省旅游局及皖北6市2县所有景区、景点，均相应推出各自的优惠和奖励措施。

黄山市旅游集团和黄山市旅游相关部门形成自己的公共关系活动特色，充分发挥公关活动对旅游发展的作用。

■ 资料来源：高志洋.日常公关活动对黄山风景区发展的影响.美术教育研究，2012(14).

思考题：
试对案例中出现的几种公关活动模式进行概念解析。

◇ 思考与练习

1. 简述旅游企业公共关系调查的一般程序和常用的调查方法。
2. 在实施传播过程中如何把握好时机?
3. 公关实施中可能遇到哪些沟通障碍?
4. 简述公共关系评估的程序。

◇ 拓展案例

二维码 7-1

美国航空公司的市场调研

第八章　旅游企业公共关系危机管理

◇ **学习目标**

知识目标：
掌握危机公关的预防、处理和善后。
能力目标：
具备结合案例进行旅游企业危机分析的能力。
情感目标：
理解旅游企业危机公关应具备的意识。

◇ **学习重难点**

旅游企业危机公关的意识；旅游企业危机公关的预防、处理和善后

◇ **本章关键词**

公关危机；危机意识；危机管理；预防；预警；预控；危机处理

◇ **导入案例**

公安局成立公共关系处，武汉开全国先河

　　2004年3月，湖北武汉市公安局成立"公共关系处"，这是全国公安系统的首个公共关系处，被外界解读为现代管理理念正式引入公安系统。最初设立的公共关系处主要承担两大功能：与新闻媒体保持良性沟通；与社区居民建立平等互动。随着突发事件频发，其功能也多了一项：危机公关。

　　此后，国内其他许多省市公安局也相继成立公共关系管理部门或领导小组，尽管科室名称小有不同，功能基本秉承了武汉市公安局公共关系处的设置。

设立"警察公共关系部门或机构"主要是借鉴香港的做法。1968年,香港设立警察公共关系组(后更名为警察公共关系科),下辖"社区关系科"与"新闻及宣传科"。两个科室下面又分设小组若干,如行政及支持组、接待组、警讯及青少年联络组、电视及电影联络组、新闻室等。在香港市民间,警察公共关系科有很高的认可度,成为拉近市民与警察关系的窗口。

■ 资料来源:http://www.changjiangtimes.com/2010/08/284333.html.

思考题:

武汉市公安局设立公关部门,其中很重要的职责是处理危机事件。你了解什么是危机吗?危机是一定会发生的吗?

第一节 公共关系危机概述

一、危机的含义与常见的危机类型

(一)危机的含义

危机指的是对组织基本目标的实现构成威胁,要求组织必须在极短的时间内做出关键性决策和进行紧急回应的突发性事件。

在危机中组织面临的挑战不仅是一次威胁性事件,而且是一种由此事件所带来的涉及内部与外部多重利害关系的复杂困境。因此,危机本质上是组织所面临的一种威胁性的形势、情境,或者是组织所处的一种状态。

(二)一般企业组织常见的危机类型

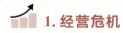

1. 经营危机

企业经营危机包括市场变化、产品本身和管理失误引发的危机。

企业经营不仅受国内市场变化的影响,也要受国际市场变化的影响;不仅受同类产品市场变化的影响,而且还要受上游产品、下游产品、替代产品、互补产品市场变化的影响。劳动、资本等生产要素市场的变化,也会影响到企业生产要素的供给。这些市场变化都可能引发企业经营危机。

产品也会带来危机,产品不适应市场变化、产品受到价格因素的重大影响、产品生命周期过短等都是危机因素。

管理失误主要表现为决策失误。造成决策失误的主要原因有:一是信息不对称,根据错误的市场信号或信息进行决策;二是凭主观经验决策,未能根据现代市场经营的客观需要和科学决策程序进行决策;三是简单模仿已有的成功模式进行决策,脱离企业实际和变化中的市场环境;四是对决策的可行性分析不够,对决策方案审查不严;五是企业决策者经验不足、水平不高,或情况不明,判断失误,决策不当。

 2. 财务危机

企业一般都存在程度不同的资金短缺。企业在筹资和投资等财务决策中,由于资金市场的变化,利率、汇率和资金期限等方面的调整变动,对债务发行费用估计不准,股票市场的波动,债务人破产倒闭,或企业遭受难以抗拒的自然灾害和人为失职造成巨额损失等诸多因素的影响,企业财务费用增加,投资收益减少,资金偿还能力不足,企业财务紧张,无法正常运转。

 3. 信用危机

企业信用是企业在长期的生产经营过程中,其产品给社会公众带来的整体印象和信誉评价,是企业重要的无形资产。企业信用在很多情况下已经超过了产品对顾客的影响,在竞争激烈的市场环境中,企业信用是顾客选择产品的主要依据。而在企业经营活动中,多方面因素都会危及企业信用,使企业难以找到满意的顾客、供应商和资金来源。如企业在产品质量、包装、性能、售后服务等方面和消费者产生纠纷甚至造成消费者重大损失;因竞争对手采取不正当竞争行为而遭恶意攻击甚至企业形象遭到诋毁;假冒商标、仿制伪劣产品充斥市场等,使企业整体形象严重受损,造成社会公众对企业的不信任;企业在经营过程中因未能如期履约,如未能按合同向顾客交货、未能按承诺向供应商支付货款;等等。

企业因遭受突如其来又不可抗拒的灾害而无法运转,如地震、水灾、风暴等自然灾害给企业造成资产损失。灾害危机具有突发性、连锁反应和放大效应的特点。危机一旦爆发,会影响企业目标的实现,严重时会使企业陷入瘫痪状态,威胁企业的生存。

二、公关危机的含义与特点

（一）公关危机的含义

公关危机是各种危机中的一种特殊类型。公关危机指的是突然发生的、严重危害组织正常运作、对组织的公众形象造成重大损害、具有比较大的公众影响力的事件，以及组织的失误和公众对组织的指责批评、恶性事故等。它是组织公共关系状态严重失常的反映。

公关危机可导致组织与公众关系迅速恶化、组织的正常业务受到影响、组织的生存和发展受到威胁、组织的形象遭到损害等。在实际中，公共关系会受到各个方面不同因素的影响，因此不会总是处于理想的发展状态。因此，公关危机的处理是公共关系工作中至关重要的一项内容。

（二）公关危机的特点

 1. 公关危机具有偶然性和必然性

公关危机的偶然性指的是危机的爆发往往是由偶然因素促成的。但是大多数危机的爆发并不令人意外，因此，公关危机的必然性指的就是危机的发生是不可避免的，只要组织开展经营活动，就会产生组织公关危机。

 2. 公关危机具有突发性和渐进性

公关危机是在意想不到、没有准备的情况下突然爆发的，具有突发性特点。但从本质上说，组织公关危机的爆发是一个从量变到质变的过程。也就是说，构成组织公关危机的因素是一个累积渐进的过程，通过一定潜伏期的隐藏和埋伏后就会发生，往往使公众与组织关系突然恶化，组织管理者措手不及，给组织造成很大冲击。

 3. 公关危机具有破坏性和建设性

组织发生公关危机后，不可避免地会给组织带来副作用，损害组织在公众心目中的形象。但是，危机既然爆发了，就表明系统中存在不可忽视的问题，这就为组织检视自身状况做了最有利的提示，促使组织改进公共关系工作，而且如果成功地化解危机也能给组织带来意想不到的公关效果。只有勇于面对并善于应对危机，才能正确地认识到公关危机在破坏公共关系良好状态的同时，能为组织建立富有竞争性的声誉、树立形象和处理重大问题创造机会。

4. 公关危机具有公众关注性和社会舆论性

公关危机由于在短时间内突然爆发,常常会成为社会和舆论关注的焦点,成为新闻界追寻报道的内容,成为竞争对手发现破绽的线索,成为主管部门检查批评的对象,等等。总之,组织公关危机一旦出现,就会迅速扩散,引起社会各界的不同反应和密切关注。因此,若控制不力或行动迟缓,必将产生严重后果。

三、导致旅游企业出现公关危机的因素

旅游业是一个经常发生各类公关危机的行业,引发危机的因素可以从旅游企业内部和外部两个方面来分析。

(一)旅游企业内部因素

引发旅游企业公关危机的内部因素主要有以下几个方面。

(1)某些旅游企业人员素质低,包括企业管理者和员工。这两类人员素质低都有引发旅游企业公关危机的可能,特别是如果企业管理者自身素质低,导致旅游企业公关危机的可能性更大。企业管理者素质低是指旅游企业管理者知识结构不完善,个人修养和管理水平较差,对员工缺乏威信和感召力,不能激发员工的工作积极性,使旅游企业缺乏凝聚力;同时,对外部公众缺乏平等意识和必要的尊重,甚至谩骂、殴打外部公众。

员工素质也很重要,一个低素质的员工就足以使整个旅游企业陷入公关危机。例如,如果一个旅游大巴司机刁难游客,旅游企业随时都有可能与公众发生纠纷,产生危机,网上一个帖子都可能成为舆论的焦点。

(2)服务质量低。这是最常引起投诉的原因。

(3)旅游企业决策失误。这也可能引发旅游企业公关危机。

(4)无视国家法规。旅游企业经营活动的正常开展,除了必须遵循企业经营的基本准则和社会伦理道德外,还必须遵守国家法规,严格依法办事。环境保护法、资源保护法、税法以及有关涉黄、涉毒、涉赌的管理条例,旅游企业在经营过程中都要严格遵守。

(5)公关行为失策。公关行为必须严格遵循以事实为基础、以公众利益为出发点、以科学方法为指导的原则,保证信息交流正常进行,使旅游企业与公众之间的隔阂得以消除。如果违背这些原则,传播不真实信息甚至有意弄虚作假,损害公众利益,再好的信息交流也无益于旅游企业与公众之间的关系协调,只能招致公众的反对,使旅游企业与公众之间的关系恶化,形成危机。

（二）旅游企业外部因素

除了旅游企业内部因素之外，旅游企业外部因素也可能引发旅游企业公关危机，我们称其为非旅游企业因素。非旅游企业因素可能来自竞争对手、社会公众，也可能来自政治环境、政策法规以及新闻媒体等。

(1) 突发自然事件。例如，2011年3月发生在日本的地震和海啸严重影响日本的旅游业；2003年发生在我国的"非典"使当年我国的旅游总产值呈现负增长，许多旅行社倒闭。

(2) 突发社会经济事件。如战争、金融危机、汇率变动等。

(3) 竞争对手的不正当竞争。来自竞争对手的不正当竞争是引起旅游企业公关危机的一个外部因素，它严重损害企业的经营环境。

(4) 社会公众误解。公众的误解有时也可能引发旅游企业的公关危机。由于公众对旅游企业的了解并不是全面的，有些公众会因缺乏信息或专听一面之词而产生对旅游企业的误解。

(5) 政治环境与政策法规。如国际关系的突然恶化、环境标准的提高、市场准入门槛增高等方面都可能对旅游企业的经营活动产生直接或间接的影响。

(6) 新闻媒体的不利报道。公关危机还可能来自新闻媒体的不利报道。公众对旅游企业的了解主要来自新闻媒体的报道，新闻媒体制造的社会舆论对旅游企业的形象起着至关重要的作用。

四、危机对旅游企业形象的损害

旅游企业良好的组织形象是一种无形的资产，它向社会展示的是良好的管理风格、经营状态、精神风貌和外观形象，无形之中向外界传输了一种潜移默化的可以值得依赖的良好信息，能给旅游企业带来更多的经济效益。塑造组织形象是困难的，损害组织形象却很容易，一项危机事故就可能造成深远的负面影响。

公众对形象的接受有一个漫长的积累过程。公众要形成关于旅游企业的印象，需要较多的信息。人们在接受、认可一种正面形象的过程中，对于一种外界性的"灌输"活动，往往表现出一些逆反心理，这就为塑造形象添加了更多的障碍，使形象塑造工作变得漫长而艰难。相比之下，公众放弃一种关于该旅游企业的良好印象就显得比较容易。而公众放弃良好印象，转向形成不良印象，对旅游企业而言就是形象的破坏。

公众为什么容易放弃良好印象并迅速转化为不良印象呢，从心理学角度来分析，主要由于公众的下列思维倾向。

（一）首因效应

首次接触某一对象而留下深刻的、难以改变的印象，这一社会心理现象，就叫作首因效应或第一印象。因为和从来没有接触过的人或事第一次打交道，人们总是给予更多的注意，所以印象也往往特别深刻。中国乃至全世界旅游资源丰富，游客一生不太可能游览所有的景点，这也意味着对于某一景点，大多数外地游客都是第一次接触。第一印象良好，就会留下好的口碑；而第一印象不良，以后的良好印象也会相形失色。这种心理现象非常普遍。

（二）晕轮效应

晕轮效应是指人们在交往认知中，对方的某个特别突出的特点、品质会掩盖人们对对方的其他品质和特点的正确了解，常表现在一个人对另外一个人或者组织的最初印象决定了其总体看法，而看不准对方的真实品质。

公众在晕轮效应的作用下，容易以偏概全。当公众对旅游企业的某些方面有了不佳体验，形成不良印象，就会得出该企业一切方面都存在严重问题的结论，这种心理现象就是晕轮效应的表现。在这种以偏概全的心理效应作用下，企业良好的整体形象由于某个局部的失误，就会被全盘否定，出现形象危机。

（三）近因效应

近因效应是指当人们识记一系列事物时对末尾部分项目的记忆效果优于中间部分项目的现象。简单地说，就是事物给人留下的最后印象往往非常深刻，甚至难以消失。在近因效应支配下，公众容易忘却历史良好印象，形成新的不良印象。公众往往根据最近的信息形成对旅游企业的印象。这样，虽然旅游企业总体上一贯具有较好的声誉，但是公众在近因效应作用下，会把新近出现的不良事件无限扩大，直至最终否定全面的形象，从而造成旅游企业公关危机的出现。

（四）定型效应

定型效应是指公众凭借以往的经验对事物做出判定的心理现象。比如，有些人买东西偏向老牌子，逛商店喜欢进老牌字号商店，等等。定型效应在公关活动中最典型的表现是怀疑。因为以前有过不愉快的教训，在遇到同类对象或同类事物时，就迟疑不决，生怕再次遭到不愉快。

（五）防御心理

防御心理是指应付外界的压力而产生的防卫心理状态。对于组织是否存在严重问题，公众总是宁可信其有，不可信其无。公众时常提防组织在利益、权益上侵犯自己。由于防御心理，那些比较敏感的公众十分关心旅游企业的负面信息，而不会轻易相信组织的正面信息。当事故发生时，公众会觉得这印证了他们的判断，负面信息就得以接受、传播，形成对旅游企业不利的印象，造成危机事件。

（六）从众心理

从众心理指个人受到外界人群行为的影响，而在自己的知觉、判断、认识上表现出符合公众舆论或多数人的行为方式。一般来说，群体成员的行为通常具有跟从群体的倾向。当成员发现自己的行为和意见与群体不一致或与群体中大多数人有分歧时，会感受到一种压力，即使他并不同意别人的意见，从众心理促使他趋向于采取与群体一致的行为。从众心理作用下，公众容易接受流言的影响，对组织失去信念。旅游消费不是消费者必要的消费，是很容易被替代的消费，即使游客不相信外界对旅游企业的流言，由于他有很多的选择，他没有必要非要采取支持旅游企业的态度，而使得自己在群体中被视为"异类"。

（七）联想心理

联想是指由于某人或某事物而想起其他相关的人或事物，由于某概念而引起其他相关的概念的心理活动。

当旅游企业发生一些负面事件或受负面事件冲击时，公众就会联想到过去的某种经历或者经验，从而采取防范措施，对旅游企业敬而远之。例如，当旅游企业面临一些不可抗拒的外力作用时，如地震、流行性传染病等，公众出于对自己利益的保护，往往会迅速做出决定，远离受灾害冲击的旅游企业。在公众看来，不可控因素引发的危机事件，已经造成了旅游企业的利益损失，而企业短期内又无法挽救自己的损失，这样，公众从利益保护角度出发，远离该企业。

五、旅游企业危机公关意识

危机公关意识是一种对环境时刻保持警觉并能随时做出反应的意识。对待公共关系危机事件，旅游企业经营者和公关人员应具备公关意识。

（一）预防、预警与预控的意识

对于旅游企业的公关危机，如服务态度、服务质量没有令游客满意所导致的冲突是可以预防的；有的是肯定会发生，但是可以预测的，如竞争对手的出现及其导致的结果，这些需要有预警机制；有些是无法预测的事件，如地震、海啸等，这些需要制定危机应急处理预案进行预控。

预防是为了防止危机的出现，让危机还没发生就避免它；预警是为了在危机即将出现时能及时得到信息；预控是要建立危机处理以及善后的计划。旅游企业公关危机事件的发生，不仅给企业带来有形的物质财产损失，也会给企业带来无形的形象信誉破坏。因此，公关人员在对待危机事件上，应该具有警觉意识。一般而言，除了一些自然灾害、机船失事、火灾等非人为危机事件外，大多数危机事件都有一个演进过程，先由失误而形成危机隐患，由隐患而形成苗头，由苗头而发展为抗争，然后爆发出危机事件。优秀的经营者和公关人员不会坐视危机事件的前期酝酿、恶化，等危机事件爆发出来后才着手工作，而是要以积极的态度去防御。

（二）正视危机、迅速沟通公众的意识

认真对待是处理公共关系危机的出发点，有些危机事件突如其来，面对公关危机事件，任何焦虑、隐瞒、掩盖都于事无补，此时旅游企业最明智的办法是面对事实、实事求是、认真对待，要敢于公开，善于及时地向社会公众开放必要的信息通道，以尽快求得公众的谅解和信任。要采取这样的态度，即对危机事件不回避，对危机事件造成的后果不避重就轻，对自己应该承担的责任不推卸，实事求是地解决危机问题。

（三）既处变不惊又与时间赛跑的意识

危机事件出现后，旅游企业可能会"四面楚歌"，新闻记者、政府部门、游客等都会来指责企业。旅游企业此时面临的压力极大，必须处变不惊，危险期不可能一直延续下去，总会有一个终期。这主要是因为社会在不断变迁发展，新生事物、新的危机事件层出不穷，公众不可能一直只关注某一社会组织、某一危机事件，他们的关注热点会随着时间流逝而变化。但是在公众关注热点未转变之前，旅游企业任何不当的措施都可能激起公众的群情激奋，甚至会导致企业破产关门；反之，若能及时采取有效措施化解危机，那么企业就能迅速赢得公众的谅解，重新获得公众的信任以及新的生存机遇和发展机会。

（四）化危为"机"的意识

在危机事件期间，旅游企业成为新闻报道的热点对象，也是公众议论的热门话题。虽然

公众开始是带着恶意来关注企业的,但是这毕竟也是一种关注,可以提高企业的受关注度,只要能够成功度过危机、重塑形象,就为强化企业形象提供了机会。另外,危机事件暴露了旅游企业的弱点、弊病和病源,对于企业的成长也不失为一件好事。

六、旅游企业危机公关管理

危机公关管理包含对危机事前、事中、事后所有公共关系事务的管理。危机公关管理是从公共关系的角度出发,通过危机监测、危机预控、危机决策和危机处理,达到减少、避免危机产生的危害甚至将危机转化为机会的目的。

旅游企业危机管理包括三个环节,即危机前管理、危机中管理和危机后管理,具体的过程包括识别危机、避免和防备危机、管理和隔离危机、调查总结危机。

◇ **同步案例8-1**

三株口服液的官司

1996年6月,湖南省陈先生77岁的父亲(当时已经有冠心病、肺部感染、心衰等多种疾病),经医生嘱托服用三株口服液,三个月中出现皮肤病状,后经诊治无效于9月死亡。经协调未果,三株公司坚持认为,三株口服液不是导致陈父死亡的原因。1996年12月,陈先生向常德市中级人民法院起诉三株公司。1998年3月,常德市中级人民法院做出一审判决,判三株公司败诉,并没收了三株公司1000万元的销售利润。三株公司不服,向湖南省高级人民法院提出上诉。

三株公司的应诉和上诉使得这一负面事件成为媒体关注的焦点,在此期间,经多家媒体报道,消息从湖南迅速扩散到全国,长时间停留在媒体版面上。

消费者都是宁可信其有、不可信其无的。在此期间,三株公司的产品形象、组织形象、品牌形象均受到惨重损失。三株公司在湖南市场上首次出现零销售,在全国其他地方也陷入了瘫痪状态。与此同时,两个现代化生产工厂全面停产。

1999年3月25日,湖南省高级人民法院做出终审判决,判定三株公司胜诉,但胜诉后的三株公司董事长却痛心疾首:这起官司导致三株公司数十亿元损失,十万人下岗。

赢了官司,丢了市场。

■ 资料来源:邓志德.三株口服液兵败湖南的教训.公关世界,1999(7).

思考题:

从公共关系的角度出发,分析为什么三株公司赢了官司,却丢了市场?

第二节　旅游企业公关危机发生前的管理

旅游企业公共关系危机预防是指旅游企业对其公共关系危机隐患及其发展趋势进行监测、诊断与预控的一种危机管理活动。其目的在于防止和消除公共关系危机隐患，保证企业的公共关系系统和经营管理系统处于良好的运行状态。其手段是在企业中构建一种能对危机加以预警和预控的自组织免疫机制。

一、预防的目的

（一）培养全体员工的危机意识

旅游企业为了保持其公共关系系统的良性运营，应该对全体员工进行危机教育，培养全体员工的危机意识。尤其是要让全体员工经历危机预防的实战训练，培养全体员工的实战能力。

（二）减小公共关系危机形成的概率

旅游企业公共关系系统是一个由多因素影响和制约的系统，只要对其中的可控因素施以控制，使其保持正常状态，就有可能减小危机形成的概率。实际上，大多数情况下，危机形成的主要原因在于企业自身，而其他因素则相对是次要的。旅游企业只要从对内部因素的严格控制做起，防患于未然，就有可能减小危机形成的概率。

（三）实现公共关系危机的及早消除

危机的及早消除是指在危机尚未爆发的时候，就使危机得以化解和平息。危机的形成过程一般可分为三个阶段，即潜伏期、初显期和爆发期。无论是在危机形成的哪一个阶段，旅游企业的公共关系系统都会产生一定的危机信号，显示出危机征兆，只不过在不同阶段这些危机信号和危机征兆在量上有着较大的差异而已。旅游企业公共关系危机的预防就是根据危机形成过程的阶段理论，采用各种各样的监控手段，对企业公共关系系统所产生的危机信号和所显示的危机征兆进行监测,以便在危机形成的潜伏期、初显期这前两个阶段就准确地发现危机苗头,分析危机发展的趋势,并采取果断措施把危机消除在萌芽之际,化解于爆发之前。

(四)提高公共关系危机的处理水平

旅游企业的公共关系危机预防从某种意义上来说,是一种未雨绸缪的危机处理准备工作。它通过对全体员工进行危机教育,组织危机应变小组进行专门培训,设立领导小组进行指挥协调,制定应变计划与应变对策以应付危机,做好物质技术和经费准备以应付不测,并通过对公共关系系统持续不断的监测与诊断获取充足的信息等,为危机处理打下良好的基础,这对于提高危机处理水平是极有作用的。

二、预防应遵守的原则

预防工作要求制订危机管理计划,同时要对旅游企业内部进行媒体公关培训,使得旅游企业在发生危机时,能够冷静自如、坦诚大度地面对媒体,巧妙地回答媒体的问题。这是化解公关危机的关键。

旅游企业的日常危机预防工作,应该遵守"ABC"法则:远离(away),远离危险或风险根源;更好(better),比要求做得更好,以抵制风险或危险;相容(compatible),设计最能减轻、抵制风险或与风险根源相容的产品或服务标准。

三、预防对策模式

由于危机发生的不确定性、资料和信息获取的不确定性、危害程度大小以及决策后果的不确定性,制定危机预防对策很重要。危机预防对策必须具有前瞻性、可执行性和过程的可修正性。

旅游企业公共关系危机预防对策模式见图 8-1①。

---

① 参考张岩松.企业公共关系危机管理.北京:经济管理出版社,2000.

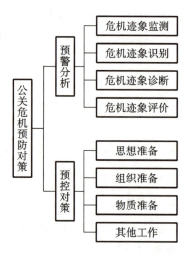

图 8-1　旅游企业公共关系危机预防对策模式

◇ 同步案例8-2

危机应对

2011年3月11日,日本宫城县附近海域发生里氏8.8级地震并引发强烈海啸。

日本大地震发生后,国内各旅游企业均在第一时间启动应急预案,保障在日游客安全。

中青旅控股股份有限公司在紧急保障日本团组安全的同时,在官方微博上发布承诺:因灾害等原因未能出行,中青旅全额退款;在客人不幸遭遇灾害、政乱,无助无措的时候,中青旅将承担为游客安全考虑所额外付出的全部费用。

凯撒旅行社市场部负责人表示,旅行社第一时间成立紧急事件处理小组,为确保游客安全,凯撒旅行社已取消了近几天赴日本旅游团组。广州分公司一个39人的旅行团,乘坐南航客机迫降大阪后,经协调原路返回。据该负责人说,12日、13日北京出发的两个团69人已取消行程,上海一个35人的团队取消出行。由于接待酒店住宿费已付款,所有费用损失由旅行社负担。

■ 资料来源:河北新闻网,2011-03-11.

思考题:

(1)为保障游客的利益,旅行社蒙受了巨大的损失,旅行社如何规避或者减轻这样的风险呢?

(2)根据本案例,分析旅游企业应对危机事件预警、预防、预控的重要性。

危机预控

第三节 旅游企业公关危机来临时的管理

在组织的发展历程中,不发生公共关系危机几乎是不可能的,只有或早或晚、或轻或重的分别。公关危机突发性强、破坏力大、影响面广,因此处于公关危机中的组织,在处理公关危机时采取什么样的对策和方法至关重要。

一、危机处理的原则

(一)积极主动的原则

旅游企业处理危机应该积极主动,不要等到公众找上门来再搭理,积极的态度是赢得时间、争取主动的心理动力。一旦危机爆发,应理智地看待客观事实,抱着负责、乐观、向前看的态度去处理。危机事件既已发生,就要正视之,利用它来完善组织的形象,这是完全可能的。因此在危机事件期间,旅游企业应该主动出击,与各类公众特别是游客和媒体坦诚、认真、公开地沟通。只要抱着认真、积极的态度,通过卓有成效的工作,就能变不利为有利、变被动为主动,甚至能够进一步强化组织的形象。

(二)快速的原则

旅游企业处理危机在速度上要快,这个快速包括以下要求。

第一,发现危机问题快。要能迅速监测到社会环境之中不利因素的出现,拥有比较发达的警报系统,能够及时抓住解决公共关系危机的良机。

第二,调查危机事件快。要迅速了解造成危机事件的原因是什么,导火线是什么,受害公众的情况,解决危机事件的机会在哪里,等等。

第三，确认危机性质快。在了解危机事件全貌的基础上，迅速判明危机事件的性质，是误解性危机、事故性危机还是受害性危机等诸如此类的基本问题。公共关系人员应迅速判明，得出结论。

第四，深入危机公众快。哪里出现了危机，公共关系人员就要迅速找到相关公众，并采取有效手段稳定公众的情绪。

第五，控制事态发展快。及时抑制消极因素、培养积极因素，迅速改变企业的处境。要迅速决策，迅速制定工作计划和方案，迅速开展各项活动，争取时间上的主动性，以时间上的主动性控制危机事件对公众的影响，强化对己有利的公众队伍，改变对己不利的公众队伍。

第六，通报情况反馈快。危机事件往往牵涉企业的各个方面，尤其是企业的职能部门。危机事件的处理需要职能部门的合作，所以公共关系人员应迅速把各方面的情况通报给各职能部门，争取职能部门的协助支持，以全员的力量消除危机事件的影响。

（三）坦诚相待的原则

通常情况下，任何危机的发生都会使公众产生猜测和怀疑，有时媒体也会有片面的或扩大事实的报道。因此，要想取得公众和媒体的信任，必须采取真诚、坦率的态度。越隐瞒真相，越会引起更大的怀疑，谎言终究是会被揭穿的。

（四）勇于承担责任的原则

危机事件发生后，可能会造成公众合理的紧张、恐惧或愤怒，如果公众受到侵害的疑虑得不到清楚的解释，事态就会扩大。在当今社会，人们的个体意识、自主意识和自我保护意识迅速提高，旅游企业应及时对媒体和公众公布事实真相，主动承担应负的责任，用真诚的态度换得公众的谅解和信任，化解矛盾、消除对立，尽快恢复声誉。

即使有些危机的发生与企业无关，例如地震影响游客的旅游，旅游企业仍然应该勇于承担经济责任，仍然应该以道歉的形式获得公众信任。

（五）公众利益第一的原则

最大限度地平衡企业与公众的利益，在企业利益与公众利益发生矛盾冲突时，以公众利益为先，优先考虑公众利益。要以坦诚的、解决问题的态度直面媒体和公众，并与之保持良性的互动。同时，旅游企业应该使自身成为对危机事件处理的唯一的渠道，保证正确、及时地传递信息。

二、危机处理的程序

危机事件一旦发生，旅游企业必须迅速采取应急策略将危机对企业的负面影响降到最低限度。公共关系人员应迅速会同有关职能部门，及时调查分析，迅速了解事件全貌，判明危机事件的性质与来源，认真听取公众意见，选用恰当的方式、方法恢复企业的形象。

（一）果断采取措施，有效制止事态扩大

公共关系危机往往在意想不到的情况下，在极短的时间内发生，而且在社会上产生很大的影响。因此应迅速做出反应，立即采取措施进行妥善处理，及时控制、缩小公共关系危机，尽量减轻其对旅游企业的危害。在开展事故调查之前，应先组织救援工作，尽力控制事故的发展。

（二）调查情况，收集信息

旅游企业出现危机事件后，应及时组织人员运用有效的调查手段，深入公众，迅速开展危机事故调查工作，尽快查明基本情况，了解危机事件的各个方面，收集危机事件综合信息，包括事故发生和发现的时间、地点、直接原因、事态现状和发展趋势，并形成基本的调查报告，为处理危机、制定相应对策及应急措施提供基本依据。

（三）成立专门工作小组，制定处理公共关系危机的基本方针

公共关系部门会同各有关职能部门组成有权威性、有效率的工作小组，对于危害特别严重的公共关系危机，应由最高负责人直接指挥。在掌握事件全貌的基础上，制定处理公关危机的基本方针，通告全体人员，以统一口径、协同行动。

（四）确定新闻发言人

必要时成立临时记者接待机构，统一对媒体的口径，由新闻发言人代表企业对公众和社会各界公布真相，介绍企业正在做的种种努力。

（五）认真做好检查，切实改进工作

事态发展得到有效控制后，应针对事件的原因和发展情况，采取有效的改进措施，改进

对公众的服务。实事求是地、及时地把事件真相向公众和政府部门汇报并定期报告事态发展情况,以取得帮助和指导。

三、危机发生后的传播沟通策略与方法

(一)传播沟通的原则

英国危机公关专家里杰斯特在其《危机管理》一书中提出著名的"3T"原则,即:
tell you own tale(以我为主提供情况);
tell it fast(尽快提供情况);
tell it all(提供全部情况)。
"3T"原则强调了危机处理时把握信息发布的重要性。

1. 以我为主提供情况

以我为主提供情况强调的是危机传播时组织应牢牢掌握信息发布的主动权,其信息的发布地、发布人都要从组织自身出发,以此来增加信息的保真度,从而主导舆论,避免发生信息真空的情况。从操作上说,应该贯彻发言人制度,如果危机发生在外地,应该立即由特派专员赶赴现场,掌握第一手资料,以确保信息的真实性。

2. 尽快提供情况

尽快提供情况强调危机处理时组织应尽快地、不断地发布信息。只有快才能吸引公众的注意力,抢占信息传播通道的有利空间和时段,达到提升传播效果的目的。

媒体危机报道过程的一般规律是:在危机发生后的最初几分钟,出现的主要是新闻快报;在几小时里,出现全面报道,同时新闻报道量达到最高值,紧接着报道量逐渐走低;24小时后开始出现评论与分析;几天到一星期内出现特写,然后逐渐淡出媒体视线。组织可以依据这样的发展变化规律,赶在变化的前面及时提供媒体所需的文章,就能先入为主、有效地吸引公众的注意力,达到最佳新闻发布效果。

3. 提供全部情况

提供全部情况强调信息发布应全面。所谓全面,就是不能报喜不报忧,就是要真实坦诚。危机发生时,越是隐瞒真相,越会引起更大的怀疑。坦诚的态度是争取公众支持、摆脱危机困境的最有效的策略。

（二）公关部门在危机传播中的职责

在处理危机事件中，公关部门在决策部门的授权下，根据危机事件的程度和需要来负责危机中公关传播的具体技术工作。如制作各种所需的新闻、信息、资料，接待新闻界人士及组织各种信息发布活动等。

公关部门在危机传播中的职责如下。

(1) 公关部门应从尽快、公正地解决危机的目标出发，向记者提供有关事件的各方面信息，尽可能给媒体留下这样一个印象，即本组织将在一切可能的范围内竭力提供各种信息。

(2) 公关部门应与媒体保持密切联系，及时通过它们了解社会对此事件的各种反应。媒体的信息来源是多渠道的，除了本组织提供的信息之外，还可通过事件目击者（当事人）、警察、处理该事件的机构等来了解危机事件。因此公关人员应注意其他信源的传播情况，这样才能多掌握一些原所不知道的信息，并能及时有效地防止各种错误消息或谣言的流传。

(3) 公关部门应负责查对新闻发布稿，核对各种事实材料，帮助有关人员系统地回答外界提出的各种问题。

(4) 公关部门应将组织在事件中所发布新闻的内容、时间及发布这些内容的媒体记录在案，以避免重复发布新闻或发布相互矛盾的新闻。

(5) 公关部门应将各媒体对危机事件的各种报道资料收集存档以备研究和利用的需要。

（三）公关人员面对媒体时的注意事项

(1) 不要做推测性的发言，不要公开回答自己不了解的事实。对于记者旨在诱人进行猜测的问题不要回答。

(2) 不要缩小问题或者企图淡化某一严重问题，因为媒体很快就会查清真相。

(3) 要一次披露所有的事实。不要一次挤出一点，这样就会反复面对媒体，而每次新的披露都会成为一个潜在的大字标题或头条新闻。

(4) 不要发布侵犯他人隐私或者因为任何原因指责别人的信息。

(5) 不要说"无可奉告"的话或发表以记者不得公开引用为前提的评论。如果不能就某事公开发表评论，可以解释原因并告诉记者何时能有望获得信息；如果信息根本不能得到，也应说明情况，并且向记者保证只要一有可能就尽快提供信息。

(6)要尊重记者的工作,不要贬低他们抢先报道新闻的劲头和敬业精神。

(7)不要试图利用媒体的注意力与兴趣来做那些会被看作自我服务的宣传游说。

（四）利用媒体引导公众

旅游企业要做到乐意和媒体打交道,通过建立良好的媒体关系来利用传播正确引导公众,这样危机公关的工作就可以事半功倍。

1. 保持媒体沟通

旅游企业特别是大型旅游企业应该组建公关部门,并把和媒体的沟通定为一种经常性工作,使旅游企业能洞察先机、防患未然。

2. 正确引导公众

危机发生时,不管是应付危机的常设机构,还是临时组织起来的危机处理小组,均应当迅速各司其职,尽快搜索一切与危机有关的资讯并挑选一个可靠、有经验的发言人,将有关情况告知社会公众。如举办新闻发布会或记者招待会,向公众介绍真相以及正在进行补救的措施,做好同媒体的联系使其及时、准确报道,以此去影响公众、引导舆论,使不正确的、消极的公众反应和社会舆论转化为正确的、积极的公众反应和社会舆论,并使观望怀疑者消除疑虑,成为旅游企业的忠实支持者。

> **◇ 同步案例8-3**
>
> **危机中的沉默人**
>
> 在福岛第一核电站发生严重的核事故后,要求东京电力公司总裁清水正孝下台的呼声越来越高。
>
> 地震发生以来,福岛核电站接连发生的爆炸、公司对核事故通报的不及时、回应媒体质疑时的模棱两可,使得东京电力公司一时间成为众矢之的。在这场灾难中,东京电力负责人也没有给人们留下好印象。当日本民众提心吊胆观望核危机之际,东京电力总裁清水正孝却几乎从公众视线中消失,使人们不禁质疑他对核危机局面的掌控程度。

据日本《每日新闻》报道,清水正孝直到灾难发生一天后才出现在公司总部,他对此的解释是"火车停运,被困在日本西部"。3月19日,清水正孝就核事故发表正式谢罪书,但他本人至今没有露面,这引起了灾民的强烈不满。日本政府则对清水正孝的"消失"倍感恼火,称他的缺席"不可原谅"。

66岁的清水正孝23岁时就加入东京电力,于2008年6月出任公司总裁,为公司效力超过40年。他曾对日本媒体说过,"愿意效力于一家为公众利益服务的公司"。但他在核危机发生后的连日"消失",实在令民众大跌眼镜。据日本一位曾经采访过东京电力的记者透露,东京电力虽然是个民企,但是公司内部的作风十分官僚,其公布的数据不可信。

4月13日,在公众面前失踪许久的清水正孝,终于现身东京电力举行的新闻发布会。数以万计的灾民通过电视直播和互联网收看了发布会实况,堪称地震以来日本全国最瞩目的事件。当天,清水正孝没有到避难所向灾民谢罪,之后他对媒体说是因为时间的问题。

分析人士认为,清水正孝及其高层管理团队很可能因为此次危机而被扫地出门。前德意志银行亚太区首席经济学家、亚太基金会董事会成员肯·柯蒂斯就表示:"毫无疑问,清水正孝下台是必然的结局,这只是时间早晚的问题。"

■ 资料来源:搜狐新闻,2011-04-01. http://news.sohu.com/20110401/n280097509.shtml;环球网,2011-04-14.

思考题:
从危机处理的角度看,清水正孝应该怎样做?

第四节 旅游企业公关危机后的管理

危机事件的平息并不意味着危机公关工作的终结,危机公关工作的最后一个环节是在危机处理完毕之后,根据企业从危机处理过程中总结出来的经验和教训,对管理活动进行改进,进而恢复企业的形象。

危机能使企业和环境的复杂关系明朗化,它可以检验企业反应能力的限制因素,包括弱点、结构、关系和态度。正是由于危机,许多过去隐蔽的或不太明朗的问题暴露出来,这就正好给了企业反思和总结的机会,企业可通过危机调查、评估以及整改等措施,在危机之后迅速恢复生机、实现提升。

一、对企业存在的问题进行调查

旅游企业危机调查是指对涉及此次危机事件的起因、处理过程和处理结果的信息收集、整理和得失检讨、反思。它包括危机预警对危机征兆的识别、危机爆发的原因、危机处理措施的采用、社会公众和企业成员对此次危机处理过程的看法和意见等,其中最重要的是危机爆发的原因。调查的目的是找出危机处理过程中成功的方法以及存在的问题。

(一)收集相关资料

旅游企业进行综合性调查分析应收集的主要资料有以下几种。

(1)企业基础数据资料。这包括企业基本情况、人员结构情况、近几年的财务报表、今后发展规划及设想、企业规章制度、薪酬制度等。这是对企业情况的全面了解和掌握,是全面开展危机调查的基础性工作。

(2)同行业及其他旅游企业的数据资料及其他相关资料。对同行业及其他旅游企业的数据资料的收集、整理会使企业有一个更开阔的眼光,对外在环境有一个更全面的认识。因此,这一方面的资料也是必不可少的。

(二)调查危机的实际危害

调查危机的危害是为了了解企业的损失情况。及时真实了解危机造成的实际危害以便为企业整改、恢复和发展提供可靠的决策依据。这种危害包括直接损失和间接损失两个方面。一般而言,直接损失较为直观,也很容易受到企业的重视;而间接损失的调查则很难,往往被许多企业所忽视,尤其是看不到危机引发的公众和媒体的不良反应和对企业员工心理的负面影响。因此,企业经常出现对危机的危害程度低估的现象,相应的危机管理措施也就不能到位。通过调查,企业可以制订新的发展计划。

(三)调查危机原因

许多危机的爆发都是由一系列原因引起的。当危机得以解决后,企业并不能将所有原因一一查明,因为原因往往隐藏在一系列表面现象的背后而不易被发现。而只有找到危机发生的真正原因,才能制订针对性强的危机整改方案,达到恢复和提升企业形象的目的。

二、分析评估，总结教训

危机评价是指旅游企业对整个危机管理工作进行全面而深刻的评价，包括对危机管理小组的工作、危机处理计划的实施、危机处理措施的效果、媒体及公众的反应等方面给予客观公正的评价。对于危机调查所取得的结果，需要企业高层管理者进行认真的分析评估，并变成企业发展决策的重要依据。

危机评估的目的在于：确认危机调查结果的可信度；确认危机可能给企业带来的后续影响；确认利益相关者未来可能对企业做出的反应；吸取危机发生的教训，总结危机处理的经验。

三、做好形象恢复工作

当危机基本得到控制时，企业应不失时机地将危机管理的重点转向危机恢复工作，尽快使企业从危机中恢复过来，进入正常状态，并通过公关传播活动，使企业的形象比危机前有更大的提升。

（一）对企业存在的问题进行解决

如发现企业内部信息沟通不畅是危机事件发生的根本原因，则着手重新设计企业的组织结构、改进企业内部的信息沟通渠道和反馈渠道，从而避免因信息沟通不畅而再次引发危机事件；如发现是企业基层员工素质较低而引发危机事件，则着手进行对基层员工的考核和培训，甚至进行必要的更新；如发现是经营指导思想不合理而引发危机事件，则坚决改变其经营指导思想，以免重蹈覆辙；如发现是不可控的社会或自然因素而引发危机事件，则要制定和完善危机应对预案。

（二）对企业的危机处理经验进行推广并强化相关意识

企业危机处理经验的推广能增强员工的自信心和自豪感，也有利于增强企业的竞争力。因而，企业应善于从危机处理过程中发现自身的优点和长处并加以推广和利用。如组织的凝聚力、合理的工作流程、广泛的社会关系资源、员工的高素质等。

（三）形象恢复

形象恢复是企业危机管理中十分重要的一个方面，是对危机处理过程中发现的问题有针对性地开展的一系列企业形象恢复管理活动，包括：投放企业形象广告、产品广告；推出企业全新的产品和服务；调整企业的管理团队，引进新的形象良好的高层人物；公布企业新的市场拓展计划和产品发展计划；等等。通过一系列有针对性的形象恢复管理活动，充分利用公众对企业的关注度未减弱之前的宝贵时间，改变公众对企业的印象并增加其对企业未来的信心。

◇ 同步案例8-4

东南亚旅游业：海啸后的复苏

2004年底，印度洋一场突发的海啸席卷东南亚。以旅游业为经济支柱产业的受灾国家顷刻间遭遇严峻挑战，如何在短期内恢复世界旅游者的信心，成为各国相关部门亟待解决的问题。而对于世界其他国家而言，由于"连带"关系，出境旅游特别是东南亚国家旅游也遭受重创。

在泰国、印度尼西亚、斯里兰卡、马尔代夫等国家，旅游业属于绝对的支柱产业。经济学家普遍认为，在经济规模较大的受灾国中，泰国有可能是损失最为惨重的，因为泰国的旅游业收入占该国GDP的11％左右。

海啸受灾国家已经重新振作精神，一方面着手重建家园，另一方面采取多种措施挽回旅游市场。对于像中国这样的大市场，印度尼西亚等国家的旅游管理部门已经表示将下大力气开展公关工作，赢得旅游者的信任。

海啸发生后没有几天，泰国旅游管理部门就启动了中国市场复苏计划，短期内将加大在华的旅游推广和促销，新加坡旅游管理部门推出了购物旅游的优惠措施。

■ 资料来源：搜狐新闻 https://business.sohu.com/20050128/n224137047.shtml.

思考题：
结合本案例，谈旅游企业危机后的形象恢复应该做好哪些方面的工作？

◇ **思考与练习**

1. 举例说明旅游企业行为不当所引发的危机?
2. 旅游企业在危机预防时应该遵守的"ABC"法则是什么?
3. 简述旅游企业危机处理的程序。
4. 旅游企业危机预防有哪些策略?

◇ **拓展案例**

二维码 8-2

新冠肺炎疫情给湖北餐饮行业带来危机

第九章　旅游企业公共关系礼仪概述

◇ 学习目标

知识目标：
理解礼仪的含义和产生以及公关礼仪的含义和功能。
能力目标：
理解日常交往礼仪。
情感目标：
理解公关礼仪对人的潜移默化的作用。

◇ 学习重难点

礼仪及公关礼仪的含义；公关礼仪的功能；日常交往礼仪

◇ 本章关键词

礼仪；公关礼仪；旅游职业道德

◇ 导入案例

礼下于人的故事：三顾茅庐

中国自古就是礼仪之邦，中国古代礼貌待人、礼贤下士的故事很多。三顾茅庐就是一个著名的故事。

刘备屯兵新野时，便礼贤下士，寻求良才。刘备闻知诸葛亮是一个很有才能的人，便决心亲自去请他。此时的刘备也算是一方诸侯，而且比诸葛亮大二十岁。

深冬的一天,刘备带着关羽、张飞,到隆中邀请诸葛亮。谁知诸葛亮恰好不在家,刘备只好扫兴而归。刘备回到新野,不断派人到隆中打听诸葛亮何时在家。当打听到诸葛亮外出已经回到家时,刘备当即决定二请诸葛。这一天,北风呼啸,大雪纷飞,冷得实在教人难忍。不料,这一次刘备又未见到诸葛亮。第二年春天,刘备更衣备马,不顾张飞、关羽的竭力劝阻,第三次去拜访诸葛亮。刘备谦虚的态度、诚恳的情意,使诸葛亮很受感动。从此诸葛亮跟随困境中的刘备,鞠躬尽瘁一生。

■ 资料来源:根据《三国演义》整理。

思考题:

你还知道哪些古代以礼待人的故事?

第一节 公共关系礼仪概述

礼仪能够显示旅游公关人员的内心修养、精神风貌,是旅游企业进行人际沟通和与公众交往的纽带。了解"礼仪"一词的演变历史,掌握礼仪的科学含义,明确礼仪的基本特征,懂得礼仪与公共关系须臾不可分的关系,对于提高旅游公关人员的礼仪文化修养、提高旅游公关效果等有着积极的意义。

一、礼仪的含义及产生

礼在古代最初是古人祭祀时的一种礼节,后来逐渐引申为敬礼,成为人际交往的一种沟通手段。它包含了人与人之间要互敬、互爱、互尊的深刻含义。

中国是一个礼仪之邦,礼文化是中华文化的重要渊源。早在周朝就已经形成礼的制度和规范,并派生出"礼治""礼乐""礼教""威仪""典仪""典礼"等新的礼的含义,一大批论述礼的文化著作在这一时期纷纷涌现,如《周礼》《仪礼》等,礼仪文化已经形成了完整的体系。秦汉时期,我国封建社会实现了大一统,礼仪文化经过董仲舒等人的发掘和整理,逐渐上升为封建统治阶级"以礼治国"的政治手段。从礼的历史演变历程我们可以清楚地看出,礼始于古人的祭祀活动,后来上升为统治阶级安邦治国的统治手段,后来又由朝廷推广到民间，成为教化人民的重要工具，起到了规范行为、稳定社会的作用。

到了现代社会，民主和平等的思想观念普及，快节奏、高效率的生活、行为方式与旧礼教制度中烦琐的、形式主义的甚至有封建迷信色彩的部分产生了巨大冲击，从而产生了新的富有时代意义的规范化和世俗化的礼仪文化和礼仪制度。现代礼仪文化和礼仪制度的建立和发展反过来也促进了现代社会经济与政治的发展。

二、公关礼仪的含义

所谓公关礼仪，就是社会组织的公关人员或其他人员在公关活动中，为了树立和维护组织的美好形象，构建组织与内外公众和谐合意的理想型关系所应遵循的尊重公众，讲究礼貌、礼节，注重仪表、仪容、仪态、仪式等的规范或程序。

（一）公关礼仪的主体是社会组织，客体是社会公众

社会组织的公关人员代表组织处理内外公众关系，是从事公关活动的现实主体。在组织与外部公众的公关活动中，组织领导人及组织内部员工分别构成重点主体与一般主体。他们的言行举止、风度仪表均须遵循礼仪的要求。社会公众在公关礼仪的形成及施与过程中，既接受礼仪又反馈并创造礼仪，成为公关人员礼仪的作用对象；同时以自己的礼仪反作用于公关人员的礼仪，参与公关礼仪的往来授受。他们的礼仪亦具有公关礼仪的意蕴。公关礼仪的主体是多元的，客体也是多元的，并且主、客体的构成常常是变动的、互相转化的或兼而有之。

（二）公关礼仪的目的是内求团结、外求发展，塑造组织美好形象

组织形象是公众对组织行为的整体评价和看法，是组织行为及文化在公众心目中的投射。建立与维护组织形象离不开公关礼仪的滋润与培育。实际上，公关礼仪不仅是促进组织形象定位与升华的有效手段，而且本身即是一种目的化的组织形象，讲求公关礼仪即是注重组织形象。

（三）公关礼仪的手段是传播与沟通

各种形式的传播与沟通都是公关礼仪必须借助的手段。公关礼仪正是借助或依靠语言和非语言媒介、人际和大众传播等方式，来沟通组织与公众的关系、塑造和提高组织美好形象的。

三、公关礼仪的功能

组织的公关礼仪是组织文化在礼仪活动中的具体表现,象征着组织的价值观和道德要求,塑造着组织形象,发挥着其他公关形式替代不了的作用。

(一)形象塑造

组织形象是一个组织的无形资产和无价之宝。组织形象的塑造不仅要依靠组织的各种硬件设施建设和软件条件开发,更要依靠每一位员工从自身做起。组织形象塑造主要包括:组织员工的形象塑造,员工是最活跃的决定性因素之一,他们的一言一行随时都在传播组织的有关信息;组织领导人的形象塑造,如领导人的仪表、气质、工作方法和作风、交际方式等外在形象,以及领导人的决策能力、创新精神、道德水平、信念和意志力等内在形象。礼仪是塑造形象的重要手段,若每位组织成员均能做到热情礼貌、语言文明、行为规范,就能在社会公众心目中留下良好的印象,组织形象自然而立,其产品或服务就能受到公众的信任和肯定,同时可以为吸引人才、集中人才创造优越条件。

(二)教化激励

良好的组织礼仪文化具有教化功能,主要表现在两个方面。一方面,礼仪属于社会控制中的文化控制手段和非正式制度,具有非直接强制性的特征。作为一种道德习俗,礼仪对组织中的每个成员都有教化作用。另一方面,礼仪的形成、完备和凝固,已成为一定社会传统文化的重要组成部分,并以"传统"的力量世代相继。礼仪教化人们自觉调整现实生活中相互之间的关系,化解利益冲突,形成良好的社会秩序。

(三)仪式传播

仪式通常被视作一种标准化的、表演性的、象征性的、由文化传统规定的一整套行为方式,是一种沟通和维持群体活动的途径。常见的组织礼仪仪式有工作仪式、慰问仪式、走访仪式、升旗仪式、表彰仪式、团拜仪式,以及组织的庆功会、表彰会、开业典礼等活动。组织应通过礼节、仪式向员工传达组织的工作程序、办事标准,并向社会展示组织良好的形象。仪式是一种重要的教育手段,是组织文化传播的载体,许多文化观念正是通过各种文化仪式活动才得以体现。

同步案例9-1

上海"迎世博"不能穿睡衣出门

"穿睡衣睡裤不能出门"。这是2010年上海召开世博会之前,上海市政府对市民的要求,而这一要求引起了广泛的争议。穿睡衣确实不符合国际礼仪,但也有声音认为,如果政府连穿睡衣都管,社会的自由度就会降低。

最近,上海浦东新区昌里东路齐八小区居委会沈主任的工作内容又多了一项:劝导本小区居民不要穿睡衣睡裤出门。齐八小区的文明着装劝导队每周活动两次,每次一到两个小时。沈主任说,积极主动加入劝导队的志愿者不少,雷打不动的成员有10人,他们每次都佩戴红绸带,衣着整齐地立在小区门口,看到有穿睡衣的居民要走出小区,便会上前劝阻。但凡有过上海生活体验的人都知道,上海人素有穿睡衣上街的习惯。弄堂里、菜场里、超市里、马路上,甚至在上海市著名商业街南京路上也屡见不鲜。2010年上海即将召开世博会,在这次代表现代文明的盛会里,市民的"陋习"无法再被容忍。

■ 资料来源:中国新闻周刊"新闻论坛",2009-10-28.

思考题:

中国自古以来就被称为礼仪之邦,你对此有多少了解?

第二节 国内日常交往礼仪

一、见面礼仪

(一)见面体态礼仪

1. 握手礼

握手是见面时的重要礼节,不同场合下的握手要遵守不同的规矩。

(1)男女握手：男方要等女方先伸出手后才握手。如女方不伸手，或无握手之意，男方不能贸然先于女方主动伸手。一般来说，男女初次见面，女方可以不和男方握手，点头微笑即可。

(2)宾主握手：主人应先向客人伸手。在机场或宾馆接待来宾，不论对方是男性还是女性，主人都应先伸手，以示欢迎。

(3)长幼握手：年幼者要等年长者先伸手。

(4)上下级握手：下级要等上级先伸手。

握手时让女方、主人、年长者、上级先伸手，是为了表示对他们的尊重，把握手的主动权交给他们，以避免把自己的意愿强加给对方。

(5)一般来说，在对方已伸手后，最好不要拒绝握手。

(6)多人同时握手注意不要交叉，可待别人握完再握。如果在人较多的聚会场合，可只与主人和熟人握手，对其余的人点头致意即可。

(7)握手一般伸、握右手。要把握好握手的轻重、时间长短。对女性一般握握指头部分即可，不能握得太紧，也不能握得太久，同时要避免松而无力，以免显得缺乏热情。

(8)握手时要精神集中，双目注视对方，微笑致意。熟人之间也可以一边握手，一边互致问候。握手时如果东张西望、心神不定、表情不能达意，就不能给人以有礼的感觉。

2. 拱手礼

拱手礼又称作揖礼，在我国已有两千多年的历史，是我国传统的礼节之一，常在人们相见时采用。行礼时，双脚站直，上身直立或微俯，左手在前，右手握拳在后（女子是右手覆盖左手，手心略开一些），两手合抱于胸前，有节奏的晃动两三下，并微笑着说出相互之间的问候。目前，拱手礼主要用于重大节日或重大场合中相互祝贺，在一些订货会、产品鉴定会等业务会议中厂长、经理有时也会拱手致意。

3. 鞠躬礼

鞠躬即弯身行礼，是向人表示敬重、谢意、致歉等的一种礼节。在我国，鞠躬礼常用于下级对上级、学生对老师、晚辈对长辈，亦常用于服务人员向宾客致意、演员向观众的掌声致谢等。

（二）称呼礼仪

在公关活动中称呼他人应讲究礼貌。称呼要按照习惯，符合时代特点。在我国，通常的称呼方式主要有以下几种。

(1)直呼姓名。一般适用于同事、同学之间。

（2）只呼名不道姓。关系较亲密或为了表示亲切时可只呼名不道姓，适用于平辈之间、年长者对年少者的称呼。

（3）称呼身份。身份指一个人的职务、职称、职业，如经理、教授、服务员、记者等。可以直接称呼，也可以在身份前冠以姓，如张主编、叶科长、吴老师等。

（4）亲属称。为表示亲切，以亲属的称呼来称呼。如对年老者，称"大爷""大娘"；对年长者，称"叔叔""阿姨"；对年龄相仿者，称"大哥""大姐""大嫂""小弟"等。

（5）仿欧称。在特定的商业经营、服务行业、生意场的环境中，对不熟悉的管理人员、服务人员，可直接用"先生""小姐""女士"称呼。

（6）简称。中国人的语言讲究节奏感和简练，故称呼以两到三个字为宜，如果字数过多，就会有累赘感，有时可自行将其简化。如陈经理可简称为陈总、刘工程师简称为刘工。当然，这类简称只能在非正式场合下称呼，在正式场合还是应该称全称。

公关人员在与各种人接触、打交道时，要杜绝不礼貌的称呼。不要用"喂""嗨"或者"姓王的"代替称呼，也不要用"端盘子的""当兵的""卖肉的"来称呼，等等。

（三）介绍

介绍在人与人之间起桥梁和沟通的作用，几句简单的介绍就可以缩短人与人之间的距离，有助于进一步互相认识。同时，介绍有助于扩大社交圈子、广交朋友。根据不同的形式，介绍可以分为以下几种。

1. 自我介绍

在一些场合，如果遇见自己有意去认识的人，而当场没有他人从中介绍时，往往需要自我介绍。自我介绍时，主要介绍自己的姓名、工作单位、身份。自我介绍的机会可以视不同情况去把握。

（1）因业务关系需要互相认识，进行接洽时可自我介绍。

（2）遇到一位自己知晓或久仰的人士，可进行如下自我介绍："×××（称呼），您好！我是×××（单位）的×××（姓名），久仰大名，很荣幸与您认识。"

（3）出差、旅游、办事不期而遇，为了临时性的接触，增加了解和信赖，通常也会自我介绍，但这种自我介绍往往很有弹性，通常只介绍自己来自哪里，有时告诉对方自己的单位或职业。

（4）第一次登门造访，要先打电话约见，在电话里应自我介绍。

（5）参加有较多人的聚会时，主人不可能一一介绍，与会者可以与同席或身边的人互相自我介绍。自我介绍前应有一句引言，以免对方感到突然，如"我们认识一下吧！我叫×××，受聘于×××公司"。

此外，当想了解对方时，可引发对方做自我介绍。在引发对方做自我介绍时应避免直接相问，如"你叫什么名字？"，而应该尽量客气一点，用词更敬重些，如"请问尊姓大名？""您贵姓？""不知怎称呼您？""您是……"等。同时，尽量不要涉及对方的个人信息，如问"你多大了？""结了婚吗？""您有几个孩子？"等。

2. 他人介绍

他人介绍是最常见的介绍形式。由第三者把一方介绍给另一方，介绍人、被介绍人和接受介绍的人形成了一个三角关系。

在介绍两个人互相认识时要注意介绍的顺序，总的要求是：把被介绍人介绍给你所尊敬的人；在社交场合，一般应把男性介绍给女性，把年轻者介绍给年长者；在实业界，一般把资历浅的人介绍给资历较深的人。

3. 集体介绍

集体介绍的场合有很多。例如，大型报告会或演讲会，通常由主持人向与会者介绍报告人。在有多家单位参加的会议中，主持人要向与会者介绍主席台就座的人员以及主要来宾、参加会议的单位。邀请多人聚会时，邀请人可以把所有人招呼在一起，按顺序介绍，但不要由于主观因素打乱顺序，跳过某人先介绍后面顺序的人，以免被跳过的人神情沮丧，影响社交气氛；也可以先介绍贵宾，其他的人按顺序介绍或自我介绍。

集体介绍时，被介绍的人一般要起身亮相。如果原本是站立的或在会议桌或宴会桌上，可不必一一起身，点头微笑即可。

二、探访礼仪

勤于走访，建立广泛的社会联系，了解和沟通各方面信息，是公关人员的责任之一。

（一）到工作场所会面的礼仪

业务交往的主要场所是工作场所，探访对方工作场所要注意以下礼仪。

(1) 在工作场所会面应主要谈工作。不要无端地进入对方的工作场所打扰对方，更不能不顾对方是否在忙，一味地闲聊。

(2) 来到工作场所，应在门口看要找的人是否在。如果在，招呼了以后再进去；如果不在，可礼貌地找人打听。不能直接闯入对方的工作场所。

(3)当工作场所正在开会或已有其他客人来访,应该自动退在门外等候,而不应进去站在一旁或在门口走来走去,以免妨碍他人。

(4)见面时要互致问候,如果有不认识的人,要自我介绍。

(5)在对方没有请你入座时,不要就座。要保持坐姿端正,不能露出懒散无聊的样子。

(6)当对方站立说话时,你也应该站立起来说话,以示尊重。保持站立姿势端正,不要斜靠在对方的办公桌上。

(7)对方端茶递水时,要稍欠身子表示谢意。

(8)要讲究工作场所的卫生,不乱扔垃圾、乱吐痰。

(9)招呼、谈话时,声音不要太大,以免影响其他人工作。

(10)谈完公事,不要久坐,即可告辞。

(11)告辞时可握手道别,也可说"拜托了""谢谢""麻烦了""留步""再见"等礼貌用语。

(12)到工作场所会面要尽可能穿戴整齐端庄。

(二)到住宅拜访的礼仪

到住宅拜访,掌握交际礼节会提高公关的效果。

(1)先约后访。因为住宅是私人生活的地方,多有不便,到住宅拜访最好事先约好时间,以便对方有所准备。会面要准时或略提前几分钟赴约,应避免在早晨、午休或晚睡的时间会面。如有特殊情况不能赴约或不能按时赴约,应提前通知对方,重新约定。

(2)先声后入。进门时要按门铃或敲门,如门户是敞开的,也应在门口发出招呼声"×××在家吗?",不要贸然闯入。

(3)先招呼后就座。进屋后,对屋里的人不管认识与否都要一一打招呼,微笑、点头、问候均可,待对方招呼就座后坐下。

(4)注意言行举止。进门时如穿戴了帽子、手套、雨衣或雨伞要取下,放在对方指定的地方。如果不准备久坐,则可以随身携带。对方端茶时,要起身道谢,双手相接。如果遇有其他客人在场,可在旁边静坐等待。如果在谈话过程中,又有其他客人来访,应该尽快结束谈话,以免他人久等。

(5)谈话办事要清楚明白。与顺访、闲聊不同,专程到住宅拜访一般有较强的目的性。如果是请对方帮忙,应开门见山,把事情讲清楚。不要含混不清,以免对方不知从何做起。如果送礼,应在见面或道别时拿出来给主人,应讲明是谁送的、是为祝贺还是感谢而送。

(6)掌握时间,适时告辞。到对方住宅拜访,要有时间观念,不能无休止地交谈,不要妨碍对方休息和处理其他事情。谈话办事目的达到,要适时收住话题,起身告辞。告辞时要与家里其他人尤其是长辈打招呼,要请对方"留步",礼谢远送。

（三）到医院探视的礼仪

(1)遵守医院规定，在允许的时间范围内探视，避开病人治疗与休息时间。

(2)病房不是社交场所，不能嘻嘻哈哈、大声喧哗。脚步要适当放轻，保持应有的安静。

(3)要了解病人的治疗情况以及目前的身体状况，关心治疗进展和身体康复问题，进行必要的安慰和劝解。尽可能挨床坐下，表情自然、亲切。

(4)如果是探视同事，可以带去单位的关怀和慰问，谈一谈单位和同事的近况，转达有关人员的问候，讲述一些简单的新闻性事件，让病人孤独、愁闷的情绪得到缓解。

(5)为了保证病人的正常休息，谈话时间应控制在半小时内；一次探视病人的人数不可以太多，以免病人产生心理压力；探视频繁，会使病人疲于应酬，休息不好。

(6)到医院探视可以带一些礼物送给病人，如一束鲜花、一些水果、几本杂志、一瓶营养品等，食品最好根据护理要求确定。

(7)告别时，应谢绝病人送行，还要询问病人是否有事相托，并嘱咐病人好好养病，早日恢复健康。

三、接待礼仪

接待是一件细致而重要的公关工作。接待工作往往会影响一个组织在他人心目中的第一印象。接待工作要做到热情、周到、礼貌。

（一）在工作场所接待的礼仪

(1)工作场所中的办公室，可以说是一个组织的枢纽，是重要的接待场所。接待场所应当保持干净，桌椅、文件、茶具等要摆放整齐；工作人员要讲究仪表和个人卫生，要有良好的情绪和饱满的精神。这些都体现了对他人的尊重。

(2)客人来了，应尽快热情地将客人迎进办公室，并问候、端茶。

(3)谈话时，如有他人在场而使客人感到不便，可以请办公室的无关人员回避一下。

(4)如果来访的客人较多，应按顺序接待，个别紧急事情除外。不能不按顺序而先接待自己熟悉的客人，或者厚此薄彼。

(5)要掌握好谈话时间，以免客人久等。如果顺序在后的客人不得不久等，应征求其意见，是继续等还是改时间来。如果客人愿意等下去，应安排其就座、喝茶、看报刊等。

(6)结束谈话时，应礼貌道别。

(7)对于谈话内容，要一一记清，可做备忘，以便进一步向有关人员汇报、交代和落实。

（二）在住宅接待的礼仪

(1)无论客人是熟人还是第一次来访的生客，都要热情相迎。如果是有约而来者，更应主动迎接。

(2)对不适之客的到来，不能拒之门外或表现出不高兴，以免客人进退两难。应该尽快让其进屋，问明来访目的，酌情处理。

(3)万一客人来访时，自己正欲出门，如不是急事或有约，应先陪客人，如有急事或约会必须离开，也应了解客人来访意图，视情况另约见面时间。

(4)如果事先知道客人要来，应该打扫和整理一下屋子、备好茶水等。

(5)客人来时要让座、敬茶。茶具要清洁，茶叶投放要适量；每次倒茶八分满，便于客人端用；敬茶时双手端杯；续茶时将杯子拿起，以免把水滴到桌上或客人身上。

(6)如家里已有客人，又有新客来访时，应将客人相互介绍、一同接待。若有事须和一方单独交谈，应向另一方说明，以免客人感到有厚薄之分。

(7)家里有客人时，小孩子不要在旁聆听，也不要开大声音看电视。家长不要当着客人的面打骂小孩，家庭成员之间不要争吵。这不仅会影响客人谈话，也会使客人感到尴尬。

(8)有些客人会带着礼物来拜访，对此应该真诚地表示感谢。如果出于某种考虑，不便收下，也要坦率说明原因，以免产生误解。

(9)客人告辞时，应等客人先起身，自己再站起来。远客一般要送出门，然后握手道别。不要客人刚走出门，就把门"砰"地关上，这非常失礼。

（三）远客迎接的礼仪

(1)如有远客专程而来，必须掌握来客所乘交通工具的抵达时间，及早做好接待准备，确定迎接人员、时间和车辆。

(2)如果客人是专程来办事或想多停留几天，可以安排好活动日程，包括谈判、签字仪式、宴请、参观、旅游等。

(3)迎接时，应在机、车、船抵达之前等候在停靠场所。为避免人多拥挤，客人难以识别迎接人员，可以准备好写有客人姓名或单位名称的迎接牌子等，最好在前面加上"欢迎您"字样，使客人抵达后一看见牌子，就有宾至如归的亲切感。

(4)客人来到后，应热情相迎。如果是熟人，应主动上前握手，互致问候；如果客人是首次来访，接待人员与之见面时应主动自我介绍，并帮助对方提取行李。

(5)把客人送至下榻处后，一般不宜马上安排活动，而应让其稍事休息，消除旅途疲劳，并保证客人有足够的时间整理着装。

(6)客人在访期间如有生活上的困难需要帮助解决,应尽量为其提供方便,如机、车、船票需要代购可协助购买。

(7)客人走前,应做专门礼节性的探访。关心其要办的事是否都办了,是否还有未尽事宜需要协助办理;关心其返程准备,可以送一些旅途用品(如食物、饮料、药品等),并约好送行时间。

(8)送行时,应该等客人离开视线后自己再离开。如果有急事,必须在客人登机(上车)前离开,应向客人说明理由,以取得客人的理解。

四、电话礼仪

(一)打电话的礼仪

打电话应注意的礼仪如下。
(1)要考虑打电话的时间,即考虑对方此时是否有时间或者方便接听电话。
(2)注意确认对方的电话号码、单位、姓名,避免打错电话。
(3)准备好所需要用到的资料、文件等。
(4)讲话的内容要有次序、简洁、明了。
(5)注意通话时间,不宜过长。
(6)要使用礼貌语言。
(7)保持通话环境安静,避免外界的杂音或私语传入电话内。
(8)避免用私人电话拨打。

(二)接听电话的礼仪

接听电话要符合礼仪规范,在工作岗位上接听电话要注意下列事项。
(1)迅速拿起话筒。电话铃声响后,要尽快拿起电话。饭店服务台应该在第一声响后就拿起话筒,否则要表示歉意。
(2)随时记录。在手边提前备好纸和笔,随时记下听到的信息。如果没做好准备,而不得不请求对方重复,这样会给对方心不在焉、没有认真听其说话的感觉。
(3)自报家门。一拿起电话就应清晰说出自己的全名,有时也有必要说出自己所在单位的名称。
(4)转入正题。接听电话时,不要拖延时间,应立即做出反应。如果觉得对方有意拖延时间,可以巧妙地处理,例如可以说"真不巧!我正要参加一个会议,不得不在5分钟后赶到会场"。这样可以避免谈论不必要的琐事,加速商务谈话的进展。

（5）避免将电话转给他人。自己接的电话尽量自己处理，只有在万不得已的情况下才能转给他人。

（6）避免电话中止时间过长。如果在接电话时不得不中止电话去查阅一些资料，应当动作迅速。如果查阅资料的时间超过自己所预料的时间，可以每隔一会儿拿起电话向对方说明自己的进展。

（三）使用手机的注意事项

手机在职场上起着举足轻重的作用，但手机的使用礼仪往往容易被忽略，这主要体现为手机不分场合地响起铃声以及在与人交谈中频频接打电话。此外，不恰当的铃声设置也会让人失礼于人。公司管理人员等由于岗位性质的需要，应该以稳重的形象示人，在工作场合中不要出现搞笑彩铃。

五、馈赠礼仪

公关人员在选择礼品时，既要关注礼品的内容，又要关注赠送礼品的形式。

（一）礼物定位

公关礼品是向对方推介自己的组织以及对对方表示尊重和友善之意的一种载体。选择公关礼品时，需要注意以下几项原则。

第一，宣传性。在公关交往中赠送礼品是宣传和推介组织形象、产品、技术和服务的重要途径，因此要注重礼品的宣传性，选择具有代表性的礼品。

第二，纪念性。好的礼品可以让人睹物思人、睹物思物。公关礼品要具有一定的纪念性，让人见到礼品就想起赠送礼品的人或组织。

第三，独特性。选择礼品讲究人无我有、人有我优。礼品可以是标志性产品，如组织的代表性产品，高新技术含量较高的东西，还可以是宣传的画册甚至明信片。此外，礼品可以具有一定特色，可以是国家特色、地方特色或民族特色。

第四，便携性。礼品通常必须便于携带。

（二）馈赠忌讳

赠送礼品要避免一些忌讳，一般来说，公共关系活动中大体上有以下东西不送。

第一，不送现金和有价证券等。送现金、有价证券、金银珠宝或过于贵重之物，必然有行贿的嫌疑。

第二,不送有碍对方民族习俗、宗教禁忌和个人禁忌的物品。

第三,尽量避免送药品、药物类营养品。

第四,不送有违社会公德的物品。例如盗版光盘、书籍,还有其他违禁物品。

第五,不送带有明显的广告标志和宣传用语的物品。

◇ **同步案例9-2**

花语解——鲜花不能随便送

鸡冠花:表示爱情;

紫丁香:表示初恋;

黄菊:表示微爱;

红郁金香:表示爱恋;

黄郁金香:表示爱得绝望;

白百合花:表示纯洁;

蓝紫罗兰:表示诚实;

橄榄:表示和平;

紫藤:表示欢迎;

垂柳:表示依依惜别。

■ **资料来源**:作者整理。

思考题:

送花的礼节是比较复杂的,不同的场合、不同的时间、不同的对象都可能有不同的选择,甚至在不同的国家鲜花的含义有所不同,试在课下了解相关知识。

二维码 9-1　　礼物合适吗?

第三节　旅游企业公关礼仪综述

旅游过程中,旅游企业为游客提供的旅游服务从本质上讲就是礼仪服务。礼仪服务既代表一个企业和行业的接待水平和服务质量,也代表一个国家的文明礼貌程度,每一位旅游从业人员都应予以充分的重视。旅游从业人员在旅游接待服务中应该做到知礼、讲礼、用礼。

在当今激烈的市场竞争条件下,各个旅游企业的设施设备等硬件区别不大,即便有较大区别,那也是星级标准不同而已,会在价格上得到体现。这样,作为软件的服务人员服务水平的影响就很大了。因此,丰富旅游从业人员的礼仪知识、提高旅游从业人员的礼仪素质、促进旅游从业人员养成职业礼仪习惯、培养旅游从业人员的礼仪服务技能已成为旅游企业的重中之重。

一、公关礼仪对旅游企业的重要作用

作为旅游企业公共关系工作的一种重要技术手段,旅游公共关系礼仪的功效与价值往往是通过它的实际作用得以体现的。旅游公共关系礼仪在为旅游企业塑造良好形象的过程中,以其独特的方式起着积极而不可替代的作用。从总体上说,其作用主要体现在四个方面。

(一)展示旅游企业员工的高素质

旅游公共关系礼仪是以道德、知识和良知为本,因此,通过开展有组织的旅游公共关系礼仪教育培训与实践活动,可以进一步强化旅游企业全体员工的社会公众意识,有利于培养高素质的员工,使员工不论是内在素质,还是外在行为表现,都进一步得到优化,最终能为游客带来满意的服务。高素质员工是旅游企业生存与发展必不可少的人力资源,也是良好组织形象的基本构成要素。良好的仪态、甜美的微笑、端庄的举止,能使员工在游客心中树立良好的形象。

（二）融洽主客关系

旅游公共关系礼仪具有交往"润滑剂"的作用。作为公共关系活动主体，旅游企业面对的公众比其他社会组织更广泛且复杂，对公众利益与要求的把握也更困难，主客关系的处理难度亦更大。尽管事实如此，对公众尊重需要的满足是任何组织面对的任何公众需要的共性，而旅游公共关系礼仪所体现的核心思想即为尊重公众和善待公众。因此，在开展各类公共关系活动时，旅游企业若能真正把握旅游公共关系礼仪的基本思想、灵活运用旅游公共关系礼仪的技巧技能，无疑就能极大地满足相关公众的尊重需要，使公众对企业产生亲切感和信任感，从而提高对企业的赞许程度，融洽双方之间的关系，为旅游企业公共关系目标的最终实现打下良好的基础。

（三）营造理想的行业环境

通过旅游公共关系礼仪的全面贯彻实施，旅游企业的全体成员在日常工作中应该自觉讲礼貌、重礼节。这不仅充分展现了旅游企业工作人员良好的礼仪风范，也极大地体现了社会主义的道德风尚和中国礼仪之邦的传统美德，加深了国际社会对社会主义中国的真正认识与了解，从而能够扩大对外影响。这也从另外一方面改善和优化了整个行业环境，营造了有利于企业发展的理想空间，从而使旅游企业在实现自身目标的过程中能够游刃有余。

（四）有助于解决旅游服务纠纷

旅游服务工作接触面广，不同国家、不同年龄甚至不同个人的信仰和生活习惯都各不相同，旅游服务工作要让每个旅游者都满意确实十分困难。在旅游服务过程中，发生纠纷事件也是不可避免的。处理纠纷时，不论谁对谁错，服务人员的不礼貌言行会激化矛盾，良好的礼貌服务有助于化解纠纷。

二、旅游企业公关礼仪与旅游职业道德

不懂礼仪规范就不可能有良好的职业道德。旅游职业道德即从事旅游服务的工作人员在从事职业活动时，从思想到行为应该遵循的道德规范以及与之相适应的道德观念、道德情操和道德品质等。礼貌修养与旅游职业道德是密不可分的，它贯穿于旅游服务工作的始终，是旅游职业道德的重要组成部分。

礼仪的行为规范是职业思想道德的具体表现形式。旅游职业道德对员工的精神面貌、服饰、姿态、举止、语言运用甚至发型都有要求,这些方面的要求正是公关礼仪的主要内容,并且在公关礼仪中都有具体严格的标准。另外,按照旅游职业道德的要求,员工上岗不仅要举止文雅,还要特别注意待客的语言艺术,讲究说话的文明礼貌。讲话时必须态度和蔼友善,语言亲切自然,避免生硬、粗俗、鲁莽,做到主动热情地打招呼。而这些内容正是旅游公关礼仪训练的主要内容和结果。

三、旅游从业人员礼貌修养的培养

旅游企业必须抓紧对全体旅游从业人员礼貌修养的培养,一般可采取如下方法。

(1)通过日常教育使全体员工了解礼貌修养是关系企业生存和发展的重大问题,不可等闲视之。

(2)通过培训教育使员工了解国际礼节礼貌的基本知识。

(3)通过规章制度使礼节礼貌成为旅游企业行为规范的一个部分。

(4)在旅游企业开展广泛的群众性道德评估活动,对文明礼貌的行为进行表扬,对缺乏礼貌、粗俗无礼的行为进行批评和监督,形成讲究文明礼貌的良好风尚,促使员工逐步提高礼貌素养,养成礼貌习惯。

四、旅游企业公关礼仪的内容

旅游企业公关礼仪的内容复杂、形式多样。本书后面几章将从以下几个方面来分析:旅游企业公关专题活动中的礼仪;旅游企业涉外公关活动中的礼仪;旅游饭店服务中的礼仪;旅行社服务活动中的礼仪;旅游景区服务活动中的礼仪。

◇ **同步案例9-3**

下面导游开场白有什么问题吗

游客们好!今天我是大家的导游,我姓王,大家可以叫我王导。

在城里呆久了,天天听噪声、吸尾气、忙家务、搞工作,你哪一天两腿一蹬,死了,划不来呀,是不是?所以我们应该经常出去旅游。我们导游呢,就是给大家带来快乐享受的。

大家都知道，在单位得听领导的，在家要听老婆的，既然上了这辆车，大家就得听小王我的！不听我的，我就会不高兴。我要是不高兴，你就不可能高兴。明白吧？

大家出远门旅游总想带点当地的特产回家，对不对？不带特产回家的那是有病。但是你们不要盲目买，你自己到处乱买，如果买错了，我可不管，那属于活该。应该怎样做呢？听我的，我比你们更了解市场。我要你们买，你们就买；我要你们在哪里买，你们就在哪里买。只要听我的，保证不会错。

……

■ **资料来源**：http://www.wenshubang.com/daoyouci/311558.html.

思考题：

从礼仪的角度出发，本段导游开场白应该如何修改？

◇ 思考与练习

1. 概述公关礼仪的含义和功能。
2. 赠送礼品有哪些常见的忌讳？
3. 握手礼应该注意哪些事项？
4. 根据本章的学习，你认为旅游公关人员应具备哪些礼仪素质？

◇ 拓展案例

两则关于礼仪的例子

二维码 9-2

第十章　旅游企业公共关系专题活动及其礼仪

◇ **学习目标**

知识目标：
掌握旅游企业公共关系专题活动的含义和类型。
能力目标：
能够描述各公共关系专题活动的内容、特点和相关礼仪。
情感目标：
领会学习公共关系专题活动及其相关礼仪的意义。

◇ **学习重难点**

各公共关系专题活动的内容、特点和相关礼仪

◇ **本章关键词**

新闻发布会；展览会；社会赞助；组织会议

◇ **导入案例**

武汉东湖风景区开展迎"五四"专题活动

　　值五四青年节来临之际，东湖风景区大力开展迎"五四"青年志愿者服务活动。4月28日，东湖风景区青年志愿者服务队授旗仪式在听涛景区举行，150余名青年面对志愿者旗帜宣誓，践行志愿精神，争做文明使者。
　　仪式结束后，志愿者们步行来到省博物馆背后的东湖路社区，看望慰问社区残疾孤寡老人。志愿者们帮老人做家务，陪老人聊天，并为老人送上了200元慰问金和水果等慰问品。

随后,志愿者们还在社区开展了"清洁家园"大行动。他们拿起铁锹、扫帚、抹布等工具和社区居民一起打扫卫生;同时,还在社区门口搭建了宣传台,向居民宣传环保知识,免费发放环保袋。小区居民对志愿者们的行动赞不绝口,并在宣传横幅上签名,表达对文明健康、绿色低碳生活的支持。

■ 资料来源:荆楚网,2010-4-29.

思考题:

东湖风景区的专题活动能够对景区形象产生什么样的影响?

第一节　旅游企业公共关系专题活动概述

一、旅游企业公共关系专题活动的含义

旅游企业公共关系专题活动是指围绕某一明确主题且经过公关人员的精心策划才能实现的特殊公关活动,其目的是在公众心目中树立良好的企业形象或者化解企业面临的危机。公共关系专题活动必须具备以下几个基本特征。

第一,必须具有明确的主题,而且每场活动通常只有一个主题。

第二,必须经过精心策划才能实现,且规模相对比较大。

第三,通常是与某一部分或某类型的公众进行重点沟通。

第四,必须有专门的实施人员、专项经费、专门的报道。

第五,必须精心挑选时机。

二、旅游企业开展公共关系专题活动的基本要求

旅游企业公共关系专题活动是一项实践性极强的工作,活动种类很多。这些活动虽然形式多样,方法也各不相同,但都有一定的规律可循。因此,要确保公共关系专题活动取得良好效果,必须遵循以下基本要求。

（一）目标要明确

公共关系专题活动是为了实现旅游企业的某一具体目标，目标越明确、工作效率越高，对公众影响就越大，实际工作效果就越好。目标可以是让公众了解旅游企业的最新发展、让公众接受某个产品信息、解决旅游企业的危机等。目标太抽象、太概括或者含糊不清的专题活动是没有必要开展的。

（二）主题要精选

公共关系专题活动的主题必须要精选，选择的方法主要有三种。

(1)根据公共关系工作的目标选择主题。公共关系专题活动是为公共关系工作服务的，其实质是公共关系工作不可缺少的一部分。因此，必须首先根据公共关系工作的目标确定专题活动的主题。从一般的程序看，首先要考虑根据具体工作的目标，有哪些具体的任务、专题活动有助于哪些任务的完成等问题，然后再对活动的主题做出选择。

(2)根据专题活动形式的特点选择主题。公共关系专题活动有众多的形式，每一种形式都有自己的特点，适于不同主题的活动。如果不顾专题活动形式的特点，主观强加主题，不仅达不到预期效果而且还会产生负面影响。

(3)根据公众的喜好选择主题。无论哪种形式的专题活动，都是面对一定公众展开的。如果不注意公众的好恶倾向，活动往往达不到预期的效果。因此，公众的喜好就成了不能不给予考虑的问题。

（三）策划要周全

旅游企业筹划公共关系专题活动必须考虑周全。一般情况下，无论哪种形式的专题活动，其策划都要做到以下几点。第一，要定好名称。一个好的名称可以起到画龙点睛的作用，增强公共关系专题活动的吸引力。第二，选好时机。节假日、周年纪念日及某些社会公益活动时间都是开展公共关系专题活动的较好时机。第三，选好地点。公共关系专题活动最好安排在旅游企业所在地或公众熟悉且有好感的地方进行。第四，选好来宾。活动的成功取决于根据活动目标邀请的相关公众，邀请受公众欢迎的社会名人出场可以起到活跃、烘托气氛的效果。第五，搞好接待。接待工作直接影响专题活动的效果，及时发送通知或请柬、精心安排活动场地、事先培训接待人员以及组织接送公众都是十分重要的。

（四）传播要到位

必须利用媒介做好活动的宣传工作。争取在报刊、电台、电视台"亮相"，扩大社会影响。

三、旅游企业公共关系专题活动的类型

旅游企业公共关系专题活动的类型很多,常见的包括新闻发布会、贸易展示会、宴会、对外开放参观、庆典、联谊活动等。

◇ **同步案例10-1**

上海大众汽车奥运公关

一、项目背景

上海大众作为2008年北京奥运会汽车合作伙伴成员企业,为2008年北京奥运会献出自己的一份力,在资金、车辆及相关服务方面提供赞助与支持。

二、项目策划

1. 公关目标

(1)体现优秀企业公民的形象。

(2)强化追求卓越的企业精神。

(3)增强上海大众产业链的凝聚力。

(4)加深产品与消费者的情感沟通,提升终端销售。

2. 目标受众

新闻媒体,相关政府部门,行业内其他汽车企业、经销商,上海大众的车主及目标消费者,上海大众的内部员工。

3. 传播策略

(1)主题口号:共享奥运情,一路卓越心。

(2)策略总纲:将品牌宣传、对外宣传、对内宣传以及与合作伙伴的沟通有效整合,向公众展示企业精神,强化与合作伙伴的沟通协作,以达到企业与奥运的深层次融合。

三、项目执行

1. 第一阶段(2007年1月—2008年4月)

传播主题:"2008,我们期待更多"

主题阐释:强化SVW品牌与奥运的关系,借奥运效应深化企业"追求卓越"的精神,增强社会与消费者对于SVW品牌的信赖,展示SVW在奥运传播中的独特品牌形象。

活动内容:从 2007 年 7 月开始,上海大众联手联合国儿童基金会、搜狐公司以及中国移动共同开展了奥运主题公益慈善活动。

2. 第二阶段(2008 年 5 月—2008 年 6 月)

传播主题:"谁能全程与共"

主题阐释:借助火炬传递等热点时间,结合 SVW 品质服务、追求卓越等传播信息点,隐性传达"SVW 能服务好奥运,更能服务好消费者"的信息。

3. 第三阶段(2008 年 7 月—2008 年 9 月)

传播主题:"运转"奥运及见证"卓越"

重要活动示例:上海大众提供了"途安""PASSAT 领驭""明锐三软 VII"车型服务奥运;同时,由 200 辆"PASSAT 领驭"氢燃料电池轿车组成的"绿色车队"参加奥运相关保障工作。

■ 资料来源:孟健.中国公共关系发展报告蓝皮书(2007—2008).上海:复旦大学出版社,2008.

思考题:

本案例中的奥运公共关系专题活动还差第四个部分,即项目总结,你认为应该如何开展总结?

第二节 新闻发布会及其相关礼仪

新闻发布会是一种由社会组织召开的集中向各新闻机构发布有关本组织新闻的特殊会议。旅游企业召开新闻发布会可以达到两个目的:一是广泛传播有关本企业的重要信息,二是与新闻界保持密切的联系。需要指出的是,新闻发布会并不完全等同于记者招待会。因为不是所有的记者招待会都是新闻发布会,有些记者招待会只是组织出于与新闻界联络感情的需要而举行的招待会,并不发布重要新闻。

一、新闻发布会的特点

作为一种特殊会议的新闻发布会有以下几个特点。

第一,以新闻发布会的形式传播组织的各类信息比较正式,给人们一种郑重其事的感觉。

第二,召开新闻发布会可以使有关本组织重要信息的传播既有广度又有深度。

第三,以新闻发布会的形式传播组织信息成本较低。

第四,新闻发布会对会议主持人与新闻发言人的要求比较高。

二、新闻发布会的准备工作

新闻发布会是旅游企业十分重要的公共关系活动。要取得这一活动的成功,需要公共关系人员在会前进行周密的计划,做好充分的准备。

(一)确定举行新闻发布会的必要性

在举行新闻发布会之前,必须对所要发布的信息进行认真的研究分析,分析这些信息是否重要、发布这些信息的紧迫性与最佳时机以及这些信息是否具有广泛传播的新闻价值等。

旅游企业遇到重要活动或重大事件时有必要举行新闻发布会。以饭店为例,有必要举行新闻发布会的重要活动或重大事件有:新开张;新产品的开发;企业重组上市;发生重大(或紧急)事件,如起火、爆炸等严重事故;受到公众和新闻界的公开批评;开展重大的社会公益活动;重要的人事变动;企业的重要庆典或纪念活动;等等。

(二)选择举行新闻发布会的时机与地点

举行新闻发布会需要选择最佳时机,以便有关本企业的重要新闻能在最合适的时间向社会公众进行传播。时间的选择应遵循两个原则:一是要在信息最具有新闻价值的时候,二是被邀请的记者基本上都能到会的时候。

举行新闻发布会需要选择最佳地点,以便充分发挥新闻发布会的效能。地点的选择应根据具体情况而定。如果新闻发布会的主题内容侧重于介绍本企业的发展情况或是推介企业的新项目、新服务,那么这种新闻发布会的地点就可选择在企业内部或企业附近的某个适合举行新闻发布会的地方;如果新闻发布会所要发布的是本企业的重大新闻或其主题内容侧重于澄清某一事实以挽回某种社会影响,那么这种新闻发布会的地点就可选择在相关政府部门所在地,或者选择在发生某种事件的所在地。

(三)确定邀请记者的范围

邀请哪些记者出席新闻发布会,要根据所须发布信息的重要性和影响程度来确定。以地域范围而言,如果新闻内容仅限于本地,则以邀请当地新闻机构的记者出席为主;如果新闻内容涉及较为专门的业务,则以邀请专业性新闻机构的记者出席为主;如果新闻内容涉及全国,则应邀请中央新闻机构的记者出席。以传媒范围而言,应该邀请各种传播媒介的记者出席。既要有电台、电视台的记者,也要有报纸、杂志的记者;既要有文字记者,也要有摄影记者。这有助于企业发布的重要新闻在社会上形成立体传播的态势。

(四)选定主持人和发言人

新闻发布会这种公共关系活动的目标公众是新闻记者,而记者的职业要求和思维习惯会使他们在新闻发布会上提出一些深刻、尖锐甚至很棘手的问题,这就对新闻发布会的主持人和发言人提出了较高的要求。为了举办好新闻发布会,必须选出思维敏捷、反应快、有较高文化修养和专业水平、口齿伶俐的人员担任主持人和发言人。此外,新闻发布会的主持人一般应由有较高专业技巧的人(如公共关系部门的负责人)担任,新闻发言人则应由掌握方针策略、熟悉本企业整体情况的人(如企业高层领导)担任。

(五)准备材料

在召开新闻发布会之前必须充分准备好有关材料,包括文字、物品、图片或影视资料等。如有必要,还应提前向与会记者提供与本次新闻发布会有关的背景材料,以便记者对会议有比较多的了解。新闻发布会的主持人和发言人必须熟悉所有与本次新闻发布会有关的材料,尤其是新闻发言人还须做好回答记者提问的材料准备、拟好发言提纲,做到心中有数。为了让记者方便而准确地报道本次新闻发布会,还要为记者准备好报道提纲。发言提纲和报道提纲的内容应在新闻发布会召开之前在企业内部进行通报,统一口径。

(六)配合记者的工作

在新闻发布会召开之前或之后,可以配合会议主题组织记者进行参观,给记者创造一些实地考察、采访、摄影、录像的机会,使他们对新闻发布会有一个感性认识。为使这种参观活动达到预期的目的,应该在会前安排好将要参观的地点,并派专人接待、陪同及介绍情况。

(七)布置会场

布置会场是召开新闻发布会之前的重要准备工作之一。要为新闻发布会创造一个良好的会议环境,即安静、无干扰,室内座椅舒适、灯光适宜。如果是小型新闻发布会,可以把会场布置成圆桌会议形式,让会议气氛更好。如果是大型新闻发布会,则可采用设主席台席位、记者席位、来宾席位等的会议形式。要为到会记者准备好录音和摄像的辅助器材,如电源及其他设备。如有必要,还须准备好多媒体设备,以便提高信息发布的效果。另外,还要在会场主席台正上方挂好本次新闻发布会的会标等。

三、新闻发布会的举办

（一）保障会议正常举办

举办新闻发布会就是在开展一项十分重要的公共关系专题活动，在开展这样的公共关系专题活动的过程中，需要注意以下事项。

第一，所发布的信息必须是准确无误的。

第二，在新闻发布会上，会议主持人与新闻发言人是以企业代表的身份出现在记者面前的。他们应该维护企业的形象，精诚团结，默契配合，共同为举办好新闻发布会而努力。

第三，会议主持人要以轻松、富有幽默感的言谈和感染力活跃整个会场的气氛，既要调动记者提问的积极性，又要控制好会场。当记者的提问离会议主题太远时，要善于巧妙地将话题引向主题。当会场的气氛有些紧张时，应该及时进行调节缓和。同时，不要随便延长预定的会议时间。

第四，新闻发言人对于不愿发表的意见和不便透露的信息，应委婉地向记者进行说明和解释，不要吞吞吐吐，以免记者追根究底，造成难堪的局面。不要随便打断记者的提问，也不要以各种语言、表情或动作对记者表示不满。遇到回答不了的问题时，不能简单地说"不清楚""不知道"或"我不能回答你"等，而应采取灵活的方式予以回答，否则会引起记者的不满甚至反感。即使记者的提问带有很强的偏见甚至具有挑衅性，新闻发言人也不能当场激动发怒，而应表现出很有涵养，以平静的话语和确凿的事理给予纠正或反驳。

（二）会后的工作

要使新闻发布会这一公共关系专题活动取得预期的效果，在会议结束以后，还应做好以下几项工作。

首先，要尽快整理出新闻发布会的记录材料，同时对新闻发布会这一活动的筹备、组织与实施情况进行评估，总结经验，找出不足之处，并将评估材料归档备查。

其次，要对照会议签到簿，看与会记者是否都发布了与本次新闻发布会有关的新闻稿。尽量收集已经发表的新闻稿，进行分类登记，并对记者所发稿件的内容及倾向进行分析，检查是否达到了举办新闻发布会的预定目标。

再次，若出现不利于本企业的报道，应采取良好的应对策略：如果报道的内容不正确或歪曲事实，应立即采取行动，说明真相，向有关新闻机构提出更正要求；若报道的内容虽然是正确事实，但不利于本企业，则应通过相关新闻机构向公众表示歉意，并采取改进的措施，以挽回企业声誉。

最后，要收集与会记者及其他来宾对新闻发布会的反应，分析他们对本次会议的意见，以便今后改进工作。

四、新闻发布会礼仪

第一,做好会议签到工作。要做好新闻发布会的签到工作,让记者和来宾在事先准备好的签到簿上签下自己的姓名、单位、联系方式等内容。记者及来宾签到后按事先的安排将其引到会场就座。

第二,严格遵守程序。要严格遵守会议程序,主持人要充分发挥主持者和组织者的作用,宣布会议的主要内容、提问范围以及会议进行的时间。主持人和发言人讲话时间不宜过长,以免影响记者提问。对记者所提的问题应逐一予以回答,不可与记者发生冲突。会议主持人要始终把握会议主题,维护好会场秩序,主持人和发言人会前不要单独会见记者或提供任何信息。

第三,注意相互配合。在新闻发布会上,主持人和发言人要相互配合。为此首先要明确分工,各司其职,不要越俎代庖。在发布会进行期间,主持人和发言人通常要保持一致的口径,不允许相互拆台。当记者提出的某些问题过于尖锐或难于回答时,主持人要想方设法转移话题,以免发言人难堪。而当主持人邀请某位记者提问之后,发言人一般要给予对方适当的回答,不然,对那位新闻记者和主持人都是不礼貌的。

第四,态度真诚主动。新闻发布会自始至终都要注意对待记者的态度,因为接待记者的态度如何直接关系到新闻机构发布新闻稿的效果。作为专业人士,记者希望接待人员对其尊重热情,并了解其所在的新闻机构及其作品等。记者的合理要求要尽量满足,如给予记者一条有发表价值的消息、一个方便拍照的位置等。对待记者千万不能趾高气扬、态度傲慢,一定要温文尔雅、彬彬有礼。

◇ 同步案例10-2

特朗普与女记者激烈"打嘴仗"

当地时间2020年4月13日,特朗普在白宫简报会上与美国哥伦比亚广播公司(CBS)的记者宝拉·里德就疫情相关的话题引发争执。现场火药味十足。

这名CBS的女记者追问特朗普,2月是否有采取措施,并表示:"现在争论的是你在为自己赢得时间,你没有准备充足的医院,你没有使用它来增加测试。"

特朗普说:"你真可耻,你问的这个问题太可耻了!"

女记者也不甘示弱,反问特朗普道:"那你用争取来的时间做了些什么?2月的时候,那时跟现在可有很大差距。"

"整个美国都没有病例,你会做什么?"特朗普接着说道,"不好意思,是你提问的,1月17日还是零新增、零确诊。"

台下的女记者迅速脱口而出"我问的是2月"后,接着,特朗普又大声喊道:"1月,我说的是1月!"

几轮争吵后,特朗普大喊道:"你知道你是假新闻吧,你知道吗,你们整个媒体,你的报道方式都是假的,你们几乎所有人,不是所有人,但人们看你们的时候是明智的,这就是为什么你的支持率比以前低多了。"

当天,视频在社交平台上传播广泛,还有媒体用"大喊大叫"(yelling)来形容二人的互动。

■ 资料来源:海外网,2020-04-14.

思考题:

在回答记者提问时,应该有哪些注意事项?

第三节　展览会及其相关礼仪

展览会是组织通过实物、文字、图像来展现其成果、风貌、特征的一种公共关系专题活动。展览会是旅游企业公共关系专题活动的一种重要形式,是旅游企业推广产品和服务、宣传企业成就、塑造形象的重要方式之一。展览会一般以展出实物为主,结合专人讲解,有利于与公众的直接交流,有利于参观者对参展产品与参展组织留下深刻印象,从而提高组织及其产品在公众心目中的可信度。

一、展览会的特点和作用

(一) 展览会的特点

作为旅游企业在特定的环境条件下开展的一种专题活动,展览会具有以下几个特点。

第一,综合运用多种传播媒介。展览会上既有讲解、交谈、现场广播等声音传播媒介,又有宣传手册、介绍材料等文字媒介,还有宣传照片、幻灯片、录像带和影视片等图像媒介。多种媒介有机地结合起来，以立体交叉的复合型方式同时调动公众的多种感官，给公众留下深刻的印象。

第二，良好的沟通效果和宣传效果。直观的实物、精致的版面和艺术的造型，辅之以动人的解说和优美的音乐，使展览会产生一种引人入胜的感染力。因而展览会比单纯的文字或口头的宣传具有更强的说服力和更佳的宣传效果。展览会能为前来观看的公众提供与酒店、旅行社、旅游景点等旅游企业直接沟通和相互交流的机会。旅游企业可直接了解公众的意见和态度。

第三，效率高，省时省力。展览会期间，不论是现在的还是潜在的社会公众均会慕名到场。一个展览会可以集中多个行业的不同展品，也可以集中同一行业的同一产品，因而可以为参观者提供比较、选择的机会，也为旅游企业的宣传促销节省了大量的时间和费用。许多参展商也正是通过展览会建立了自己良好的形象，打开了产品的销路。

第四，深受新闻媒介关注。展览会是综合性的大型活动，往往能成为新闻媒介采访的对象，成为新闻报道的中心议题。新闻媒介对展览会和展品的传播，会对公众产生极大的影响。

（二）展览会的作用

展览会作为一种传播活动方式，在政治、经济、文化等方面会起到较大的作用。通过展览会可带来新产品、新信息和新技术的传播，这有助于启发人的思路、开阔人的视野、增强质量与竞争意识。展览会所吸引的客源将会给当地旅游业和其他产业带来生机。此外，展览会所展示的不同地区的文化传统和审美需求也会促进当地文化结构的调整更新，增进文化交融和交流，从而为参展组织带来新的活力、新的生机和新的效益。具体来说，旅游企业参加展览会的作用有以下几个方面。

第一，促进公众对旅游企业的了解。展览会具有真实性、知识性和趣味性的特点。生动的图片、形象的文字说明、声情并茂的讲解，以及直观的实物展示都直接地介绍了旅游企业的特色和成就，能吸引广大公众注意，从而增进公众对旅游企业的了解，提高旅游企业的知名度。

第二，促进产品的销售。一场成功的展览会也是一次成功的广告，旅游企业可以通过举办或参加各种旅游贸易展览会来促进旅游产品的销售，巩固与发展与行业界朋友的关系。

第三，促进信息的交流。举办展览会能让参展的旅游企业了解不同旅游需求的最新消息，同时把旅游企业自身的产品行情、推销手法等信息及时传达给公众，达到与多方交流、与公众密切沟通的目的。

第四，促进政治文化方面的沟通。旅游业是中国社会的窗口，充分利用展览会这一专题活动形式，参加各项国际旅游展览活动，能将中国的文化和民族风情传播出去，并能吸引世界各地众多的宾客来华旅游，增进国际文化交流。

二、展览会的类型

展览会由于内容、规模和时间的不同而有不同类型。

（一）室内展览会和露天展览会

按场地划分，展览会可分为室内展览会和露天展览会。室内展览会比较正规、隆重，容易制造出一定的环境气氛，不受天气影响，时间可长可短。但其设计布置工作量大，费用比较高，受到空间范围的限制。一般而言，较为精致贵重的展品宜在室内展览。露天展览会不受空间局限，也无须过多的装饰布置，费用比较低，但受天气制约。如羊城花会、洛阳牡丹花会、哈尔滨冰灯节等。根据展览需要，一些大型展览会往往采用室内和露天展览相结合的方式。如2016海南国际房车（汽车）露营休闲旅游博览会，设置A、B、C馆及展馆外场。展馆外场是露营之家房车（汽车）露营嘉年华，让露营爱好者大开眼界，更多观展人员全家出动，一起体验房车露营的乐趣。

（二）固定展览会和流动展览会

按形式划分，展览会可分为固定展览会和流动展览会。固定展览会是在室内或户外选一固定空间举办的，如故宫博物院。流动展览会则没有固定的举办地点，而是在展品的实际运用过程中宣传旅游企业及其产品的形象。

（三）商贸展览会和宣传展览会

按性质划分，展览会可分为商贸展览会和宣传展览会。商贸展览会的目的是打开产品的营销局面，通过实物广告的方式提高产品的市场占有率，向公众推销产品。旅游企业举办的这类展览会的特点是面向目标客源，重点吸引的对象是展览会举办地的旅游消费者，引导其去目的地旅游观光，如德国柏林国际旅游展览会。商贸展览会在旅游业中还有一种类型，即旅行商交易型，这也是我国旅游企业非常值得参加的旅游展览会。它的特点是参展者都是各地旅游企业的代表，参观者则是来自各地旅游产品的买家（代理商）和旅游专家。买家与卖家在展览会上产生意向，深入洽谈，最后签订买卖合同。宣传展览会只单纯达到与公众沟通的目的，没有商业目的，不产生直接的商贸活动，如澳大利亚旅游风光图片展。

（四）大型展览会、小型展览会和微型展览会

按规模划分，展览会可分为大型展览会、小型展览会和微型展览会。大型展览会一般由行业主管部门发起和组织，参展单位多，展品丰富，影响比较大，如国际旅游博览会。小型展览会通常由若干旅游企业或某个旅游企业主办，参展单位少，规模比较小。微型展览会又称袖珍展览会，如橱窗展览、流动车展览等。这类展览看似简单，但技巧性要求较高，如果举办得当，也能扩大旅游企业的影响。

（五）综合性展览会和专题性展览会

根据内容来划分，展览会可分为综合性展览会和专题性展览会。综合性展览会是全面介绍一个地区或一个社区情况的展览活动，其综合性、概括性强，能让参观者留下全面深刻的印象。专题性展览会是因某一特定专题而举办的展览活动。与综合性展览会相比，专题性展览会内容较少、规模较小，不具综合性，但更要求主题鲜明、内容集中且有深度。

三、展览会的举办

一般来说，举办一场展览会需要做好以下工作。

（一）分析举办或参加展览会的必要性

展览会是大型的综合性公关活动，需要较多的人力，费用开支也比较大。因此，在举办展览会或参加某展览会前，一定要对举办展览会和参加展览会的必要性和可行性进行研究，防止费用开支过大或因准备不足而未起到应起的作用。

（二）明确展览主题和目的

在纷繁复杂的展览内容中，明确一个基本主题和目的，将其作为全局的提纲，以决定展览会中使用的沟通方法和形式。所有的实物、图片、图表及文字等必须有机地组合、排列，混乱的结构只能使参观者留下混乱的印象。如 2013 年在北京举办的"第九届中国国际园林花卉博览会"，其主题为"绿色交响·盛世园林"，以"园林城市·美好家园"为口号，体现"和谐、创新、生态"理念，为北京建设宜居城市、发展文化创意产业带来了新的机遇。

（三）确定展览类型及参展项目和单位

展览主题和目的明确之后，要进一步明确展览会的类型、参展项目和单位。如举办大型综合展览会，通常通过广告和邀请信等形式向可能参展的组织讲明展览宗旨、类型项目、要求及费用等，为潜在参展组织提供决策所需的资料。

（四）明确参观者的类型

参观者的类型将影响到信息传播手段的复杂性和多样性。如果参观者对展出项目有较深的了解和研究，介绍的资料就要较为专业化；若是一般的参观者，则应采用通俗易懂的语言进行直观普及性的宣传。

（五）选择开展时间和地点

展览会开展时间一般根据旅游企业的需要而定，有些展览要顾及季节性和时效性。展览会地点则要考虑交通是否方便、环境是否适宜、辅助设施是否配套、参观者是否方便。如"第二届中国国际园林花卉博览会"的时间定在金秋季节，地点在风景秀丽的南京市玄武湖公园，既考虑了花卉的季节性，又使展览会周围环境与展览主题相互映衬、相得益彰。

（六）搞好展览设计和解说词的撰写

展览会的组织者要根据展览主题、类型等要求，指定专人进行展览会的总体构思和企划，按照展览规划精心设计展台、主题画面和展览物，确定宣传口号，设计不落俗套的会徽和纪念品，编印介绍展览会的宣传材料，撰写图片介绍、前言和结束语。展台总体形象设计应考虑的因素包括空间利用、基本颜色、装饰的选用、灯光等。除了对外公开展示区外，可另设一小块隔离区，供参观者洽谈、休息等用。展览的解说词要生动、具体、精练，展览会所陈列的实物、图片和文字经过讲解员的介绍后，才能起到更好的传播效果。

（七）做好与新闻界的联络工作

展览会要利用一切可以调动的传播媒介进行宣传，使公众通过视、听等多种渠道了解有关旅游企业的信息。展览会举办前应成立一个对外发布新闻的部门，负责和新闻界进行联系，要制订新闻发布计划，如确定发布的时间、形式等。公共关系人员应挖掘展览会中的新闻价值，写成稿件，最大限度地扩大旅游企业的影响。

（八）培训展览会工作人员

展览会需要解说员、接待员和服务员。这些人员的个人素质和对展览技能掌握的程度，将直接影响整个展览效果。所以，必须对他们进行必要的专业知识训练、技能训练和公共关系知识培训。

（九）完善展览会辅助设施和相关服务

筹备展览会还应该准备好电源、电话、照明、音响、影像等辅助设施，提供接洽室、文书、邮政、检验、交通运输、旅游及住宿等相关服务。

（十）编制展览费用预算

展览会举办前要编制展览费用预算，有计划地分配展览所需的各项资金，防止超支和浪费。通常情况下，一场展览会的费用包括场地费用、设计费用、工作人员费用、联络及交际费用、宣传费用、运输费用、保险费用等，要根据展览所要达到的效果来考虑这些费用的标准。

四、展览会的注意事项

旅游企业通过展览会进行宣传主要有两种情况：一是旅游企业自己举办展览会，二是旅游企业参加由其他单位组织的展览会。不论是什么情况，要想充分利用展览会，达到预计宣传效果，就需要注意以下有关重要事项。

（一）内容要充实

围绕明确的主题，认真选择和配置展品，精心布置陈列。展板、实物与解说词之间的配置要相互联系，既不能重复，又不能脱节。展品的配置要有利于突出展览会的主题，不使用脱离主题的过分装饰、音响刺激、各式花招等，以免分散参观者对展品的注意力。

（二）做好宣传广告

要将展览会的信息传播至特定公众，达到良好的宣传效果，旅游企业需要有针对性地准备展览会的内容，以吸引参观者，而这要以弄清参观者的类型为前提和基础。

（三）提供良好的接待服务

理想的接待人员应具备的条件是：懂得专业知识；能提供业务、产品方面的咨询服务；有较强的口头表达能力和接待能力；仪表端庄。在接待参观者时，不要用"雷达式"目光进行扫描，接待人员要尽快判断出参观者的意向，实现与参观者的良好沟通，让他们有机会说明其兴趣和需要。

（四）调查和评估

旅游企业参加由其他组织举办的展览会，一定要进行详细的调查和评估，即了解该展览会举办的历史、展览会主办单位的信誉、展览会的专业性、展览会的地点以及展览会的收费等情况。在对上述的问题有了肯定性结果之后，可做出参展决定；反之，则不参展。

（五）充分准备

旅游企业在参加展览前的准备工作中，要印制好参展需要的宣传资料，包括景点介绍、公司简介、旅游线路（或其他产品）介绍等；要在展览会签名处索取参展者名册、买家名录等展览会资料，提早准备正式商务信件，发给可能的买家，邀请他们在展览会期间光临本企业展区进行洽谈；还要选择好重点目标商，研究其需求结构、能承受的价格水平，分析可能面对的其他竞争者的压力，制定出适当策略。

（六）恪尽职守

在展览会举办过程中，企业参展人员要坚守展台，切不可擅离职守。要充分利用展览会组织者举办的各种社交活动、专题报告会、信息交流会、研讨会等，最大可能地叙旧结新，争取主动，推出本企业的形象和产品。所有参展人员要注意行为举止和穿着形象，要微笑待客，对参观者要认真倾听他们的问题、意见，从中了解行情、收集信息；对对方提出的有关旅游业务或其他类似产品问题，不能立即回答的，要向对方致歉，可留下其联系方式，以便以后答复。

（七）善始善终

展览会结束后，为做好追踪工作，可多停留一两天，以便趁热打铁，对本地买家及时追踪；可拜会新旧买家，解决在展览会期间没有来得及处理的问题。另外，要及时整理展览会期间进行的调查，探明同行企业的产品行情、推销手法；整理出不同年龄、性别、职业的参观者的不同旅游需求，并反馈给企业相关负责人，以便应用到企业的营销策略及产品开发上。

五、展览会礼仪

展览会的工作人员应当具备良好的素质,明确办展览的目的和主题,了解展览的知识和技能,具备与展览产品有关的专业素质,还要懂得礼仪,从不同的角度影响参观者,使其满意。

(一)主持人礼仪

主持人是一场展览会的流程把控者,对展览会的成功举办具有关键作用。主持人应当穿着得体、举止庄重,使公众对其主持的展览会和产品产生信赖感。主持人的形象就是组织实力的一种体现。与宾客握手时,主持人应先伸出手,等宾客放手后再放手。

(二)讲解员礼仪

讲解员应热情礼貌地称呼参观者,讲解流畅,不用冷僻字,要让参观者听懂。介绍的内容要实事求是,不弄虚作假,不愚弄参观者。要保持语调清晰流畅,声音洪亮悦耳,语速适中。讲解完毕,应向参观者表示谢意。讲解员着装要整洁大方、自然得体,不要怪异或过于新奇。

(三)接待员礼仪

接待员站着迎接参观者时,双脚略微分开,与肩同宽,双手自然下垂或在身后交叉,这种站姿不仅大方而且有力。站立时切勿双脚不停地移动,以免显得不安稳、不耐烦。接待员不可随心所欲地趴在展台上或跷着二郎腿,不可嚼着口香糖,充当"守摊者"。要随时与参观者保持一定的目光距离,交谈时不可眼看别处,以免参观者感到自己没被尊重。

◇ **同步案例10-3**

展会放大江西红色旅游品牌效应

2009中国(江西)红色旅游博览会(以下简称红博会)今天在南昌闭幕。在为期两天的时间里,红博会吸引参观人数13.6万人次,现场成交额3800余万元,参会旅行社达成意向组团合同1845份。

本届红博会共吸引了来自广东、浙江等17个省市和江西省内的710余家参展商,展示旅游产品2000多种,工艺美术作品40个品类4000多件。截止到目前,参观人数达13.6万人次,现场成交额3800余万元;12家旅游商品供应商和采购商签署了6项旅游商品购销协议,签约金额1.17亿元;10家旅游商品生产企业与旅游投资商签署了5项旅游投资协议,签约金额10.8亿元,实现了红博会"规模更大、水平更高、内容更实、成效更好"的目标。

首次举办的江西黄金旅游线路推介会暨旅行社营销合作峰会成为本届红博会的一大亮点。来自美国、德国、韩国等国家和地区的60余家旅行商对江西美景和历史文化赞不绝口,共同研讨如何使红色旅游走向国际市场。37家境内外旅游企业签署了22项旅游营销合作协议,参会旅行社达成意向组团合同1845份,意向组团人数1609万人次。

在闭幕式上,红叶牌日用陶瓷等35个产品被评选命名为江西省名牌旅游商品。红色旅游纪念品设计创作大赛网上评选活动吸引了社会广泛关注,点击量达到1300多万次。

■ 资料来源:人民网,2009-11-14.

思考题:
在展会中,有哪些应该注意的礼仪事项?

第四节 社会赞助及其相关礼仪

旅游企业公共关系专题活动中的社会赞助是指旅游企业以捐助人的身份对社会公益事业提供金钱和物质等方面的无偿援助。旅游企业可以通过对社会公益事业的赞助来向社会公众传播有关信息,达到让公众了解企业的目的。这种活动具有明显的利他性,因而旅游企业传播的信息易为公众所接受。旅游企业可借助社会赞助活动来树立良好的社会形象,提高企业的知名度和美誉度。

一、社会赞助的作用与类型

(一)社会赞助的作用

旅游企业开展各种赞助活动,主要有以下作用。

第一,社会赞助可使旅游企业获得社会效益。作为社会的一员,旅游企业通过各种赞助表明其积极承担起所应尽的社会责任和义务,追求企业的社会效益。旅游企业的赞助活动需要出钱出物,并且是无偿的。但是,从间接意义来看,赞助活动又是"有偿"的。任何一次成功的赞助活动,都会给赞助者带来许多意想不到的好处,只是作为赞助者,旅游企业不能通过赞助活动直接取得经济效益。

第二,社会赞助可改善旅游企业的社会环境。旅游企业关心和支持各种社会公益活动,可创造一个和谐融洽的社会人际环境,树立良好的组织形象。旅游企业对社会活动或社会公益事业的资助,既表达了旅游企业对公益事业的关心,也容易为公众所称道。同时,旅游企业通过赞助活动可以增加与公众的相互了解,取得公众的帮助与支持。

第三,社会赞助可加强旅游企业与特定社会公众的联系。对特定活动的资助可以加强与特定社会公众的联系与交流,有助于达到培养与特定社会公众良好感情的目的。旅游企业与特定社会公众的良好感情,将使他们在企业需要帮助的关键时刻,给予企业有力的支持。如许多组织经常资助年轻人喜爱的文体活动,以此来取得年轻人对该组织及其产品或服务的喜爱。

第四,社会赞助可增强旅游企业广告的效果。旅游企业在赞助活动现场,通常可获得活动现场的黄金广告位,甚至全权广告代理权。旅游企业通过赞助活动来做广告,可以借助新闻媒介对赞助活动的报道,展开强大的广告攻势,从而使广告的效果大大增强。

(二)社会赞助的类型

 1. 体育活动赞助

体育活动赞助是社会赞助中非常常见,也是效果较好的一类活动。随着人们对体育锻炼越来越重视,体育活动的社会影响也越来越大,重大的体育活动成为广大社会公众的关注热点,也成为新闻媒介广为报道的内容。通过对体育活动的赞助,旅游企业既能提高美誉度,又能让更多公众熟悉本企业,扩大企业的知名度,是一种"名利双收"的公共关系活动。

赞助体育活动的方式很多,如担负某体育组织的经费、资助某项体育比赛活动、为体育团体提供某种产品或服务等。如1998年足协杯小组赛在扬州举办期间,扬州春兰大酒店及蓝天大厦主动向江苏加佳队及四川太阳神队发出热情邀请,为他们一行提供客房免费住宿等一系列服务和优惠,两队球迷追随而来,也下榻球队所在酒店。酒店与球队和球迷所开展的一系列联谊活动,吸引了新闻媒介的关注,纷纷做了宣传报道,酒店的美名随之传播出去。

 2. 文化艺术活动赞助

文化艺术活动赞助包括的内容很多:赞助电视节目制作、播映;赞助广播节目;赞助报刊开设专栏;赞助文艺表演活动;赞助节日游园和庆典活动;赞助科学研究和艺术研究;赞助图书出版;等等。旅游企业通过赞助文化艺术活动可以维护与公众之间的感情,也可以扩大企业的社会影响从而提高社会效益。如上海银河宾馆1990年开业阶段,通过赞助借台唱戏,为当年上海有史以来举办的最大规模的灯会——"上海-自贡金秋艺术灯会"免费提供了开幕式、剪彩仪式、景点导游等服务工作,其周到的服务使银河宾馆的大名通过参观者口碑、电视画面、报纸报道、电台广播,一夜之间传遍了整个上海,迅速提高了银河宾馆的知名度。

3. 教育事业赞助

教育事业是一项关系到国家千秋大计并日益受到社会重视的事业,教育是"今天的投资,明天的效益",具有重要的战略地位。教育事业赞助可分为赞助设立奖学金、赞助学校常年经费、赞助社会办学、赞助学校建设经费等具体形式。这类赞助活动在国内外都十分流行。如我国"希望工程"得到了许多富有社会责任感的企业组织的支持,这项资助贫困地区的失学少年儿童重返校园的活动,牵动千万人心,引起全社会的关注。国际快餐公司肯德基积极参与支持"希望工程"活动,在1992年举办了为期一周的义卖活动,将利润10万元全部赠给了"希望工程",该公司亚太区总裁捐款5万美元,用于建立"希望小学"。肯德基的这些举动与"希望工程"一同引起了社会关注,赢得了消费者的信赖和支持,事业更加兴旺发达。

4. 社会福利事业赞助

社会福利事业赞助的内容十分广泛,如赞助残疾人社团、基金会,赞助幼儿园、敬老院和进行社会救济等。赞助的具体形式有临时性捐助、定期性捐助或两种具体形式相结合等。这类赞助相对于体育活动、文化艺术活动和教育事业的赞助,可能受到的关注较少,然而它更能体现出该组织的崇高社会形象,更能赢得公众的好感。如广州花园饭店自开业以来,一直不忘服务残疾人,率先出资铺砌残疾人轮椅通道,为残疾人设置专用洗手间、提供价廉物美的残疾人套餐、设计盲文菜单等,被称为"残疾人之家"。又如中国大酒店,曾将"四季厅"一天的营业收入全部捐赠给残疾人福利基金会,用于给孤儿院儿童送食品等,这些资助活动都提高了酒店的美誉度。

5. 赞助设立各类奖励基金

赞助设立各类奖励基金是赞助活动的一项重要内容,对促进社会进步和组织自身发展有积极作用。这类奖励基金可能用于支持某一职业或某一专业的发展,如新闻奖、摄影奖等;也可能用于支持某种社会精神的弘扬,倡导精神文明建设,如见义勇为奖等;也可能用于支持某种社会活动的推广,如合理化建议奖、节约模范奖等。

随着社会经济的发展,社会赞助的类别也日益丰富。旅游企业可以选择最适合于自己的一类赞助,也可以同时进行好几类不同的赞助;既可以直接提供资金,也可以提供产品和优质服务。

二、社会赞助的原则、步骤及应注意的问题

（一）社会赞助的原则

为了使赞助达到旅游企业的目的，企业在实施赞助过程中，要始终坚持赞助的基本原则，这些原则主要有以下几点。

第一，社会效益原则。社会赞助活动应首先讲究社会效益，以承担社会责任作为开展赞助活动的目的。开展赞助活动必须着眼于社会效益，优先考虑慈善事业、社会福利事业和教育事业的赞助。

第二，经济原则。旅游企业根据自身的经济能力考虑赞助数额的大小，量力而行，还要重视赞助活动可能给企业带来的综合效益和长远效益。

第三，知名原则。要分析公众及新闻界对有关赞助活动的关注程度，通过赞助展现企业对社会公益事业的参与和支持，提高企业的知名度和美誉度，树立良好的企业形象。

第四，合法原则。旅游企业开展赞助活动必须遵循合法原则。一方面，旅游企业赞助的对象必须符合法律道德，符合社会利益和公众利益；另一方面，旅游企业开展赞助活动时必须遵守国家的政策法规。如果旅游企业赞助的对象是违法的，或者旅游企业违背相关政策法规，利用赞助活动搞不正之风，都会损害企业的形象。

（二）社会赞助的步骤

第一，成立专门负责赞助的机构。为充分发挥赞助活动的作用，旅游企业一般需要组织一个专门的赞助委员会或赞助审查小组，来负责赞助活动的研究工作、赞助成本和赞助收益分析，以保证企业和社会都能有收益。

第二，赞助项目的确定。赞助活动是一项专业性很强的公共关系工作。赞助活动可以由旅游企业自主选择对象予以赞助，也可以应被赞助者的请求来确定，但不管赞助谁、赞助形式如何，赞助活动事先都应做好准备。

第三，赞助计划的制订。赞助项目确定以后，就应该制订出一个完整的赞助计划。赞助计划是赞助目标的具体化，通常包括赞助对象的范围、赞助形式、赞助目的、赞助费用预算等。

第四，赞助计划的实施。在赞助计划制订后，就应指定专门的公共关系人员负责落实各项具体的赞助计划事项。在具体执行计划的过程中，要尽可能地运用各种切实有效的手段和方式，充分施展公共关系技巧，使企业通过赞助活动扩大对社会的影响。

第五，赞助效果的评估。研究确定赞助项目、制订并实施赞助计划的目的是要赢得赞助的良好效果。因此，在每次赞助活动中，旅游企业都应注意赞助效果的检查测定，要求将赞助活动的具体实施情况和活动之后社会公众、新闻界的反应与赞助计划相对照，明确指出完

成了哪些预定指标，哪些指标没完成并分析其原因，然后写出评估总结报告，上报企业领导层，并做好档案归属保存，为以后的赞助活动提供参考资料。

（三）社会赞助应注意的问题

第一，社会赞助要有针对性，拒绝"摊派"歪风。社会赞助是旅游企业自愿履行社会责任和义务的表现，因而旅游企业拥有选择赞助项目的权利，不必满足所有的"找上门"和所谓的热点活动的要求。遇到不必赞助或明显没有社会效益的情况，要坦率相告并解释原因。对虽然合适但难以负担的赞助请求，要坦陈自己的难处，婉转地要求减少赞助费用或表示不宜参与赞助。遇上无理纠缠者，必须坚决用法律来保护自己的权益。

第二，充分利用赞助活动所提供的机会。赞助承诺后，要尽量利用赞助活动来进行宣传。赞助活动的主办方只是给旅游企业提供机会，而怎样利用赞助活动则是企业自身要考虑的事。

第三，提高赞助活动的效率和质量。旅游企业可以出面把多个方面的资金集中起来，设立一个基金会。基金会可单独或联合地向社会公益事业提供稳定的长期资助，取得长期的社会效益。在赞助活动仪式举行时，旅游企业可以邀请与自己有密切联系的新闻媒介记者出席仪式，这直接关系到赞助活动及企业信息传播的最佳效果。

第四，严格执行财务审计制度，控制赞助预算。赞助活动在财务方面要严格管理，以免资金被挪作他用，或被私人非法侵吞。旅游企业必须严格控制赞助预算，不宜超支。企业还要注意保留一部分流动资金，以解决临时活动之用。

三、社会赞助礼仪

（一）场地的布置

赞助活动的举行地点一般可选择受赞助单位的会议厅，也可租用社会上的会议厅。会议厅要大小适宜、干净整洁、灯光亮度适宜。在主席台的正上方，一般悬挂一条大红横幅，在横幅上书写"××单位赞助××项目大会"或"××赞助仪式"的字样。赞助活动会场的布置不可过度豪华张扬，略加装饰即可。

（二）人员的选择

参加赞助活动的人员既要有充分的代表性，又不必在数量上过多。除了赞助单位、受赞助单位双方的主要负责人及员工代表之外，赞助活动应当重点邀请政府代表、社区代表、群众代表以及新闻界人士参加。所有参加赞助活动的人员，与会时都要身着正装、注意仪表、举止规范，以与赞助活动庄严的整体风格相协调。

（三）活动的议程

赞助活动的具体议程应该周密、紧凑，活动的议程如下。

第一，宣布活动开始。赞助活动的主持人一般由受赞助单位的负责人或公共关系人员担任。在宣布活动正式开始之前，主持人应恭请全体与会者各就各位，保持肃静，并且邀请贵宾到主席台上就座。

第二，赞助单位正式实施赞助。赞助单位代表首先出场，口头宣布其赞助的具体方式或具体数额。随后，受赞助单位代表上场，由赞助单位代表正式将标有一定金额的巨型支票或实物清单双手捧交给受赞助单位代表，必要时礼仪人员要为双方提供帮助。在以上过程中，全体与会者应热烈鼓掌。

第三，双方代表分别发言。首先由赞助单位代表发言，其发言内容重在阐述赞助的目的与动机，同时可将本单位的简况略做介绍。然后由受赞助单位代表发言，集中表达对赞助单位的感谢。

第四，来宾代表发言。根据惯例，可以邀请政府有关部门的负责人讲话。其讲话主要肯定赞助单位的义举，呼吁全社会积极倡导这种互助友爱的美德。有时也可省略该项议程。至此，赞助会结束。

会后，双方主要代表及会议的主要来宾应合影留念。此后，双方稍事晤谈，来宾即应告辞。

◇ **同步案例10-4**

三亚西岛景区赞助社区学子

2016年12月10日上午，三亚西岛海洋文化旅游区董事长助理荣先生来到西岛社区居民委员会举行2016年应届大学生及中学生赞助款发放仪式，给学子送来关怀与温暖，用爱心传递一股暖流。当日，该景区共赞助205名学子，爱心款共计31.14万元。

据悉，"爱心助学活动"是三亚西岛景区每年都会发起的一项重要公益活动，目的是让更多的学子能够在求学的道路上畅通无阻。此次赞助发放仪式上，西岛社区本科、专科、高中以及初中学子共205人，获得赞助共计31.14万元。

荣先生表示，西岛景区一直热衷于爱心慈善事业，通过助学活动让更多的学子能够踏入大学校园，为提高社区居民受教育程度以及改善当地群众的生活水平尽景区的一份力量。三亚西岛景区一直将爱心和慈善放在重要位置,"饮水思源,不忘初心",致力于造福于本地居民,注重景区和社区和谐发展,并将此作为重要举措长期坚持下去。

资料来源:搜狐网 https://www.sohu.com/a/105520850_411849.

思考题:

案例中赞助款发放仪式没有详细报道,请你代写一份简单的仪程。

第五节 组织会议及其相关礼仪

举办会议是公共关系工作常用的方式。会议给人们面对面交流的机会,能使人们彼此认识、相互理解,这是会议的最大特点。

一、会议的形式

会议的形式很多,如例行工作会议、专题性会议、学术研讨会、座谈会等。各种不同会议的内容、特点、涉及范围、时间等均不同,公共关系人员必须掌握安排和主持会议的技巧。

二、举办会议须注意的事项

(一)会议时间适宜

会议的重要性并不在于会议召开时间的长短,而在于会议的内容和要解决的问题。缩短会议时间,尽量减少时间浪费,可以提高整个组织的效率。

时间长而乏味的会议,即使不计会议的花费,会议成本也非常大。会议成本与会议对生产、工作造成的损失有关。日本某公司率先提出会议成本,其通用计算公式为:

$$会议成本 = 2A \times B \times T$$

其中：A 为员工每小时平均工资的 3 倍,而员工工资一般为劳动产值的 1/3；B 为参加会议的人数；T 为开会时间(以小时计)。

这个会议成本包括与会者的工资及从本企业取得的其他收入,因开会而少为企业创造的除工资和其他收入之外的产值,以及因会议时间而引起的经常性工作停顿的损失。

（二）精简会议次数和程序

在计划召开会议时,应先考虑以下问题：这次会议是否一定要开？可开可不开的会议,应坚决取消；这次会议是否可与别的会议合并起来开？能合并的则合并,如果不能合并,可将非紧急事务在定期会议上解决。

此外,要简化会议程序。绝不将可简化的会议变得复杂化,以提高效率。

（三）会议主题要明确

每次会议都要有明确的主题以及必须要解决的问题。这既可以判断召开会议是否必要,又有助于会议主持人条理清晰地组织会议,防止会议开得漫无边际、不得要领。会议主题越明确,会议成功的可能性就越大。

（四）会议的内容应使与会者感兴趣

一方面,会议的内容应与与会者密切相关；另一方面,会议的内容应尽量生动、活泼、富有感染力。同时,发言时可插入一些生动有趣和让人感到亲切平常的事例。

（五）会议要提供双向沟通的机会

会议的目的在于沟通、协商,达成共识,解决问题,互通信息和意见。最好的方式就是双向沟通。会议过程不能一直由领导人讲话,应留出较足够的时间让与会者提问或发言,以便领导人得到及时的信息反馈,了解下属的反应。

（六）充分做好会前准备工作

准备好会议的议题内容；准备较充分的发言稿和其他相关资料；准备好会议室布置工作；让与会者对会议内容有一个大致了解。

三、会议主持人必须具备的条件

会议主持人的素质是会议成功举办的重要条件。一般来说,会议主持人必须具备下列各项条件。① 充分了解会议的主题,并在会前熟悉会议的各种工作事项及讨论内容,谨慎地做好会议的计划、时间分配及各种准备工作。② 具备团体共事、维持良好关系的能力,避免以训教的姿态出现。③ 对于值得探讨的事项,具备激发与会者做有建设性、积极性发言的能力;对于有关的反对意见,具备带领与会者详细讨论的能力。

四、会议礼仪

(一)会议主持人礼仪

会议的主持人一般由具有一定职位的人来担任,其礼仪表现对会议能否圆满成功有着重要的影响。

(1)穿着。主持人应衣着整洁,大方庄重,精神饱满,切忌不修边幅、邋里邋遢。

(2)走姿。走上主席台时应步伐稳健有力,行走的速度因会议的性质而定。

(3)站姿。如果是站立主持,应双腿并拢,腰背挺直。单手持稿时,右手持稿的底中部,左手五指并拢自然下垂。双手持稿时,应与胸齐高。坐姿主持时,应身体挺直,双臂前伸,两手轻按于桌沿。主持过程中,切忌出现搔头、揉眼、踢腿等不雅动作。

(4)语言。主持人言谈应口齿清楚,思维敏捷,简明扼要。

(5)场面控制。主持人应根据会议性质调节会议气氛,或庄重,或幽默,或沉稳,或活泼。

(6)其他方面。主持人不宜与会场上的熟人打招呼,更不宜寒暄闲谈,可在会议开始前或会议休息时间点头、微笑致意。

(二)会议发言人礼仪

会议发言有正式发言和自由发言两种,前者一般是领导人发言,后者一般是与会者讨论发言。正式发言者应衣冠整齐,走上主席台应步态自然,体现一种成竹在胸、自信自强的风度与气质。发言时应口齿清晰,讲究逻辑,简明扼要。如果是书面发言,要时常抬头扫视一下会场,不能低头读稿,旁若无人。发言完毕,应对与会者的倾听表示谢意。

自由发言则较随意,但要注意:发言应讲究顺序和秩序,不能争抢发言;发言应简短,观点应明确;与他人有分歧时,应态度平和、以理服人,听从主持人的指挥。

对于与会者的提问,发言人应礼貌作答,对不能回答的问题,应机智而礼貌地说明理由。对提问者的批评和意见,发言人应认真听取,即使提问者的批评是错误的,也不应失态。

（三）会议参加者礼仪

会议参加者应衣着整洁、仪表大方、准时入场、进出有序，依会议安排的次序入座。会议期间应认真听讲，不要私下小声说话或交头接耳。发言人发言结束时，应鼓掌致意。中途退场应轻手轻脚，不影响他人。

（四）会议就座礼仪

如果受到邀请参加一个排定座位的会议，最好由工作人员将自己引导到座位上去。

通常，会议主席坐在离会议室门口最远的位置。主席两边由高级管理人员、助理就座，以便能帮助主席分发有关材料、接受指示或完成主席在会议中需要做的事情。

◇ 同步案例10-5

粗心的会议组织

某机关定于某月某日在单位礼堂召开总结表彰大会，发了请柬邀请有关部门的领导光临，在请柬上把开会的时间、地点写得一清二楚。

接到请柬的几位部门领导很积极，提前来到礼堂开会。但看到会场布置不像是开表彰会的样子，经询问礼堂负责人才知道，今天上午礼堂开报告会，该机关的总结表彰会改换地点了。几位领导感到莫名其妙，个个都很生气，改地点了为什么不重新通知？一气之下，都回家去了。

事后，会议主办机关的领导才解释说，因秘书人员工作粗心，在发请柬之前还没有与礼堂负责人取得联系，一厢情愿地认为不会有问题，便把会议地点写在请柬上，等开会的前一天下午去联系，才知得礼堂早已租给别的单位了，只好临时改换会议地点。

但由于邀请单位和人员较多，来不及一一通知，结果造成了上述失误。尽管领导登门道歉，但造成的不良影响也难以消除。

■ **资料来源**：http://wenku.baidu.com/view/d1365707e87101f69e319571.html.

思考题：

本案例中出现了不良影响，仅仅只是因为粗心吗？根本原因是什么？

◆ **思考与练习**

1. 新闻发布会的准备工作有哪些？会中应注意什么？
2. 展览会的特点是什么？如何组织？
3. 试阐述社会赞助的原则、步骤及注意事项。
4. 概述召开会议的注意事项及会议主持人应具备的条件。

◆ **拓展案例**

二维码 10-1

找出签约发布会中存在的礼仪问题

第十一章 旅游企业涉外公共关系及其礼仪

◇ **学习目标**

知识目标：
掌握旅游企业涉外公共关系程序和相关礼仪内容。
能力目标：
理解旅游企业涉外公共关系应遵守的原则。
情感目标：
熟悉主要客源国的礼仪习俗。

◇ **学习重难点**

旅游企业涉外公共关系程序和相关礼仪内容；旅游企业涉外公共关系的日常礼仪

◇ **本章关键词**

涉外公共关系；涉外公关程序；涉外礼仪

◇ **导入案例**

旅游风景区海外公关宣传

2018年2月25日晚，美国纽约温州同乡会举行新年迎春晚会，领事、议员代表，布鲁克区长和江浙工商会代表共一千余人参加。文成县旅游海外代言人李文先生以此次晚会为契机，积极推广宣传文成旅游，现场为大家播放了旅游宣传片，并发放刘伯温故里景区宣传资料，让在场的每一位人感受了文成的优美自然风光和深厚人文底蕴。

刘伯温故里景区以刘伯温文化为主线串联，由百丈漈、刘基故里（刘基庙）和安福寺三个核心景区组成。景区自然风光优美、人文底蕴深厚，是集历史名人文化、佛教文化、民俗文化、廉政文化、生态文化等多元文化于一体的综合型旅游目的地。

2017年文成县开展了"我为家乡代言——文成旅游海外代言人"活动,评选出了10位"文成旅游十大海外代言人",成立了文成县"海外旅游办事处"。"海外代言人"和"海外旅游办事处"充分利用自身优势,开展了一系列的海外宣传热潮,通过海外社交媒体、海外朋友圈、企业与社区等,对文成旅游开展不同方式的宣传推广。

■ 资料来源:搜狐网 https://www.sohu.com/a/224164497_467503.

思考题:

你是否能举一个旅游企业国外公关成功或失败的事例?

第一节 旅游企业涉外公共关系概述

一、旅游企业涉外公共关系的含义与特点

(一)旅游企业涉外公共关系的含义

旅游企业涉外公共关系是指旅游企业的活动、产品进入国际范围与其他国家的公众产生联系,需要通过国家间的信息沟通、传播手段来了解国外公众对象,建立本企业的国际形象,使本企业的产品在国际市场上赢得公众的了解和信任。

随着外部条件的宽松和中国改革开放的进一步深入,中国国际旅游业迅猛发展。一方面,在当今的信息时代,中国旅游业面对国际客源市场的激烈竞争,必须掌握涉外公关的技巧,使自身在市场竞争中立于不败之地;另一方面,越来越多的涉外旅游企业,包括旅行社、旅游公司、旅游景点、高级饭店宾馆、友谊商场、交通运输部门等,在如何处理各种涉外旅游投诉、宣传推广旅游资源和旅游产品、塑造国际旅游品牌等方面,将面临不少新课题,涉外公共关系无疑有助于这些问题的解决。

旅游企业涉外公共关系活动大致可分为两种情况:一是在本国境内与他国公众开展公共关系活动,二是在他国境内与他国公众开展公共关系活动。

(二)旅游企业涉外公共关系的特点

旅游企业涉外公共关系有其特殊性和复杂性,主要表现在以下几个方面。

第一,旅游企业涉外公共关系面临的公众更加复杂。国际公众不仅属于不同的国家,种类多,而且在宗教信仰、文化背景、教育程度、语言和风俗习惯等方面也存在差异。

第二,国家利益至上。旅游企业涉外公共关系过程中不仅要考虑本企业利益,还要考虑国家利益,企业不仅要确立在国际公众心目中的良好形象,还要关注国家形象,维护国家尊严。

第三,面临不同的宗教和习俗。旅游企业涉外公共关系是一种跨国界活动,既要求遵循统一的国际法和国际惯例,又要区分不同国家的公众,照顾其民族文化、宗教信仰等方面的不同特点,即要坚持国际性与地方性的统一原则。

第四,面临复杂多样的环境。旅游企业在他国境内开展公共关系活动,必须了解和熟悉他国的公关环境,包括政治、法律、经济、社会、历史、文化、资源、人口等环境因素,这些环境因素对涉外公共关系活动具有重要的影响。

第五,旅游企业涉外公共关系必须熟练掌握国际传播渠道和技巧。涉外公共关系的目标是树立组织的国际知名度和国际美誉度,要求组织信息的覆盖面更广,能达到其他国家,这是与国内公共关系传播不同的。因此,旅游企业应当了解和熟悉目标国主要的大众传播机构、传播体制与媒介运作方式、大众传播的法规、跨文化沟通和国际传播的策略与技巧等。

二、旅游企业涉外公共关系的要素

公共关系具有三个基本要素:社会组织、公众、传播。社会组织是公共关系的主体,公众是公共关系的对象和客体,传播则是公共关系的实施手段。这个一般原理也完全适用于分析涉外公共关系。

(一)旅游企业涉外公共关系的主体

在我国,旅游企业涉外公共关系的主体主要包括各级旅游行政管理组织、各类旅游协会组织和旅游企业组织。旅游企业组织包括涉及国际旅游的旅行社、旅游饭店、旅游交通部门、旅游景点、旅游商店等,它们是涉外旅游公共关系的主要承担者。

(二)旅游企业涉外公共关系的客体

旅游企业涉外公共关系的客体很广泛。在我国境内,客体主要是指境外游客(含港澳台同胞和海外侨胞)、带团领队、驻华外国政府代表和企业代表等;在境外,客体主要包括国际旅游组织和外国政府机构、国外新闻媒介、国际知名人士、海外华人等。与一般的国内公众相比,国际公众有明显的特点,即由于国际公众处在不同的社会环境、文化氛围和政治经济制度之中,其信仰、利益、兴趣、态度要比国内公众更为复杂。

(三)旅游企业涉外公共关系的传播

旅游企业涉外公共关系传播的主要渠道是国际大众传播媒体,特别是著名的国际大众传播媒体,另外还有包括因特网在内的传播手段。

国家间的传播交流侧重使用在国际上有影响力的传播媒体。当今世界各国的公众主要通过新闻传播媒体来获得自己所需要的信息。因此,国际大众传播媒体也就成了涉外公共关系传播的主要媒体。如美国的美联社、合众国际社、《纽约时报》、《华尔街日报》、《国际先驱论坛报》、《时代》周刊,英国的路透社、《金融时报》、《泰晤士报》等已经成为涉外公共关系的重要传播媒体。

同时,旅游企业要善于运用本国的涉外传播手段来加强宣传和扩大影响。如我国的各种对外刊物、对外广播电视节目等。

除了国际大众传播媒体以外,一些国际性的组织,例如涉外公共关系公司和国际经济组织,本国的驻外机构、大使馆和领事馆,国内的外资伙伴,本国在国外的杰出移民后裔或者有影响力的侨民组织等都可以作为国际沟通和传播的渠道。在开展涉外公关时,可以根据实际需要和实用可行的原则,有选择地加以利用,争取实现花费最小、效果最佳的目的。

三、旅游企业涉外公共关系应遵守的原则

旅游企业涉外公共关系的目的是加强与国际社会的沟通与合作,加深在国际社会中彼此之间的理解与信任,树立企业在国际社会中的良好形象与声誉。由于国际环境较之国内复杂得多,旅游企业所涉及的公众可能是外国政府、企业、社会团体,也可能是外国的个人。因此,涉外公共关系的策划更要求做到周密细致,必须遵循一定的原则。根据前面所述旅游企业涉外公共关系的特点,旅游企业在涉外公共关系活动中要遵循如下所述的原则。

(一)国家利益至上

国家利益至上原则是处理国与国之间经济关系的首要原则,也是核心原则,是企业在处理经济事务时应遵循的基本准则。如果企业自身的经济活动损害了自己国家的根本利益,是不可能在国外树立良好声誉的。因此,旅游企业的公共关系人员在从事涉外公共关系活动时,不仅要确保能使本企业在国际公众心目中树立良好形象,还必须维护国家的利益。

遵循国家利益至上的原则,也意味着在发展国际旅游业务时,要考虑本国同行的经济利益,在国际上不与本国同行进行恶性竞争。

（二）真实、公开、透明

真实、公开、透明是公共关系生存和发展的基础,是公众对企业经营活动的基本要求。旅游企业在从事涉外公共关系活动时,传递给国际公众的信息必须保证真实可靠和准确无误。散布、传播虚假信息或许能起到一时功效,但从长远来看,对企业形象所造成的损害是难以弥补的。

（三）遵守国际惯例

旅游企业涉外公共关系活动是一种跨国界、跨文化的活动,要求遵循统一的国际法和国际惯例。1961年,国际公共关系协会制定了《国际公共关系协会行为准则》;1965年,国际公共关系协会在雅典通过了《国际公共关系道德准则》。这两个文件对涉外公共关系人员的行为规范、道德准则提出了一些原则性的要求,如注重信息的真实性、尊重和维护人类尊严、对社会和公众利益负责、尊重联合国人权宣言的道德原则与规定等。此外,国际公共关系领域还存在一些不成文的惯例,如平等竞争、保守机密等,这些惯例也是在开展涉外公共关系活动过程中必须遵守的重要原则。

（四）尊重多样文明

不论是出境游还是入境游,旅游企业都要与不同国家、不同民族、不同种族的人和组织打交道。人类社会是一个由不同类型文明所构成的共同体。文明的多样性决定了不同的文明之间既有内容的差异,也有形式的差异,还有发展水平的差异。对不同国家的公众,还需要照顾其民族文化、宗教信仰等方面的特点。特别是在他国境内开展国际公共关系活动,必须了解和熟悉他国的公共关系环境。只有善于在求同存异的基础上开展沟通与合作,才能使涉外公共关系活动实现积极效果。

（五）遵守国际礼仪

以礼相待是中华民族的传统美德。国际旅游企业要面向全世界,宗教信仰、文化背景、生活习俗等不同因素使得世界各国、各民族各自有其禁忌。随着历史的发展、国际交往的频繁,懂得国际礼仪是非常有必要的。

◇ **同步案例11-1**

立体化地塑造香港旅游国际品牌形象

为在国际上塑造香港旅游品牌形象,香港旅游发展局推出了一系列举措。

第一,分层次塑造香港旅游品牌。第一层次,全面包装城市,塑造城市"动感之都""购物天堂"的香港品牌形象。第二层次,加大宣传力度,创建名牌旅游景区。香港旅游发展局每年的推广费用预算高达数亿元。旅游景区和城市品牌的无缝对接,直接带动了香港旅游的繁荣。第三层次,突出饮食购物文化,树立旅游关联产业品牌形象。对很多游客来说,香港最大的魅力不是景点,由购物、饮食和文化等旅游关联产业构成的大都会旅游才是香港旅游真正的精髓。

第二,整合推广品牌形象。通过五大渠道,即消费者推广、同业推广、媒体推广、会议展览及奖励旅游推广、名人推广来进行整合营销,同时结合大型综合推广活动达到宣传香港旅游形象、吸引潜在游客的目的。

第三,危机公关。1998年金融危机期间,通过推出一系列优惠政策和推介活动来开发内地市场的方式,来弥补东南亚游客流失的损失。2003年"非典"袭来,香港旅游发展局沉着应对,同其他政府部门配合,首先做好游客的安置工作,保证游客安全离港,其次对酒店、餐饮、交通等旅游相关产业给予政策上的支持。

■ 资料来源:https://www.sohu.com/a/234938357_146332.

思考题:
香港塑造旅游国际品牌形象能给我们哪些启示?

第二节 旅游企业涉外公关的程序与类型

一、旅游企业涉外公关的程序

旅游企业涉外公关的程序一般包含四个步骤:调研、策划、实施、评估。这是旅游企业涉外公关的基本内容。

（一）调研

调研，即了解目标国的社会、企业、普通民众的情况。调研内容包括两个方面：国外旅游行业环境的调研；国外宏观环境的调研。

国外旅游行业环境的调研内容与国内公关调研基本一致。

国外宏观环境的调研内容主要包括以下几个方面。

第一，国际政治和法律环境的调研。国际政治环境主要包括一国的政治体制、政策的稳定性、政府在旅游业的地位以及本国与目标国政府之间的关系等内容。此外，公众集团也是一种不可忽视的力量，可能对该国政府或企业形成重要的影响。在美国等一些经济发达国家，这类团体的活动非常活跃并经常通过各种渠道与形式对政府或企业施加压力。

对于经营出境游的旅游企业而言，国际法律环境调查也很重要。带团在国外旅游，如果发生纠纷，要知道采取什么法律手段、经过哪些程序来解决问题。

第二，国际文化环境的调研。文化是一个民族的独特行为方式，文化包括宗教、家庭的角色、教育水平、语言、观念等。以观念为例，一个国家游客对自然山水和人文历史的审美观念对其旅游行为影响非常大。

第三，国际经济环境的调研。国际经济环境包括以下几个方面。一是目标国的金融体系，如货币制度、汇率制度、外汇市场等。二是市场规模，影响一国客源市场规模的因素主要有人口数量和结构、人均国民收入、居民消费能力。三是基础设施，通常指一个国家的交通运输条件、通信设施、能源供应等。如果基础设施落后、信息不灵、市场渠道不畅，必然影响该国的旅游经济发展。

第四，科学技术环境的调研。科学技术环境主要是指整个世界及目标国的科技发展水平。虽然经济全球化、网络化已经将全人类紧密联系在一起，但国与国之间的技术环境仍然存在巨大的差异。

实际调研过程可以委托所在国的专业公关公司去完成。最重要的是要实事求是，不要主观臆断，要真实客观地反映调查对象的实际情况。

（二）策划

策划一般包括制定公共关系活动的具体目标、制定传播战略、开列经费预算、做好时间安排。旅游企业海外形象推介活动的成功离不开精心的策划。

如果策划的公共关系活动是在国外进行，有几点是需要注意的：一是要考虑当地的文化民俗；二是要是具备全球眼光、重视地方特色、遵守国际惯例；三是策划要具有系统性，需要根据各方面的情况，制订一个相对长久的宣传计划，尽量避免雷同。

（三）实施

实施的关键在于落实，如何把策划中要达到的目标落到实处关系到旅游企业整体规划的实现。在实施过程中，既要遵循策划的方案，又不能拘泥于方案，要根据情况及时调整方法和手段。

实施的主要活动是媒介传播。要了解和认识国际媒体，将那些具有世界影响力的国际媒体，以及在本地享有较大舆论影响力的媒体作为最关键的媒体关系工作对象。从实际操作层面看，针对国际媒体的认识与研究工作，至少应该包括以下内容：对媒体本身的认识，包括媒体的创办方略、编辑宗旨及特点、公众影响力、主要受众群等；对媒体报道倾向的认识，包括媒体的派别与立场、媒体在报道中国问题时的一贯倾向等；对媒体从业者的认识，包括关注旅游业的主要记者、编辑，以及他们的专业程度、主要兴趣点、基本报道倾向等。

（四）评估

通过评估可以提高部门和员工的自觉性、责任心，发挥员工的主人翁责任感，也有利于总结经验教训，为企业下一步发展奠定坚实基础。

在评估中，要抓住重点，对定量指标进行分析，避免仅凭印象来评估，以便以后的公共关系工作在策划、实施过程中更具有细节针对性。

二、旅游企业涉外公关的类型

旅游企业涉外公关的类型大致可以分为媒体宣传型公关、节事活动型公关、交际型公关以及服务型公关四大类。

（一）媒体宣传型公关

媒体宣传型公关是指通过媒体发布信息与公众沟通的传播方式，具体包括新闻、广告，以及旅游地和旅游企业的形象宣传片、形象专题栏目、形象宣传册等。媒体选择是涉外公关中非常重要的一环，只有制定恰当的媒体传播策略，才可能把信息及时、准确地传递给目标公众。

从媒体选择来看，目前许多旅游形象广告选择在中央电视台国际频道、凤凰卫视播出，有些则在《人民日报》海外版刊出。此外，要重视利用网络传播，互联网已经成为各国沟通旅游供给和旅游需求的重要途径。电影和电视剧如果能够在国外播放，也可以起到宣传旅游景观的作用，让外国影视剧在中国选择外景地同样是一种媒介宣传渠道。

（二）节事活动型公关

节事活动型公关是指通过举办或赞助或借助各种节事活动与国际公众沟通的传播方式，具体包括会展、论坛、民俗活动、节庆活动、商业活动、体育赛事、文化活动等。这些节事活动可以给前来旅游的外国游客留下深刻印象。

申办大型体育、文化比赛成为当前许多城市进行涉外公关的战略措施。奥运会和世博会等大型活动的举办，也使举办城市在国际上的形象和声望迅速提升。

（三）交际型公关

交际型公关指的是通过国际交际活动提升旅游形象。例如在国外举行的中国文化年、在国内举办并邀请外国旅行社参加的旅游节等活动都有利于开展旅游公关交往。

（四）服务型公关

服务型公关是通过对来华的游客和其他人士提供周到的导游服务、酒店服务及其他旅游服务来传播旅游企业的良好形象。

◇ **同步案例11-2**

苹果公司的公关理念

1. 化繁为简

苹果公司公关部门的任何一篇新闻稿在编辑过程中，任何一点行业术语、陈词滥调或技术类的复杂词汇都会被删除。新闻稿的理想情况是，11岁的孩子就可以读懂。沟通内容越简单，就能接触到越多受众。

2. 珍惜记者的时间

只有在发布最重要的产品或公司发展进入里程碑的时候，才会举行产品发布会或新闻记者会。只有当能提供具有足够吸引力的信息时才联系记者，不要把新闻稿批量发送。

3. 少说多做

如果记者要写一篇对于产品的评论，那么就主动邀请他们来公司参观并进行产品展示。如果记者要写一篇关于提供服务的文章，那么就要主动提供一些精选案例和行业参考。还要询问记者是否需要更多照片,是否需要其他帮助来理解产品的竞争优势,等等。

4. 保持专注

企业公关人员要努力成为所处行业的专家。一旦确定想要传达的核心信息,就要坚持下去。别让社交平台总是被无关紧要的信息淹没。

5. 优先考虑意见领袖

苹果公司没有很长的媒体清单,只专注于一部分记者,因为公司相信他们才是真正的意见领袖,会为他们提供独家采访、跟踪报道或优先给新产品拍照的机会。往往都是在这些记者发布了报道后,公司才会联系地方记者和商业合作方。

■ 资料来源:https://www.sohu.com/a/109348819_464025.

思考题:

本案例给旅游企业的涉外公关带来哪些启示?

第三节 旅游企业涉外公关礼仪实务

旅游公关人员和其他服务人员应该熟悉各个国家的概况、风俗、礼仪、饮食、禁忌等。旅游工作者在工作实践中,要展现中国旅游工作者的精神风貌,满足国外游客在礼貌服务方面的要求,只有这样才能得心应手地接待来自世界各地的游客。

一、日常礼仪

在西方人的生活中,由于历史演变、生活习惯,形成了许多丰富多彩的礼仪。这些礼仪构成了西方礼仪独有的特色,在涉外公关活动中要了解清楚。

(一)打招呼礼仪

打招呼是遇见熟人时的见面语,是一种礼貌,但打招呼的方式各国不尽相同。在中国,见面时常问"你去哪儿?""吃饭了吗?""回来了!""上班去!"等。在西方人看来,会觉得问话者明知故问,或爱管闲事、打探别人。如果这样与他们打招呼,会引起他们的不快,认为是侵犯别人的"隐私权"。因此,在与西方人打招呼时,应该用"您好"之类的话语,或笑一笑、点点头也是很得体的。见面时的称呼语,也受文化背景的影响。西方人习惯称已婚女性为"夫人"、未婚女性为"小姐",在比较严肃的场合则统称"女士"。

(二)女士优先的礼仪

在西方,讲究"女士优先"原则,这是男士培养高雅风度和精神风貌的前提。"女士优先"原则的核心是要求男士在任何时候、任何情况下,都要在行动的各个方面尊重女性、照顾女性、帮助女性和保护女性。

举例而言:在行走时,如果男女同行,男士应走在女士的左边,即走在面临危险的外边,以保护女士;在公共汽车上,有座位的男士一般要向站在身边的女士让座,而不论相识与否;在门口、楼梯口、电梯口以及狭窄的通道上遇上女士,不管是否相识,均应侧身站立一旁,让女士先行;男士同女士一起外出,应主动帮助女士推拿行李等物品,但不应帮她拎随身的小包;如果男士为女士效劳遭到再三的拒绝,那么男士则不应勉强,因为女士之所以这么做一定有其理由。

(三)体态礼仪

体态作为一种语言交际的辅助手段,也同语言一样,因民族、国家的不同而存在种种差异。

(1)握手:握手在多数国家是见面时表示友好的动作语言。但是,在信奉伊斯兰教的国家,男女之间是不许握手的。

(2)手势:拇指与食指弯曲合成一个圆圈,其余三个手指微曲,手心向前。这一手势在中国表示"零",在美国表示"OK",在日本表示"钱"。

(3)拍肩:美国人对未婚异性朋友轻轻拍肩表示友谊,英国人不喜欢别人拍肩,在巴基斯坦忌拍打后背,因为只有警察逮捕人时才拍后背。

(4)招手:手心朝下向人招呼。在中国表示"请人过来",在日本这是召唤狗的动作,而在英国则表示"再见",英国人招呼人过来,是手心朝上招手。

(5)点头与摇头:多数国家点头表示肯定或赞同,摇头表示否定或不同意,但在有些国家则恰恰相反。

(四)小费礼仪

在西方,服务员的工资不高,主要靠收小费。在世界各国,小费付多少,要么有明文规定,要么有不成文的"默契"。在服务场所,小费一般是有标准的。

不同国家关于付小费有不同的习俗。在新加坡,给小费是被禁止的,如果客人坚持要付,则表示服务员服务不周。在日本餐馆用餐,只须在刚进门时给女招待员少量小费。在瑞士的饭店餐馆,不公开收取小费,而司机可按明文规定收取车费10%的小费。在美国,小费现象是极普通而自然的礼节性行为,一般来说,小费是消费的10%～15%,不过经常有人高兴就多给点。

(五)宴请礼仪

宴请是涉外公关活动中的常见形式之一。宴请过程中,人们比较容易相互理解和沟通。国际上通用的宴请有国宴、答谢宴、便宴、家宴、招待会、酒会、茶会、工作餐会等。赴宴一定要按请柬上的时间稍早或正点赴到。参加大型或带官方色彩的宴请一般不用带礼品。参加个人宴请时,可以带一些小礼品,如极富中国风情的民间工艺品等,价值不要太高。送花要谨慎一些,可以在买花时询问一下当地人或花店店员,看看究竟什么花最合适。在国内,我们收到礼物后,当面打开是不礼貌的;在西方则相反,他们认为当着送礼人打开包装,表示自己的高兴之情,会使送礼人感到愉快。

(六)西餐礼仪

西餐餐具有刀、叉、汤匙、垫盘、酒杯、餐巾等。西餐餐具摆放的规则为:垫盘居中,左叉右刀,刀尖向上,刀口向内,主食居左,餐具靠右。用餐时,可以将食物全部切好后,将刀放在餐碟上,换为右手持叉再吃东西,也可以左手持叉、右手持刀,切一块叉起吃掉。

西餐餐桌上的礼仪更多:坐姿要端正,脚放在自己的座位下,不可随意地伸至邻座;与人交谈时建议要放下刀叉,手拿刀叉讲话不够优雅;不要随意移动餐具,或者与同伴交换餐点、分享餐盘中的食物;在用餐时需要格外留意,刀叉轻放,避免发出声音,打扰其他人用餐;等等。

二、部分重要客源国的礼俗

(一)日本礼俗

日本是工业发达的资本主义国家,与我国隔海相望,是我国主要客源国之一。日本的生活习惯、日常礼节与我国有许多相似之处,但也有很多独特的礼俗与禁忌。

日本传统见面礼节是鞠躬,但在对外交际时,握手礼节也很流行。90度鞠躬,是礼节性最敬的方式,表示特别感谢或者道歉;45度鞠躬,多见于初次见面,鞠躬后多须交换名片;30度鞠躬,一般用于熟悉人打招呼,如早上遇到同事等。鞠躬礼讲究身份,晚辈、下级要向长辈、上级先行礼,后者必须还礼。

称呼日本人,最好使用"先生""小姐""夫人"。在称呼某人"先生"时,在他的姓氏后面加上日语的"SAN"字,也可在其姓氏后加一个"君"字,或在姓氏后加上职位,如经理、课长等。不要直接称呼还不太熟悉的日本人的名字。

去日本人家拜访,一般不送鲜花。日本人讲究送礼成双成对,如一对笔、两瓶酒等。接送礼物要用双手,不当面打开礼物。日后见到送礼人,应提及礼物并表示感谢。

日本商界宜选择在2—6月或9—11月进行商务和业务的处理,因为其他时间多是假期或忙于过节,是营业的淡季。

日本人认为紫色悲伤,绿色不祥;忌荷花,视为丧花;探望病人,忌用山茶花及淡黄色、白色的花;进入日本住宅,必须脱鞋。

(二)韩国礼俗

韩国人见面时的传统礼节是鞠躬。男人之间见面打招呼互相鞠躬并握手;晚辈、下级走路时遇到长辈或上级,应鞠躬、问候。女人一般不与人握手,只行鞠躬礼。韩国人非常讲究预先约定,遵守时间,重视名片的使用。进入他们的住宅或韩国式饭店时,要换上拖鞋。

韩国"金""李""朴"三大姓,约占全国居民半数。若只称姓,容易混淆,因而称呼头衔是区分他们的一个好办法。人们在相互介绍时,一般会说出名字,也有些人习惯最后告之姓氏。

交际应酬时,通常穿西式服装,穿着打扮讲究朴素、整洁、庄重、保守。逢年过节,韩国人会穿民族传统服装。

韩国男性多喜欢名酒、名牌纺织品、领带、打火机、电动剃须刀等,女性喜欢化妆品、提包、手套、围巾类物品和厨房里用的调料,孩子则喜欢食品。如应邀做客,要准备一束鲜花或小礼物送给对方,并以双手奉上,对方也会用双手接礼物,但不在客人面前打开礼物。

在饮食方面,放在地炕上的餐桌是矮腿小桌,用餐时,宾主均应席地盘腿而坐,不能把双腿伸直或叉开,切勿用手摸脚。通常吃烤、蒸、煎、炸、炒的菜类,而辣泡菜和汤必不可少。酒席上未征得同意,不能在上级、长辈面前抽烟。就餐时不可有声响,避免匙、筷与碗碰撞出声,不可边吃边谈,过多说话是失礼行为。

(三)泰国礼俗

(1)泰国人热情友好、对人尊敬、很讲礼貌,常用的礼节是合掌礼。

(2)泰国人重视头部、轻视脚部,认为头颅是智慧所在,不可侵犯。若是不小心触及泰国人的头部,应立即道歉。古代泰国人都习惯光脚行走,所以脚被认为是最脏的,不能把鞋底翘起对人,不能用脚指东西、踢门等。

(3)握手礼只在商务场合、公务场合、较西化的群体之间使用,异性之间是不握手的。在与泰国人交谈时,要注意礼貌细节,如戴着墨镜、用手指着对方,都会引起对方的不满。

(4)泰国人称呼别人不是按姓来称呼,而是按名来称呼,如对于一个名字叫"张建国"的人,不要称"张先生",要称"建国先生"。

(5)佛祖在泰国人心目中是至高无上的,切不可当着泰国人的面说一些轻率的话,未经允许不能给佛像拍照,更不能用手触摸佛像。

(6)泰国人喜欢红色、黄色和其他鲜艳的颜色,不喜欢褐色、黑色。

(7)泰国人喜欢大象,视大象为吉祥物,忌讳狗的图案。

(四)英国礼俗

 1. 英国人的绅士风度

英国人最欣赏自己的绅士风度,这种绅士风度对欧美人影响很大。绅士风度一般包括如下内容。

(1)讲究仪表修饰,衣帽整洁,注重个人卫生。

(2)大方得体,态度端庄,注意站、行的规范,面部表情略为严肃。

(3)讲究身份,说话客气,尊重女性、尊重他人。

(4)守时守约,遵守公共秩序。

 2. 英国人交往的礼节

英国人在第一次结交时的礼节是握手问好,一般不施行拥抱礼。与英国人握手时,要等对方先伸手。

与英国人交往时,不可询问年龄、婚姻状况、收入等个人隐私,不可谈论政治、宗教信仰等话题,最好的话题是天气、文学等。

在公共关系谈判中,英国人说话办事都喜欢讲传统、重程序,对于谈判对手的身份、风度和修养,他们看得很重。

在英国,朋友之间讲究送礼,但礼物不能送得过重。送礼的最佳时间是晚餐以后或看完歌剧以后,最适当的礼品是高级巧克力糖果、名酒、鲜花以及我国的茶叶、丝织品、陶瓷品等。

 3. 英国人的禁忌

(1)不要随便闯入别人的家。但若受到对方的邀请,则应欣然前往。在访问时,不要忘记给女士送一束鲜花或巧克力。

(2)英国人忌讳"13"这个数字。

(3)英国人忌白象、猫头鹰、孔雀商标图案,忌用人像作为商品的装潢。

(4)忌随便将任何英国人都称为英国人,一般称其为"不列颠人"或具体称为"英格兰人""苏格兰人"等。

（五）法国礼俗

法国人天性浪漫，喜欢交际。在商务交往中，常用的见面礼是握手；而在社交场合，亲吻礼和吻手礼则比较流行。与法国人初次见面，一般只做礼节性的问候，而在第二次相见时，才有送礼的习惯。他们对所送礼品要加以精心选择。法国人较喜欢有文学品味和美学价值的礼品。鲜花被认为是一种好的礼品，他们最喜欢的花是百合花。

法国人待人热情，萍水相逢也能亲热交谈，但很少邀人到家中做客。

在隆重或正式的社交场合，法国人时间观念较强，但在一般场合，法国人爱自由，准时赴约是礼貌的表示，但迟到也是习以为常的事。

法国人饮食习惯上忌吃辣的食品，不吃无鳞鱼；他们不喜欢孔雀、仙鹤，认为孔雀是祸鸟，并把仙鹤当作蠢汉的代称；他们忌讳送给别人菊花、杜鹃花、牡丹花、康乃馨和纸做的花。

（六）美国礼俗

美国的独特发展历史，使美国人一般具有性格外露、自信、热情、坦率和办事利索的性格特征。美国人崇尚进取和个人奋斗，不太注意穿着，通常相见时，一般只是点头微笑，打声招呼，而不一定握手。在美国乃至世界上许多国家，都有付小费的习惯，有的叫服务费。美国人在商务谈判前准备充分，且其参与者各司其职，分工明确；进行商务谈判时，喜欢开门见山，答复明确，不爱转弯抹角；在谈判中谈锋甚健，不断地发表自己的见解和看法。一旦认为条件合适即迅速做出是否合作的决定，通常在很短的时间内就可以做成一大笔生意。

美国人日常生活中忌"13"这个数字，很多街道没有"13号"的门牌，楼房没有"13层"的标志，而是用"12B"代替。与人交往时，忌讳询问对方财产、收入，对女士忌讳询问婚姻情况、年龄。和美国人做生意可放手讨价还价，但在磋商中要注意策略。美国人法律意识很强，在商务谈判中十分注意合同的推敲，"法庭上见"是美国人的家常便饭。

◇ 同步案例11-3

招聘试题

某涉外饭店在招聘员工时，书面考问两位应聘者，其中一道题是这样的："当所有客房都已住满，有一新来外籍游客要求入住，你应怎样回答？"

两人的答案分别是：

(1)先生，真对不起，我们饭店已经住满了，请您到别的饭店去看看吧，实在抱歉，请慢走。

(2)先生，真对不起，我们饭店已经住满了，如果你愿意，我可以帮你联系别的饭店，还可以帮你订购和叫车。

■ 资料来源：https://www.docin.com/p－2441257914.html.

思考题：

试评价这两人的答案。

◇ 思考与练习

1.旅游企业涉外公共关系活动的特点有哪些？

2.试述旅游企业涉外公关的程序。

3.简介日本、韩国等亚洲国家的日常礼仪与习俗。

4.简介英国、法国等欧美国家的日常礼仪与习俗。

◇ 拓展案例

二维码 11-1

两次谈判不同结果

第十二章　饭店公共关系及其礼仪

◇ **学习目标**

知识目标：
内部公众对于饭店的重要意义；饭店外部公共关系的特点及相关礼仪。
能力目标：
能够结合现实分析常见的饭店公共关系活动案例。
情感目标：
提高领会和掌握饭店有关的公关知识和技能的自觉性。

◇ **学习重难点**

饭店公共关系活动的作用；饭店公共关系的有关礼仪

◇ **本章关键词**

饭店；内部公共关系；外部公共关系；礼仪

◇ **导入案例**

谁之错

某家宾馆，一次来了几位美国客人，或许是不了解中国，或许是抱有偏见，他们对宾馆的客房设备和饭菜质量都过于挑剔。在5天的住宿时间内，他们几乎每天都打电话给宾馆的公关部门反映问题。开始该公关部门的某接待人员还能够心平气和地倾听他们的意见，并给以回答和解释，可在以后接二连三的电话和毫不客气的指责下，她终于耐不住性子了。当几位客人要离开宾馆回国时，他们又拿起了电话打给公关部门，说："我们这几天要求您解决的问题，您一件也没能解决，真是太遗憾了。"听了这话，这位接待人员反唇相讥:"倘若你们以后再来中国,请到别的宾馆试一试!"于是一场激烈的舌战在电话里爆发了。当美国客人离开宾馆后,客房服务员在他们住过的房间写字台上发现了一张纸条,上面用英文写着"世界第一差"。

■ 资料来源:http://zhidao.baidu.com/question/153491787.html.

思考题:

本例中,饭店方在接待中存在哪些过错,反映了饭店公关存在什么问题?

第一节 饭店公共关系概述

一、饭店公共关系的含义

饭店公共关系是指饭店运用传播、沟通手段使饭店与公众相互了解、相互合作,帮助饭店掌握环境变化情况并有效利用这些变化,以促进实现饭店目标的一种双向信息交流活动。

正确理解饭店公共关系要注意两点:其一,饭店公共关系是客观存在的,具有客观性;其二,饭店公共关系处于运动之中,具有动态性。所以,饭店总要处理客观存在的公共关系,让它朝着使饭店与公众协调、平衡的方向发展。同时,饭店总要关注不断变化的生存环境。饭店公共关系正是从饭店形象、市场开发等整体利益出发,在信息传播工具高度发展的条件下开展的一项新型工作。

二、饭店公共关系的构成

(一)饭店公共关系的主体:饭店企业

作为饭店公共关系的主体,饭店企业决定了饭店公共关系的性质。

现代饭店已成为旅游业的主体与核心。从发展至今的新型饭店特征看,国际旅游业的迅速发展使饭店出现了新的形式,即新型饭店所具有的多功能性。饭店要在同一时间满足宾客不同的消费需求(如用餐、住宿、美容、购物、娱乐、健美等),这就使饭店变成了度假旅游者的康乐中心和社会交际中心、商务旅游者的贸易活动中心和洽谈中心以及市场情报中心。这种综合性多功能的特征,使得饭店的各项业务并非孤立,而是相互联系,形成一个有机整体。如前厅为宾客办理了入住登记手续后,即通过信息传递把宾客引入客房,再将用餐情况传到餐饮部。可见,这不仅是一个业务网络,也是一个信息网络。

从饭店的类型看,旅游业的发展促进了饭店朝着类型多样的格局发展。根据宾客的不同需求,不同类型的饭店应运而生。诸如商业型饭店、度假型饭店、会议型饭店、公寓型饭店、汽车饭店、机场饭店等。而每种类型的饭店都可以划为不同的档次和级别,20世纪五六十年代始,逐渐形成了比较统一的等级标准,这就是当今世界通行的星级评定。

(二)饭店公共关系的客体:公众

饭店经济效益的提高最终是通过饭店外部实现的。从对外公共关系活动的具体对象看,饭店公共关系的客体大致包括宾客、客源机构、客户单位、新闻界、广告商、政府机构、社区、同行业竞争对手等。这里既有协作关系、供求关系、交往关系,又有竞争关系、信誉关系、感情关系等,针对不同的公众来开展公共关系活动,就构成了目前饭店公共关系部门的共同难题。公共关系部门常会遇到这样的情况,在某些特定的共同利益或共同关心的问题上,饭店的某类外部公众会出现与另一类外部公众不协调,两类互为矛盾的公众对这家饭店的公共关系活动可能会表现出不同甚至相反的态度。

就饭店内部而言,饭店内部公众的复杂关系也体现出饭店与其他行业在公共关系客体上的不同个性。其中,各职能部门间的关系是否协调,直接反映出饭店经营管理水平的高低。如何使员工时刻以最佳的精神状态齐心协力地工作,使饭店这部机器协调地、有效地运转起来,这是饭店对内提高工作效率和经济效益,对外树立良好的饭店形象、广结良缘的重要前提,也是饭店公共关系研究者们所面临的共同的重要课题。

(三)饭店公共关系的媒介:传播

公共关系工作从本质上说就是一种信息传播工作,公共关系的工作手段从总体上说就是信息传播。

饭店公共关系工作是一个相当复杂的信息传播工程,对饭店发展具有重要影响。现代饭店在竞争中要求生存、求发展,不仅要靠先进的设备与技术(硬件)和科学的管理(软件),还要具备优良的信息传播方式和手段。

饭店营销离不开公共关系的基本手段——信息沟通。如果说良好的信誉是饭店的生命,那么公众形象则是信誉的基础和前提。一旦饭店树立起良好的形象,竞争对手是不能轻易诋毁和仿效的。良好的形象能提高饭店的产品价格,吸引优秀人才来参加管理以及更多的客人来此消费,饭店形象的树立必须通过信息沟通来实现。现代科技发展和文化交流使任何特色都可能被复制。因此,树立形象的关键是不断创新,形成本饭店特色,这才具有独特魅力、利于信息沟通。饭店的公共关系实践渗透于经营管理之中,使得人们难以分辨公共关系的信息传播沟通活动和经营活动。这种经营活动中带有公共关系传递信息的方式和趋势,正是经营艺术水平的高超表现。

三、饭店公共关系活动的作用

(一) 扩大饭店影响,提高饭店知名度

饭店的知名度是指饭店在公众心目中名气的大小。提高饭店的知名度,让公众了解饭店、知道饭店,扩大饭店的影响,一个很重要的因素就是要充分发挥公共关系的作用。

在提高饭店的知名度上,开展公共关系活动的机遇很多,关键是要抓住时机和采用有效的方法。例如,饭店的开业庆典就是开展公共关系活动的一个非常好的机会,因为新开业的饭店还没有与社会各界建立广泛的联系,其知名度几乎等于零,这就需要通过公共关系活动的开展,扩大饭店的影响,提高饭店的知名度。因此,许多饭店对开业庆典都非常重视,精心策划,以求开业大吉。而一些正在营业中的饭店,如果知名度较低,饭店的产品和服务还未被公众广泛认识,就更应该在公共关系上下功夫,抓住有利时机,灵活运用传播媒介向公众进行宣传和介绍,提高和强化饭店的知名度。营业中的饭店如果能在公众心目中产生良好的声誉,必然会对饭店的经营产生较大的影响,而有效的公共关系活动对扩大饭店知名度又起着极为重要的作用。

(二) 树立饭店良好形象

饭店的企业形象是社会公众包括饭店员工心目中对饭店整体的评价。它是公众对饭店的发展史、管理人员、团体气氛、行为准则、物质条件、产品和服务、饭店名称和店徽等的总体认知,反映了公众对饭店的整体特点、总的精神的了解和情感倾向。

公共关系的根本目的就是通过深入细致、持之以恒的具体工作,树立与发展饭店的良好形象,以取得社会公众的理解和接受,进而赢得信任和支持。而良好形象的建立,又会促进饭店目标的实现,所以人们常把良好的形象称为饭店的无形财富。同时,饭店的良好形象是吸引客人的至关重要的因素,树立和发展饭店良好形象是促进饭店发展的重要手段之一。

饭店形象的树立并不是一朝一夕的事,饭店本身处在一个不断发展的过程之中。因此,饭店的公共关系活动要为饭店的发展不断地创造良好的社会环境和舆论环境,饭店公共关系人员必须充分发挥公共关系的积极作用,经常进行市场调查,了解饭店形象在公众心目中的变化,分析公众的心理、意向及其变化趋势,及时做出预测,及时调整公关策略,使饭店的发展趋势与公众意向相吻合,让饭店的良好形象在公众心目中经久不衰。

（三）为饭店经营决策提供信息，发挥决策参谋作用

在饭店经营管理中，决策是一项战略问题。饭店决策是一个系统工程，整个决策过程包括调查分析、确定目标、制订方案、方案评估、执行实施等步骤，公共关系在决策过程中始终发挥着重要作用，为决策的准确制定提供各种信息。饭店所处的生存环境和面临的市场竞争极为复杂，经验型管理方式已很难适应饭店发展的需要。因此，饭店各职能部门，尤其是公共关系部门，应当充分利用公共关系优势，发挥其智囊作用，为饭店决策层提供切实可靠的信息，当好饭店决策层的参谋。

（四）协调饭店内外部关系

公共关系活动在饭店管理中的协调作用主要表现在与公众沟通信息、建立感情，取得公众理解和支持等方面。与公众的信息沟通是饭店公共关系的基本职能，对内包括管理者与员工之间的沟通、各职能部门之间的沟通、饭店与股东之间的沟通，对外主要有饭店与客人之间、与社区之间、与新闻界之间、与政府之间的沟通。

公共关系活动在饭店内部的信息沟通方面起着十分重要的作用，它可以及时向员工传达和解释饭店的决策、指令和意向，向各级部门反映员工的建议和要求，提高员工的参与意识和参与管理的热情。

饭店公共关系活动的协调作用对外部公众而言，首先是与客人沟通，这种沟通工作既是大量的，也是极为重要的，必须始终树立"客人第一、客人总是对的"的经营思想，尽力根据客人的要求建立和完善服务项目和服务设施，真正与客人做到相互沟通、彼此信任、互促互进。此外，还要注意发挥与政府、社区和新闻界之间的信息沟通作用，取得这些公众的理解和支持，为饭店的发展创造一个良好的外部环境。

（五）促进饭店效益的提高

现代饭店经营的最终目标是获得理想的经济效益和社会效益。在饭店经营过程中，无论是消费决策还是投资决策，无论是生产还是销售，都离不开信息服务。信息服务越充分、越及时、越全面，越能强化饭店生存与竞争的地位，而信息服务工作又与公共关系工作紧密相连。公共关系工作通过采集、分析和处理信息，能促进饭店经济效益的提高。虽然公共关系不像餐饮、客房那样能产生直接经济效益，但是，它对饭店经济效益的影响非常之大。第一，公共关系可以增强饭店的竞争能力，使饭店在竞争中立于不败之地；第二，公共关系能改善饭店的市场环境，开拓产品销路，理顺销售渠道；第三，公共关系可以加强饭店与外部环境的联系，形成正确的经营决策，抓住经营的最佳时机，从而获得最佳的经济效益。

（六）处理突发事件，维护饭店信誉

突发事件是饭店经营管理过程中由于工作的疏忽或其他原因而产生的一些特殊情况，主要包括火灾、食物中毒、停电停水、自然灾害以及大的劳资纠纷等，所有这些都会给饭店的形象带来极为不良的影响。因此，正确处理各种突发事件，维护饭店的形象和信誉具有十分重要的意义。

公共关系在处理饭店突发事件中起着举足轻重的作用：一方面，通过公共关系活动，建立一套完整的检查制度，通过科学的调研与预测，防患于未然，可以避免各种事件的发生；另一方面，当危机事件发生以后，必须充分听取公众的意见，设法查清事实真相，与公众进行必要的沟通，相互之间达成谅解，从而妥善解决矛盾，维护饭店的信誉和形象。

◇ **同步案例12-1**

抖音推广酒店

三亚康年酒店是一家新开业的酒店，通过抖音短视频把名气打开了。

三亚康年酒店的一条抖音短视频获点赞47万，播放量破百万，连续三天都处于满房状态。流量来了，还怕赚不到钱？

那么，一个短短15秒，看起来甚至没有任何技术含量的视频，为什么能够带流量呢？因为抖音具有以下特点，我们结合视频来分析：

1. 细节透露的反差感

价格与酒店的反差制造了反差感，打破了用户的惯性认知。"强烈推荐这家酒店！真的太好了！要爆炸了！85元一晚！只要85元人民币！"

不管是否属实，在并未给酒店造成负面影响的前提下，这家酒店的曝光终归达到了千万。

2. 巧妙运用认知偏差

刷到这条内容的第一秒，跌破常识的酒店价格，文案内容里流露出来的强烈情绪，音乐与视觉上的体验刺激，都让用户对内容的真实性无从质疑。看到这条视频的用户，心理就起了变化。

3. 抖音的自动推荐功能

用户打开抖音App后，系统会自动推荐用户感兴趣的内容，再加上抖音后台超强的AI内容匹配算法，直接凸显了抖音对用户认知偏差超强的操控力。

对于刚成立的酒店，抖音这个推广渠道是一个简单高效的突破口。

■ 资料来源：https://zhuanlan.zhihu.com/p/40427734.

思考题：

新开业的酒店应该怎样寻找推广的突破口？

第二节 饭店内部公共关系

一、内部公众对于饭店的重要意义

第一，饭店需要通过自身成员的认可和支持来增强内部凝聚力。在目前激烈的市场环境下，提高饭店的吸引力和凝聚力、吸引和留住优秀人才是饭店增强市场竞争力的有效手段。而建立良好的内部公共关系，能够让员工产生认同感，极大地增强员工对饭店的依赖，提高对饭店的忠诚度，降低人员的流失率，从而提高饭店的凝聚力。

第二，饭店需要通过全员公共关系来增强外张力。组织的外张力是与组织的内聚力成正比的。因此，要善于培养全体员工强烈的公关意识，通过全员公共关系来增强饭店的外张力。全员公共关系就是通过组织全体成员的公关教育与培训，树立全员公关意识，提高全员公关行为的自觉性，加强整体的公关配合与协调，发动全员参与公关活动，形成浓厚的组织公关氛围与公关文化。全员公关是公共关系的最高境界，是一种最佳的公共关系状态。

员工处在对外公共关系工作的第一线，饭店的一切公关计划和措施必须首先得到员工的理解和支持，他们是饭店与外部公众接触的触角，客人的各种要求和意见都是通过员工反映给管理层的，同时员工的行为举止在客人面前代表了整个饭店的形象。在全员公关的状态下，饭店的每一位员工具备了强烈的公关意识，自觉的以主人翁的责任心和自豪感去服务客人，本能地去维护饭店的外部形象，从而能够对外部公众产生强大的吸引力和号召力。

二、内部公共关系协调的具体措施

（一）重视员工的物质利益

一般认为，一流饭店的员工应该有一流饭店的薪酬。员工也会以身为一流饭店的一员而自豪，从而转化为对饭店的热爱和对工作的热情。如果一流的饭店不在薪酬上处于领先或前列地位，那么就会出现一些问题。因此，在薪酬管理中，在改善整体薪酬的同时，还应重视对表现突出者进行物质奖励和精神奖励，并进行广泛宣传。

（二）创造良好的员工成长环境

饭店要十分重视对员工的教育和培养，特别是精神方面的教育，这是提高饭店素质的重要方面。

要树立员工对饭店的信心，同时培养员工确定自己的人生目标，并以饭店的发展作为个人成功的前提，使得员工养成主动、积极、负责尽职、勤奋不懈的工作态度。

饭店应站在员工的角度去教育和培养员工，努力去理解员工的想法，找出他们的个人要求，并研究如何在工作中使他们的需求得到满足。

（三）加强企业文化建设

饭店文化不仅是饭店在激烈竞争中的制胜法宝，更是饭店特色经营、可持续发展的源泉。在饭店文化建设中，以人为本、以员工为中心，是企业文化建设中的核心任务。

逢年过节，尤其是遇到饭店周年庆典，应该举办员工聚会、展览会、成果报告会、表彰会等，以报告饭店近年来的发展成就，同时对员工的支持和合作表示感谢，以鼓舞士气。

饭店可以定期邀请员工家属来饭店参观，向他们介绍饭店的历史和成就以及员工家属在饭店中的地位和所起的重要作用，感谢他们以往的支持，以取得今后更多的合作。如每年年终聚餐就是很好的形式。

此外，可以通过经常举办舞会、郊游、体育比赛等各种文娱活动，来联络和协调员工之间的感情和关系。在员工的工作环境、健康保健、食堂伙食、生日、婚礼等方面，也要经常予以必要的重视和关心。

◇ **同步案例12-2**

花园饭店"员工第一"

　　原广州花园饭店总经理袁伟明先生向管理人员提出"员工第一"的口号。他认为，只有把员工放在第一位，尊重他们的劳动和尊严，使他们处处感到自己作为饭店不可缺少的一分子的主人翁价值，认识到饭店的荣辱与他们的工作形象和经济效益息息相关，这个饭店才能成为成功的饭店。根据这一思想，花园饭店最高决策层制定了一系列协调员工关系、激励员工士气的措施。比如：每月固定一天为员工日，届时高层管理人员一起下厨为员工炒几道拿手菜；饭店公共关系部定期邀请员工亲属出席"饭店与员工家庭亲善会"，征询意见，争取"后院"的了解和支持；员工工作有成绩，会收到总经理签发的嘉奖信；每一位员工生日的当天，都会收到总经理赠送的生日贺卡；饭店设立意见奖，最高管理层对具有建设性的意见要在三天内作答，并给予奖励；等等。袁先生认为，优质的服务和产品是饭店成功的要素，而服务和产品是由员工提供的，所以员工就是饭店最宝贵的财富。在这样的公共关系理念指导下，广州花园饭店的形象和经济效益都得到了很大提高，这便是"员工第一"理念带来的效应，2000名员工的凝聚力使饭店整体的外张力大大增强。

■ 资料来源：http://wenku.baidu.com/view/7185b77f5acfa1c7aa00ccc9.html.

思考题：
员工就是饭店最宝贵的财富，你如何理解这句话？

第三节　饭店外部公共关系

一、饭店外部公共关系的特点

（一）接触范围的广泛性

　　饭店市场范围的广泛性决定了饭店必然要和社会各界发生广泛的联系。从对外公共关系活动的具体对象来看,其范围大致包括宾客、客源机构、客户单位、新闻界、广告商、政府机构、社区、同行业竞争对手和合作伙伴等。正确处理外部公共关系,要区别各种不同公众的性质,分析对方的动机、目的、需求和心理,既要向公众传播饭店的产品和服务,又要通过公众收集各种信息。

(二)活动内容的频繁性和琐碎性

饭店公共关系部门和客房、餐饮、前台等各部门的工作性质不同。后者工作内容比较固定,工作安排有一定的程式,前者则以对外交往为主。饭店是一种社会服务性行业,现代饭店又成为各种公共活动的场所。因此,从对外公共关系工作的对象来看,其活动内容是频繁的、琐碎的。

(三)信息渠道的多样性和复杂性

饭店公共关系工作的主要手段是沟通信息和策划宣传,但饭店公共关系的信息渠道是多样的和复杂的,这是由饭店同外部的各类公众广泛的联系和交往决定的。饭店公共关系人员要充分注意这一特点,利用各种信息沟通渠道和传播宣传渠道来开展饭店外部公共关系工作。

二、饭店外部公共关系活动对象

(一)政府机构

与饭店关系密切的政府机构有旅游管理部门、工商管理部门等。政府的认可和支持是具有高度权威性和影响力的。政府掌握制定政策、执行法律、管理社会的权力职能,具有强大的宏观调控力量,代表公众的意志来协调各种社会关系。饭店的策略、行为和产品如果能够得到政府的认可和支持,无疑将对饭店的各类公众产生重大影响,甚至使饭店的发展渠道更加畅通。因此,饭店公共关系活动应当扩大饭店在政府部门中的信誉和影响,使政府了解饭店对社会的贡献和成就。此外,处理好政府关系,还需要熟悉政府机构的内部层次、工作范围和办事程序,并与各主管部门的具体工作人员保持良好的关系,以便提高行政沟通的效率。

(二)社区

社区是指饭店当地的各种社会机构,是饭店赖以生存和发展的基本环境,与饭店在空间上有着密切的联系。饭店公共关系活动应与这些机构发展良好的关系,争取它们对饭店的了解、理解和支持,为饭店创造一个稳定的生存和发展环境。这些机构涉及当地社会政治、经济、文化、教育等各个方面和阶层,类型繁多,涉及面广,对饭店客观上存在着各种不同的感受、要求和评价,而这些机构的评价又极容易相互传播,形成区域性的影响,从而形成饭店的某一种公众形象。饭店如果与左右邻舍关系都处理不好,就很难在社会上获得良好的名声。

(三)竞争对手和合作伙伴

对饭店来说,不仅要积极发展与经营伙伴的关系,还要十分注意与竞争对手的关系,如兄弟饭店、旅行社等。同业之间不仅有竞争,还可以合作。例如,可以与异地的饭店联合成"一条龙"式的服务链条,共同得益。同本地的饭店之间,也可以交流经验,互相取经,共同提高经营管理水平,还可以相互介绍顾客,遇到特殊情况时可以相互支持。协调好与竞争对手和合作伙伴的关系,是饭店公共关系活动不可缺少的内容。

(四)国际市场

饭店公共关系活动不仅要及时了解国际市场动向,了解有关国家的政治、经济、文化、社会等方面的信息,了解国外的合作者和客户,等等,还需要运用涉外公共关系手段向国外公众、舆论和市场传播自己的信息,树立自己的形象,介绍自己的产品和服务,提高产品和服务的国际知名度和国际信誉。涉外公共关系是一种文化传播,不仅要懂得如何运用外国的语言文字,还要了解目标国家的历史文化、风俗习惯、公众心理,以及了解国际商法和对外交往的国际惯例,使传播的信息尽量符合外国公众的习惯,使饭店的产品和服务走向世界。

三、饭店外部公共关系活动的实施

饭店公共关系活动除了具有一般机构公共关系活动的共同特点之外,还有其突出的直接性、全员性等特点。因此,饭店公共关系部门在实施公共关系活动过程中应采取一系列的措施,来保证计划目标的实现。

(一)以礼节礼貌为目标导向

礼节礼貌是一种文雅的,能为人接受的通过信息传输向对方表示尊重、谦虚、欢迎、友好、和气等的方式。礼节礼貌反映了一个饭店的精神面貌和文化修养,体现了饭店对客人的基本态度。饭店礼节礼貌的内容十分丰富,灵活性很大,主要有仪表仪容、语言谈吐、行为动作、态度、服务方式、礼仪等方面的礼节礼貌。饭店是讲究礼节礼貌的行业,对全体员工必须进行礼节礼貌培训,饭店也应该有礼节礼貌的规范。礼节礼貌要充分尊重各个国家和地区的习惯特点和民族传统,以免丰富的礼节礼貌内容在实现过程中出现偏差。饭店公共关系部门在日常工作中,必须对此加强控制,进行指导、制约和促进,以把握公共关系活动的进程和方向。

(二)培训全体员工语言接待能力

语言是人们表达感情、交流思想、协调关系的工具。饭店在日常的服务中经常会遇到来自全国各地的客人,甚至外国客人。饭店公共关系部门在实施公共关系活动时,应注意培训员工掌握一种以上语言的能力,以克服服务工作中的沟通障碍。语言方面的原因引起的沟通问题在饭店经常可见。目前涉外公共关系实务派生出公共关系语言学学科,在研究中根据公共关系活动的典型性,又产生了典型公共关系言语产品。也就是说,饭店公共关系部门应依据这一典型性来研究、设计、规范饭店每一岗位的公共关系语言——包括母语和其他语言,也包括形体语言和自然语言,使之成为具有公共关系效应的言语产品,然后再来培训教育员工。这种设计见效快,公共关系效应明显,可克服沟通中的困难,客人可立即从中受益。

(三)对公共关系活动实施监督检查制度

公共关系部门应当对公共关系活动实施的情况进行监督检查。一方面,通过原始记录和信息系统,反映公共关系活动的进展过程,以此来检查各班组、各部门的公共关系活动实施情况;另一方面,通过经常的检查巡视,监督控制公共关系活动的实施。

(四)及时应对公关危机

饭店往往也是各种危机频发的集中地,一旦发生危机,饭店可能成为舆论关注的焦点。饭店要掌握面对突发事件的公关危机应对技巧。

1. 端正态度,安抚客人情绪

对待突发事件,首先要保持高度重视,任何危机都有可能呈燎原之势,没有端正的态度很有可能让危机失控。其次要安抚好客人的情绪,避免刺激舆情发酵。只有这样才能把危害控制到最小。

2. 保持高效沟通,学会借力

在饭店的公关危机应对过程中,其实很多事只要能恰当的沟通都能顺利解决。对内方面,首先要与客人沟通,平息其不满的情绪,争取他们的谅解。其次要与全体员工进行沟通,让大家保持统一的口径,以便配合进行危机公关活动。

对外方面,主要指的是与媒体和相关监管部门的沟通,学会借这些机构的力,巧破危机。面对媒体,要第一时间提供真实的事件情况并随时提供事件发展情况,让其有素材可写。饭店如果不主动公布消息,媒体和公众就会去猜测,而猜测推断出的结论往往是负面的,进而加重危机。面对相关监管部门,要及时汇报,让其了解现状和发展态势以及采取了哪些措施,从而监管部门可以更好地发声。如此下来,通过这种有效的沟通,可以很好地引导舆论,借力化解危机。

3. 关注网络舆论发展趋势

互联网时代,网络舆论最能反映民情。对于饭店采取的一些措施、外界对饭店形象的评价、事件造成的影响等,都能通过网络舆论了解。网络舆论在一定程度上直接决定了饭店公关危机应对的成败,因此,关注网络舆论发展趋势是饭店应对突发事件造成的公关危机时的一项关键工作。

◇ **同步案例12-3**

饭店与旅行社的纠纷

由于东南亚发生海啸,各方预计2005年春节期间前往海南旅游的游客会爆满。2005年1月6日,海口市GA旅行社以支付全额房费的方式,预订了WH大饭店大年初二至初五的80间客房、大年初六的50间客房,并在1月18日付清全额房费。

但是,没想到春节将近,旅行社的客人却出奇得少。这导致该旅行社在WH大饭店预订的客房几乎滞销。为减少损失,该旅行社在2月9日恳请饭店协助销售预订的客房,但遭到了饭店的拒绝。

可是,在大年初三深夜1点左右,导游带客人去饭店取房时,饭店却只能提供66间客房,在未告知旅行社的情况下,WH大饭店将14间已全额付了费的客房售给他人。

为了表示抗议,旅行社在找不到客源的情况下,邀请在海口过年的农民工住到已付费的客房。这样,从大年初四到初六,有100余名来自四川和浙江的农民工住进了WH大饭店。

由于负担不起饭店的餐饮,大年初四,农民工们到街上买盒饭,然而回饭店时,保安却不让提着盒饭的农民工乘客人专用电梯,农民工向保安说了很多好话后,方才让他们坐货运电梯回房间。

■ **资料来源**:根据中央电视台社会记录频道节目整理。

思考题:

在本案例中,纠纷双方各存在哪些过错?

第四节　饭店的基本公关礼仪

饭店礼仪主要是通过服务体现出来的,服务大多是面对面的服务。因此,仪容仪表、礼节礼貌、服务态度等在客人的感官上会留下深刻的印象,反映着一家饭店的服务和管理水平,也体现了一家饭店员工素质的高低。端庄大方的仪表、真诚的微笑、标准的服务敬语、规范的服务动作都将使客人感到亲切与舒适。

一、饭店礼仪的基本原则

第一,尊重原则,是指在接待和服务过程中体现出对他人真诚的尊重。
第二,平等原则,是指在交往中不卑不亢,以礼待人。
第三,自律原则,是指将自己的行为纳入规矩,时时用道德信念和行为修养准则支配自己的言行,而无需别人的提示或监督。
第四,宽容原则,是指宽以待人,不过分计较别人的过失,尽量宽容相对。

二、饭店礼仪的分类

按直接与客人打交道的服务部门来分类,饭店礼仪大致可以分为以下几种类型:前台礼宾服务礼仪;前台接待服务礼仪;楼层服务礼仪;客房洗衣服务礼仪;订餐送餐服务礼仪;前厅商务中心服务礼仪;餐饮部中餐、西餐服务礼仪;娱乐剧场服务礼仪;财务退房服务礼仪;车队送机服务礼仪;其他服务礼仪。

按礼仪内容来分类,饭店礼仪可分为以下几种类型:仪表礼仪;仪态礼仪;服务接待礼仪;面谈、电话礼仪,文字用语礼仪;处理客人投诉、调节客人之间纠纷礼仪;其他礼仪。

三、接待外宾礼仪

(一)接待外宾的行为规范

接待外宾应该遵循的礼仪行为规范有以下几点。

首先,要循法守礼,即要遵循本国的法律法规,要遵守行业的行为规范、礼仪要求。

其次,要掌握或了解外国的礼仪习俗,要尊重不同国家的文化、宗教信仰和民俗,要爱宾敬业。

最后,要做到宽恕谦敬,当客人有做得不对的地方时,要尽量给予谅解,时刻牢记自己代表的绝不仅仅是个人,更是国家的对外形象。

(二)高度重视前台接待

前台承担的是接待迎送的工作,这项工作看起来十分简单,却是所有外国宾客必经的服务程序,因此前台服务人员更要重视涉外礼仪的学习,要让外宾一进饭店就享受到宾至如归的高品质服务,这会为外宾的整个行程带来良好的开端。

◇ **同步案例12-4**

饭店礼貌服务用语

(1)欢迎语:欢迎光临、欢迎您来这里就餐、欢迎您到××酒店来。

(2)问候语:早上好、中午好、下午好、晚上好、晚安、先生好、女士好、您好。

(3)祝贺语:祝您生日快乐、节日快乐、新年快乐、圣诞快乐。

(4)征询语:请问您有什么事情? 我能为您做些什么吗? 您的事情我马上就办,您还有别的事情吗? 请问您还需要别的吗? 您还有其他需要吗?

(5)答应语:是的、好的、我明白了、我知道了;请稍等、请稍候;这是我应该做的;照顾不周的地方请多多指教(原谅)。

(6)道歉语:实在对不起,请您原谅;打扰您了,请原谅;感谢您的提醒,对不起,这是我的错误(过失);对不起,让您久等了;对此向您表示歉意。

(7)指路用语:请往这边走;请在这里上楼(下楼);请跟我来。

(8)答谢语:感谢您的光临;能为您服务感到非常高兴(荣幸);感谢您的支持。

(9)告别语:再见,欢迎再次光临;祝您一路平安;请走好,欢迎再来;非常感谢,欢迎再次光临。

(10)电话用语:您好,××先生/女士……我该怎样称呼您? 请问您贵姓? 请问您找哪一位? 请不要挂断。

■ 资料来源:作者整理。

思考题:

如果你是一名饭店工作人员,能正确使用这些礼貌用语吗?

◇ **思考与练习**

1. 简述饭店公共关系活动的作用。
2. 饭店外部公共关系活动的实施应采取哪些措施？
3. 简述饭店礼仪的基本原则。
4. 举例说明实施饭店公共关系活动应注意哪些事项？

◇ **拓展案例**

长城饭店的日常调查

第十三章　旅行社公共关系及其礼仪

◇ **学习目标**

知识目标：
旅行社公共关系的特点及相关礼仪。
能力目标：
能够结合现实分析常见的旅行社公共关系活动案例。
情感目标：
提高领会和掌握旅行社有关的公关知识和技能的自觉性。

◇ **学习重难点**

旅行社公共关系的特点及有关礼仪；分析常见的旅行社公共关系活动案例。

◇ **本章关键词**

旅行社；公共关系协调；礼仪

◇ **导入案例**

杭州旅交会上，旅行社忙公关

　　中国国内旅游交易会（简称旅交会）是国内旅游界规模最大、影响最广的专业性展会。2004 年旅交会在杭州举行，作为旅交会的东道主，杭州旅行社企业忙于公关。
　　对旅行社来说，参加旅交会的很多都是客户，大家挖空心思地翻新接待，以便给客户留下好印象。杭州大厦旅行社在杭州剧院红磨坊包下专场，邀请全国各地近 400 家旅行社代表赴宴。

无独有偶,浙江中旅假日旅游公司也别出心裁地租下钱塘江上的"玉皇号"游船,120个客户被邀请到游船上用餐、交流,实地感受浙江乃至华东地区新崛起的景点。

几乎每家旅行社都掏钱专门安排客户考察三四条线路。浙江新世纪旅行社赶在会前,安排全国百强旅行社负责人考察浙江省内著名景点。

■ 资料来源:浙江在线新闻网站,2004-06-02.

思考题:

杭州的旅行社为什么要安排来自全国各地的旅行社考察浙江的旅游线路?

第一节 旅行社公共关系概述

一、旅行社公共关系的含义

旅行社是旅游产品的生产者和消费者之间的媒介,是旅游产品的组织者。自世界上第一家旅行社——托马斯·库克旅行社诞生以来,旅行社已有一百多年的历史。旅行社在旅游业发展中起到了巨大的推动作用,至今仍走在旅游业的最前沿。

旅行社公共关系是指为了建立和维持旅行社与公众的良好关系,建立和维护、改善或改变旅行社及其产品形象而设计的一系列沟通技巧。

二、旅行社公共关系的特点

(一)广泛性

旅行社的兴旺离不开饭店业、交通运输业、文化产业、农业、邮电业和城市基础建设等的发展。旅行社同这些行业和部门有着千丝万缕的联系,处在一个广泛的联络网之中。

旅行社在生产产品过程中必须与外界进行广泛的联系。首先,旅行社在设计产品时需要向饭店和交通部门等批量购买"原材料"。其次,旅行社承担沟通买方和卖方的任务,使旅游产品最终进入消费领域。它一头联系生产者,另一头联系消费者,处于生产者和消费者的"中介"地位。正是旅行社的这一功能使得它面对的公众相当广泛。旅行社的公众可以遍布世界各地,遍及各个行业。

旅行社作为旅游业中介机构不可能单独进行销售业务活动,必须依靠相关业务部门的支持和配合。首先,它必须依靠各客源市场的旅游经销商销售其产品。其次,旅行社还必须依靠众多的旅游服务供应商为其游客提供各种旅游服务,这就需要和交通部门、饭店、餐饮企业及各地的接待旅行社建立起一个完整的供应网络,以便游客能得到需要的服务和优惠的价格。因此,必须把处理好这两个方面的协作关系放在旅行社经营工作的重要位置。

(二)复杂性

旅行社要满足不同的游客在旅游过程中最基本的食、住、行、游、购、娱等需求,因此,旅行社的业务工作有着极强的复杂性。其复杂性体现在旅行社必须同其他许多部门发生各种各样的业务联系,如:旅行社若要代游客办理旅游签证,就要与政府部门发生联系;若要向游客提供交通服务,就要同交通部门发生联系;在旅游过程中,如果游客突然患病,旅行社导游须及时与医院联系;如游客遇到偷窃,导游应立即与当地公安部门联系;等等。旅行社相关业务的多样性和复杂性,对旅游从业者的素质提出了更高的要求。

除了要处理各种纵横交错的关系外,旅行社还要积极争取消费者,要同生产者友好相处,要与其他商业企业密切接触。因此,作为典型的中介,旅行社的经营环境也特别复杂。

(三)挑战性

从事旅行社公共关系工作的人接触的人员多、关系复杂,从市场调研到参加促销活动,从接待游客到处理投诉,几乎面面俱到,因此,旅行社公共关系工作具有较强的挑战性,对旅游公关人员的要求也较高。旅游公关人员除了要有扎实的理论功底,还要有旅游公关实战经验,更重要的是要有敬业精神和创新精神,在担负责任的同时要保持乐观的心态,善于在压力下工作。同时,旅行社公共关系工作的实施需要众多人的参与和配合,因此,良好的团队合作精神也是必需的。

(四)先导性

旅行社在开展业务时,首先需要进行市场调查,这是其他工作开展的基础。公共关系调查能够帮助旅行社了解目标市场的变化特点,为其产品的设计推出提供相关的信息。同时,开展公共关系工作能够为旅行社发展扫清障碍,理顺关系,与饭店、景区、交通部门等建立起良好的合作关系,这一切都有利于旅行社业务的开展。

（五）交际性

旅行社的业务是人对人、面对面的服务工作。在为游客服务的过程中，旅游公共关系活动也参与其中，尤其要求采用交际性公共关系活动的形式，才能保证在游客心目中树立一个良好的旅行社形象。

旅行社产品涉及游客在旅游过程中行、住、食、游、购、娱等方面，在这种高度综合性的服务中，有许多服务是旅行社自身所不能提供的，旅行社需要通过采购旅游服务来满足旅行社产品组合的需要。旅行社在生产产品过程中必须保持与外界往来的关系，在销售产品时也需要依赖外界关系。旅行社服务工作的复杂性以及经营环境中的复杂关系等使得旅行社必须与外界具有广泛联系。要具备这样众多的往来关系，旅行社的公共关系活动就必须突出交际性。

三、旅行社开展公共关系活动的必要性

（一）开展公共关系活动有助于协调好与相关部门的关系

旅行社是非物质生产性企业，需要向餐饮店、饭店、交通部门、景区、商店等采购相应的食、住、行、游、购、娱等产品，并把这些产品重新组合起来提供给游客，不管哪个环节出现问题，都会直接影响到整体产品的质量。一方面，旅行社要收集潜在游客的旅游需求信息，将信息传递给饭店、交通部门和其他旅游相关企业，使这些部门迅速做出反应，为潜在游客提供满意的产品，并使自身盈利。另一方面，旅行社又要将这些相关部门的产品信息，直接或通过旅游批发商间接提供给潜在游客，激发他们的购买欲望，从而产生旅游消费行为。正是这方面的特点决定了旅行社必须要和相关部门处理好关系，与相关各方建立长期的、稳定的合作关系，为自身营造良好的生存环境。

（二）开展公共关系活动有助于获取有利的竞争地位

旅行社行业的竞争日趋激烈，能否抓住客源，抢占先机，是关系到旅行社生死存亡的大事。在这种情况下，就必须开展有效的公共关系活动来加大宣传和促销力度，使旅行社在公众心目中有一个独特的、鲜明的市场形象。通过市场调研了解游客的心理需求变化特点，不断更新产品，为旅行社的经营决策提供依据。旅行社的公共关系人员在帮助旅行社塑造良好形象的同时，要主动与潜在游客联系，为他们提供相关信息，不断扩大客源市场，巩固市场地位，提高行业竞争优势。

（三）开展公共关系活动有助于妥善处理游客的投诉

旅行社接待的游客来源十分广泛，而且始终处于变化之中。同时，影响服务质量的不确定因素较多，这都增加了服务管理的难度，有时难免会遇到游客的投诉。如果处理不当，将会直接损害旅行社的形象和声誉。因此，必须要通过积极的公共关系活动来化解游客的不满，并与有关部门进行沟通来减少类似事件的发生。

◇ 同步案例13-1

被甩游客独自赶飞机

因为与游客发生了口角，东莞青旅（即东莞市青年国际旅行社有限公司）在昆明当地的导游丢下一句"我不当导游了，你们自己回东莞吧"，便扔下9名游客，拂袖而去。

眼看飞机再过两小时就要起飞了，无奈之下，这些游客自行乘出租车赶往昆明机场，自行办理登机手续，才按时坐上了飞机。

据了解，卢先生等9人是8月2日跟东莞青旅去云南旅游的。当时，该旅行社派专人送他们去了深圳机场，但没有导游随行。到了云南，该旅行社当地导游带队旅游。

昨日是他们返东莞的时间，飞机下午2时起飞。当地导游上午11时前来接他们去昆明机场。因为有一人身体不舒服，所以9名游客比约定的时间迟到了十几分钟。导游见到他们后，生气地骂了起来，双方发生了口角。

导游丢下一句"我不当导游了，你们自己回东莞吧"，便拂袖而去。

卢先生说，导游走后，就不再接他们电话了。游客们只好自行搭乘出租车赶往昆明机场，并打电话给东莞青旅，向一个王姓女工作人员反映了情况。得到的答复是，旅行社会尽快安排导游去给他们办理登机手续。但卢先生他们已经等不及再派来导游了，因为当时已经是12时40分，登机手续必须在1时30分前完成。他们只好自行办理好登机手续。

■ **资料来源**：南方日报，2009-08-10.

思考题：

导游轻率、不负责任的行为会给旅行社的形象带来怎样的负面影响？

第二节 旅行社公共关系协调

一、旅行社内部公共关系的协调

旅行社的内部公众主要包括导游、计调员、会计等。其中,导游是与游客直接接触最多的人员。导游直接与国内外的游客接触,他们不仅是旅行社形象的代表,也是一个城市甚至一个国家形象的代表。导游通过自己的语言为游客讲述一个地区、一个民族、一个国家的历史与现在,充当着公共关系人员的角色。他们的服务态度、服务质量将会直接影响游客对旅行社的感知,进而会影响到整个旅行社在公众心目中的印象和评价。旅行社内部公共关系的协调包括以下几个方面。

第一,保证上下级之间及时有效的信息沟通与交流。旅行社要保证自上而下和自下而上的信息沟通与交流,建立一种多样化的、正式的、易于运用的渠道来使员工有机会表达他们对某些事情的看法和意见,并且使得他们能够很容易地得到与他们利益有关的一些问题的答案。管理者要注重发挥员工的参与意识、竞争意识、责任意识和整体意识,并为员工创造这些机会且给予鼓励和表彰,这样的内在激励是十分重要的。当员工对管理者倾诉他生活上遇到的困难时,管理者要尽力帮忙给予解决,这些都可以使得员工对旅行社产生一种归属感。

第二,建立一个有凝聚力、积极向上的合作团队。内部公关的核心是建立合作团队。旅行社必须要有切实可行而又具有挑战意义的目标,要能激发团队人员的工作动力和奉献精神,为旅行社注入活力。旅行社内部员工之间的合作氛围和人际支持对员工的敬业度具有较大的影响。一个宽松、朝气蓬勃、和谐的环境能够使员工乐于投入工作,旅行社处理好员工关系,将会拥有更敬业的团队。

第三,广开言路,创造条件为员工搭建沟通的平台。随着互联网技术的不断发展,旅行社可以通过建立自己的网站、设立相应的专栏使员工之间、员工与管理者之间实现相互沟通、快速传递信息。同时,可以通过创办内部刊物,把旅行社最新动态、发展目标、优秀员工的事迹等信息刊登在刊物上,让员工了解自己的旅行社,增强员工的责任感和工作的自豪感。

第四,组织各种活动,活跃员工的业余文化生活。旅行社的从业人员年龄都普遍较低,旅行社是一个年轻的集体,也是充满活力和激情的集体。为了提高整个团队的士气,旅行社可以定期举办一些有意义的活动,请员工来参与。比如举办各种体育竞赛、演讲比赛、唱歌比赛、业务技能大赛等,丰富员工的业余文化生活,为员工提供更多交流的机会。

二、旅行社与游客关系的协调

（一）旅行社与游客之间经常存在的问题

不管是组团社还是接团社,与游客之间常常会产生诸多矛盾。

例如,北京市文旅局所公布的 2022 年第二季度北京市级旅游服务质量投诉工作情况,从旅行社投诉调解情况来看,2022 年第二季度受理涉及旅行社投诉共计 505 件。经前端化解程序后,进一步跟进调解的旅行社投诉共计 170 件;涉及 75 家旅行社。在投诉理由方面,行前解约问题 146 件,占比 85.88%;降低质量标准问题 17 件,占比 10.00%;购物及自费项目问题 2 件,占比 1.18%;合同争议问题 1 件,占比 0.59%;导游领队服务问题 1 件,占比 0.59%;其他问题 3 件,占比 1.76%。

此外,还有其他一些资料显示,在旅行社与游客之间存在多种问题,其中问题出在旅行社一方的,可归纳为以下几种。

1. 降低服务标准

游客投诉旅行社降低合同标准的问题主要集中在住宿、餐饮、交通的标准低于合同标准的问题上。

2. 导游未尽职责

投诉导游未尽职责主要集中在以下方面:导游讲解不认真,以导购为主、游览为辅,不按时接、送团,出现意外事故导游协调能力较弱以及导游、领队无证上岗等。

3. 擅自增减合同项目

旅行社或导游擅自缩短和减少合同约定的游程和景点,或者增加合同中没有的自费项目和购物点。

4. 延误变更合同行程

在实际出游中,因航班等交通工具方面的原因,旅行社变更合同的日程,调整行程的前后次序,借此缩短游览时间,增加购物时间,损害了游客的利益。

5. "甩团""扣团"现象的发生

目前,在一些地方,"甩团""扣团"现象时有发生。

（二）旅行社与游客关系协调的策略

 1. 签订明确的合同，并严格履行合同的每一项内容

旅行社在与游客充分交流的基础上，双方本着自愿的原则签订合同，按照相关法律、法规的要求对旅游过程中的住宿、交通、餐饮的标准做出明确的约定，对违约责任也要明确地界定，以减少日后的纠纷。

 2. 妥善处理游客的投诉

在旅游过程中，如果出现了问题，引起游客的投诉，旅行社公共关系人员应该及时与游客进行沟通，妥善处理投诉，而不是回避。与游客建立良好、稳定的关系是至关重要的。

 3. 建立游客反馈机制

当旅游结束后，旅行社公共关系人员应该主动及时了解游客的"游后"感受，总结经验教训，不断完善自己的服务。一方面，这样做可以从游客那里得到了宝贵的意见，对今后改进工作大有帮助；另一方面，这会让游客觉得旅行社非常重视自己，产生一种被尊重的感觉，进而对旅行社产生好感。旅行社可以通过建立自己的网站与游客实现双向沟通。游客可以利用电子邮件填写电子反馈卡，不仅速度快，而且也减少了通过电话和会面等直接接触可能导致的信息不准（人们利用电子邮件通常能够直白表达自己的意见）。这样有利于旅行社及时收集信息，改进工作，缩短旅游产品的生产周期，促进旅行社良性循环。

 4. 建立游客档案，为游客提供个性化服务

目前，很多旅行社不重视游客信息的收集和整理工作，做的是"一锤子"买卖，这也是一种短视行为。在市场竞争日益激烈的今天，谁拥有稳定的客源谁就拥有了市场。"临渊羡鱼""临渴掘井"都不是明智之举。旅行社应该在平时就做好对游客信息的收集工作，主动与之取得联系，才能够发现市场机会，开拓市场。同时，要进行"感情营销"，如在节假日给游客送去一份问候，在游客过生日时送去一份小礼品，这些细节会感动他们，使其成为旅行社的忠诚客户。

三、旅行社与饭店关系的协调

饭店是旅行社的重要合作伙伴,双方在以下几个方面要互相配合,共同做好对客服务工作。

(一)考察饭店,制订接待计划

旅行社根据其外联部门预报的客源量、层次、住宿要求,与各地的饭店洽谈业务,并实地考察饭店的环境、设施及服务等,根据用房的计划和优惠条件与饭店签订合作协议书。在考察的过程中,要注意饭店的地理位置与旅游线路安排能否相适应以及饭店的服务能否符合游客的要求。在对饭店进行考察后,制订对游客的接待计划。

(二)密切配合,满足特殊游客的要求

由于游客来源广泛、构成复杂,对于一些有特殊需求的游客要尽可能地满足其要求。如对于少数民族游客在饮食、住宿方面的特殊要求,旅行社要提前了解并及时通知饭店,使其做好接待的准备工作。

(三)对意外情况进行妥善处理

在住店的过程中,有时会出现游客物品遗失、游客突发疾病或是饭店客房内的设备被损坏等情况,这时就要兼顾饭店、游客和旅行社的利益,协商解决,而不能为了自身的利益,做出伤害游客感情的事情。曾经有一位游客参加了一个旅游团,住宿地点在山上,当时由于雷雨特别大,这位游客房间内的电视机遭到雷击,发生了损坏,饭店要求游客赔偿,游客认为不是自己的责任,于是双方发生了争执。当游客找到导游寻求帮助时,导游却置之不理,甚至还与饭店一起指责游客。后来,该游客对导游和饭店进行了投诉。

(四)调查了解游客对饭店产品和服务的意见与态度

旅行社要经常了解游客对于饭店住宿、饮食方面的意见,如有不满,要及时与饭店相关部门协商,帮助其改进工作,共同做好对客服务工作。对于那些曾经发生过客人食物中毒或财物被盗等事件的饭店,要提高警惕、慎重选择,以免影响到旅行社的声誉。2005年7月28日,江苏宿迁一个旅行团在北京发生集体食物中毒,导致25人入院,检查发现引起中毒的食物是饭店餐厅制作的一道鱼。事情发生后,饭店受到了相应的惩罚,地接社也对这家饭店的服务质量表示遗憾。

四、旅行社与交通部门关系的协调

交通部门也是旅行社的重要合作伙伴,它能够满足游客"行"的需要,也为旅行社开发新的旅游线路、推出新的旅游产品提供保证。交通部门修建直达景区的道路,能方便游客到旅游景区旅游。旅行社与铁路和民航部门都有着密切的关系,为其代理票务是旅行社重要的收入来源。旅行社与交通部门应该在更深的层次上进行合作,旅行社除了进行票务代理外,还可以凭借自身的专业优势,为交通部门推出新的产品提供建议和支持。旅行社在与交通部门特别是民航公司合作的过程中有时会出现因航班延误、取消而影响旅游行程的情况,这会给旅行社带来很大的麻烦。有时,游客会将责任推到旅行社的身上,使旅行社不仅要承担经济上的损失,还要蒙受名誉上的损害。对此,旅行社可与民航公司协商解决,使损失降到最低。

五、旅行社与旅游景区关系的协调

旅游景区是旅行社的又一重要合作伙伴,它能够满足游客"游"的需要。旅行社作为景区的重要销售渠道,可凭借自己的优势为景区代理销售产品,双方在资源整合方面有着很好的合作条件。旅行社的产品是旅游线路,旅游的最终目的是游览。旅行社要想使自己的产品更有吸引力,就需要不断地进行创新,而再好的创意最终还是要落实到"游"的环节,如果没有景区的配合,那么再好的旅游产品也只能束之高阁。旅行社的公共关系人员要加强与旅游景区的接触,到景区实地考察,解决双方共同关心的问题,共同做好对游客的服务工作。特别是关于旅游景区门票的问题,已经成为双方合作关系中的重要影响因素。

目前,旅行社行业已经进入了"微利"时代,而景区门票的价格直接影响着旅行社的经营成本。旅行社希望景区不要盲目跟风涨价,同时能给旅行社提供更多的优惠。因此,旅行社就需要展开有效的公共关系工作,通过各种形式与景区进行交流与沟通,为自己争取更多的利益。

六、组团社与地接社关系的协调

旅行社与旅行社之间是一种竞合的关系。也就是说,它们之间既有竞争又有合作。从业务的角度来讲,组团社与地接社之间有着密切的联系,组团社为地接社输送客源,而地接社要具体承担游客的接待服务工作。双方共同为游客提供服务,有着共同的利益。如果双方缺少沟通,就容易产生摩擦和纠纷。因此,对于公共关系人员来讲,不仅要熟悉旅行社的业务流程,同时要有良好的沟通能力。

组团社和地接社是一种特殊的合作关系,双方基于在业务上的关联,彼此密不可分。在开展公共关系工作时,双方都要善于宣传自己的优势,同时要注意以实际的行动来赢得对方的好感和信任,争取建立长期、稳定、友好的合作关系。这对于组团社和地接社来说都是至关重要的。

◇ **同步案例13-2**

旅行社、车队、景区、饭店缔结"钻石联盟"

2003年1月9日,湖北武汉、宜昌、通山九宫山以及江西婺源等地共23家旅行社、6家旅游车队、11家景区和19家饭店在武汉成立"钻石联盟",年内将联合推出10多趟专列、100多架包机、近600辆旅游用车。

"钻石联盟"的诞生将使武汉人出游更方便。有省外事旅游车队、汉光高速等6家车队联盟,今年3月后"钻石之旅"将每天发送300～400名武汉人到宜昌、襄樊、通山,江西婺源、柘林湖及安徽天柱山等地"周边游",周末高峰将达到800人;10多趟专列将分别发往洛阳、张家界、青岛等地;"钻石联盟"还将包机飞往大连、青岛、桂林、北海、西安、昆明等地,平均每5天就有2～3架包机;春节期间还将包租豪华游轮游三峡。

"钻石联盟"负责人称,此番拉入车队、景区、饭店联手,"周边游"线路至少可降价10%。该联盟由武汉春秋国旅、省中旅假日等7家单位发起,各成员间既可批发又可互相代理,以底价购买形式形成集团购销优势。

■ 资料来源:长江日报,2003-01-12.

思考题:
如何看待旅行社与车队、景区、饭店建立的这种关系?

第三节 旅行社基本公关礼仪

一、旅行社门店接待用语规范

旅行社门店在对游客进行接待时,要使用礼貌用语,应该注意以下几个问题。

(1)正确使用称呼用语。旅行社门店的工作人员应对游客使用敬语,要分清国内外的常用称呼。如对男性可统称"先生",婚姻状况不明的女性可统称"女士"或"小姐"等。

(2)使用规范的问候语。与游客见面应主动说"您好,欢迎光临""早上好(下午好)";及时送上游客所需的资料,并详细耐心地解答游客的提问;与游客道别时应说"谢谢光临""祝您平安";遇到节日或婚庆的日子,应说"祝您节日快乐""祝您新婚愉快"等。

(3)回答游客问题要使用礼貌用语。对来访的游客说"您好,我能为您做点什么?"对等候的游客说"对不起,让你久等了";不能立刻回答游客的问题时说"对不起,请您稍等";有事要问游客时说"对不起,能不能问您一个问题"。

(4)语音要优美动听。接待人员在接待游客时,语音要标准,普通话、外语发音要准确、清晰,语速适中,音量适度,要讲究语调,让听者感到亲切、自然。轻柔甜美的声音一定会使游客更满意。

二、导游服务礼仪

导游是旅行社的支柱,是旅行社中直接与游客打交道的重要成员,从某种意义上讲,导游就代表了旅行社的形象。导游服务礼仪的基本要求是守时,尊重游客信仰和习俗。

(一)迎送礼仪

迎接游客之前,注意自身仪容仪表,佩戴导游证,事先掌握游客基本情况和日程安排,协助司机把旅游车打扫干净。

备好接团标志及相关物品,提前到达接团地等候。游客到达后,挥手示意,并礼貌问好,进行简单的自我介绍。与领队做好沟通,安排游客及其行李尽快安全上车。

游客上车坐稳后,再次进行自我介绍并介绍司机,致欢迎词,分发日程安排,回答游客疑问,要保持语言清晰流畅。沿途视游客精神状况而介绍沿途景观。抵达酒店前,向游客介绍所住酒店基本情况及周围环境。

抵达酒店后,协助游客登记入住,帮助游客解决住宿中遇到的各种问题,做到有问必答,不急不躁。

行程结束后,提醒游客整理好自己的行李,通知游客行李交运时间、地点。游客上车后,清点人数,及时送游客到达机场、车站或码头。

(二)游览购物礼仪

出发前,向游客表示问候,了解游客身体情况,向其说清乘车地点,提醒游客带好必备物品。

出发乘车时,导游应站在车门口照顾游客上车。游客上车后,清点人数,无误后示意司机开车。行驶中间报告天气情况,再次说明当天活动安排、旅游须知等,耐心回答游客疑问。

乘车途中,可介绍沿途风景,在到达景点前介绍游览中的具体事宜;下车前告之集合时间、乘车位置,提醒游客记住车号,并留下联系方式,以备出现意外时联系。

游览过程中,做到服务热情、主动、周到,注重讲解效果,注意给游客留有摄影时间。提醒游客注意人身和财物安全,要特别照顾中老年游客。

合理安排游客购物时间,讲清停留时间和有关购物注意事项。购物过程中遇到语言不通时,应及时给予游客以帮助。遇到强拉强买者,应提醒游客不要上当,积极维护游客权益。游客提出日程外购物时,应征得大多数团员的同意。

(三)导游讲解礼仪

1. 导游讲解服务规范

导游在整个游程中,要把握好讲解时间。一般来讲,导游讲解时间占整个游程的60%～75%为最好;若少于60%,导游将不被游客所关注,游客开始依赖于同座同伴的评论。

导游在讲解过程中要做到实事求是,对于一些专业知识更应如此。"知之为知之,不知为不知",绝不能信口开河。

2. 导游讲解姿态

导游是直接面对游客进行讲解的,所以一定要端正讲解姿态。除了在礼仪礼貌、仪容仪表方面要高标准、严要求以外,导游还要根据具体情况,对姿态灵活控制。如在旅游车上讲解时,应面对游客、站立讲解,而不能背对游客、坐着讲解;讲解时目光要巡视全体游客,不可仅注视一两个人,面部表情要亲切、自然,使游客感到如沐春风;保持姿态端正、优美,给人以落落大方的感觉。

3. 导游讲解语音语调艺术

第一,要控制好讲解音量的高低。导游讲解时,可根据游客人数、游览地点周边的环境、讲解内容来调整自己的音量,使每一个游客都能清楚地听到讲解的内容。

第二,要控制好讲解的语速。语速是一个人说话时吐字的快慢。比较理想的导游语速应是语速适中、有快有慢、富有变化性。语速较快,游客不易听清;语速较慢,难以激起游客的游兴。

第三,要有富有吸引力的语言停顿。停顿是说话时语音上的间歇或暂时的中断。合适的停顿能突出说话时的节奏感,使说话的节奏显得抑扬顿挫;能更好地、更充沛地表达感情;能激起游客的兴趣,更好地吸引游客。

4. 导游讲解的语言要求

导游讲解的语言要做到以下几点：第一，用词要得当，忌讳空洞和华而不实的语言；第二，词汇要丰富，句式要灵活，要富于表现力，有文学色彩；第三，要善于借题、借景、借事发挥，用夸张、比喻、讽刺、双关语等修辞手法调动游客情绪，活跃气氛。

此外，还要充分运用体态语言。导游讲解多为走动型讲解，要善于借助手势、体态及面部表情以强化语言效果，但要注意克服与表达内容无关的动作和口头语。

（四）处理突发事件礼仪

若遇到游客要求改变旅游路线，必须由领队提出，经与接团社研究，并提出意见请示组团社后，方可实施新的旅游计划。

游客因住宿、膳食、游览等原因进行投诉时，应端正态度、诚恳、热心地为游客服务，并对有关问题积极做好解释工作。

如遇天气变化或其他原因，没有订上预计机票或火车票时，应及时向游客解释，积极安排游客住宿、就餐等事宜，征得游客谅解，并合理安排后续行程。

若遇到游客行李丢失，应主动安抚游客情绪，积极协助游客回忆丢失时间和地点，及时与有关部门联系。行李发生损坏时，应掌握谁损坏谁赔偿的原则，查不清责任时，应请示旅行社，再做相关的修理或赔偿。

游客在旅游过程中，生病或发生其他意外时，要及时汇报，积极组织就医。若发生有游客受伤严重甚至死亡时，应立即报告组团社、接团社和保险公司，做出相应处理。

旅游结束后，写出事故发生原因及处理的书面报告。

◇ 同步案例13-3

导游接团的礼仪

小刘是某旅行社旅行团的地接。今天小刘要接的旅游团是离退休干部团，该团是乘火车抵达上海的。旅游团出站时，小刘已经举着显眼的接站牌等候多时，小刘与全陪核实确认是自己要接的团队后，带领游客来到旅游车旁，彬彬有礼地请游客上车。游客上车坐好后，小刘还仔细检查了游客放在行李架上的物品是否放稳，礼貌地清点人数后请司机开车。在赶赴饭店途中，小刘精彩的欢迎词迎得了游客的满堂喝彩。随即，小刘开始了首次沿途导游，她介绍了上海的大致概况，讲完后就让游客在车座上小憩。40分钟后，到了下榻饭店，小刘让游客下车准备入住，随即离开了饭店。

■ 资料来源：https://wenku.baidu.com/view/681a8fe54a649b6648d7c1c708a1284ac8500585.html.

思考题：
小刘在接团中有没有什么欠缺的地方？

◇ 思考与练习

1. 简述旅行社公共关系活动的特点。
2. 如何协调旅行社与游客的关系？
3. 导游服务礼仪包括哪些方面？

◇ 拓展案例

二维码 13-1

中国游客在海外文明旅游

第十四章 景区公共关系及其礼仪

◇ **学习目标**

知识目标：
景区公共关系内容及相关礼仪。
能力目标：
能够结合现实分析常见的景区公共关系活动案例。
情感目标：
提高领会和掌握景区有关的公共关系知识和技能的自觉性。

◇ **学习重难点**

景区公共关系的协调；分析常见的景区公共关系活动案例

◇ **本章关键词**

景区；形象塑造；礼仪

◇ **导入案例**

取消门票之后杭州西湖旅游收入创新高

景区门票收入是景区资金来源的一个重要渠道，是满足景区资源保护、景区工作人员薪资发放等一系列景区可持续发展的资金来源。按照一般的逻辑推理，似乎景区取消门票，不仅将导致景区资金大幅减少，而且由于门票的取消，游客大量增多，最终景区资源超负荷承载，造成资源的破坏。但是，现实并非如此，2002年杭州西湖宣布取消门票，由此成为全国第一个免费开放的5A级景区，在"十一"假期期间，接待的游客数量及旅游收入逐年创新高，景区非但没有受到破坏，反而更为发展。在全国景区景点门票价格"芝麻开花节节高"的涨价浪潮中,杭州西湖取消门票,别具意义,门票的取消非但没有减少景区的收入,而且通过景区良好的经营管理以及当地居民的配合支持,保证了景区经营的可持续发展。

■ 资料来源:https://www.163.com/dy/article/EK0I60SH0544797I.html.

思考题:

为什么西湖景区取消门票后,西湖的旅游收入没有减少?国内其他景区可以复制西湖景区的做法吗?

第一节 景区公共关系概述

一、景区公共关系的含义

景区公共关系是指景区在进行市场营销活动过程中正确处理景区与社会公众的关系,通过树立良好的景区形象促进景区产品销售。公众是任何一组群体,对景区达到其目标的可能性具有实际的或潜在的兴趣或影响力,因此,景区公共关系策略有利于改善景区的形象,拓展市场空间,提高景区的美誉度并最终达到促销的目的。

景区公共关系是一种社会关系,但又不同于一般社会关系。

第一,景区公共关系是景区与相关社会公众之间的相互关系。其一,景区公共关系活动的主体是景区。其二,景区公共关系活动的对象,既包括景区外部的游客、竞争者、新闻媒介、政府各相关部门和其他社会公众,又包括景区内部职工、股东。这些对象构成了景区公共关系活动的客体。景区与相关公众关系的好坏直接或间接地影响景区的发展。其三,景区公共关系是景区与其相关社会公众之间的一种信息沟通活动。公共关系活动能沟通景区内外的信息,建立相互间的理解、信任与支持,协调改善景区的社会关系环境。其四,公共关系活动的媒介是各种信息沟通工具和大众传播渠道,景区借此与公众进行沟通和联系。

第二,景区公共关系的目标是创造良好的景区形象和社会声誉。一个景区的形象和声誉是其无形的财富。良好的形象和声誉是景区旺盛生命力的表现,也是景区进行公共关系促销的真正目的。

第三,景区公共关系活动应以真诚合作、平等互利为基本原则。景区公共关系以一定的利益关系为基础,这就决定了景区与公众之间必须有诚意、平等互利,并且要协调、兼顾景区利益和公众利益。这样才能满足双方的需求,以维护和发展良好的关系。

第四,景区公共关系是一种长期活动。景区公共关系的效果在短期内较难显现出来,景区公共关系计划的努力目标是着眼于景区长远的发展。

二、景区公共关系的作用

(一)提高景区知名度和美誉度

我国幅员辽阔,旅游景区种类数量繁多,景区之间的竞争也日趋激烈,如何提高景区的知名度和美誉度是每一个景区管理者必须考虑的问题。随着景区改革的步伐不断加快,市场化的程度越来越高,能否在游客心目中形成良好的口碑效应是十分关键的,这就需要景区的公共关系人员认真做好市场信息的收集和整理工作,密切注意旅游市场的变化,并有效地利用各种媒体把景区举办的各种活动、特色资源等信息传递出去,以吸引更多的游客。

(二)提高景区服务质量

旅游景区每天要接待大量的游客,特别是在旅游旺季,游客的数量激增,意外危机事件也时有发生,这给景区的管理增加了难度。当游客的自身利益受损时,难免会引来游客的投诉。妥善处理游客的投诉,消除误解,是旅游景区公共关系工作的一个重点。同时,景区公共关系人员要将游客反馈的意见及时地通报给景区的管理部门,共同探讨如何来提高景区的服务质量。

(三)创造良好的经营环境

旅游景区的发展离不开各相关部门的支持,特别是交通部门、旅行社等,它们都是旅游景区的重要目标公众。顺畅的旅游交通是旅游景区健康发展的保证,否则游客进不来,也出不去。而旅行社能够为旅游景区带来大批的游客,没有旅行社的帮助和合作,将会影响到旅游景区的发展。

(四)塑造景区形象

在景区产品形象和景区形象确定方面,公共关系人员一般都可以提出一些非常有价值的建议,他们是景区内部能够最清楚地了解景区形象可能产生的各种有利和不利影响的人。

景区产品形象和景区形象的确定或改变,会对社会各方面产生影响,如景区员工、游客、中间商和新闻媒介等,这时就需要公共关系人员形成对这些影响的反馈,并努力处理好各种可能出现的问题。公共关系人员在这方面的经验和建议,对于景区的决策者和市场营销人员都有非常宝贵的借鉴意义。

(五)开拓新的市场

旅游景区是一个相对固定的场所,但是在市场竞争日趋激烈的今天,旅游景区不能停留在等客上门的阶段,而要走出去,主动发现市场需求。公共关系人员在这方面有义不容辞的责任,要通过开展公关调查和走访客户,了解游客的旅游动机和需求特点,在市场细分的基础上,选择目标市场。

◇ **同步案例14-1**

九寨沟的紧急公关:致歉书

亲爱的游客朋友:

　　10月2日,九寨沟景区发生了游客滞留事件,对此九寨沟管理局、阿坝大九旅集团九寨沟旅游分公司负有重要责任,在此特向广大游客表示我们最诚挚的歉意。

　　10月2日,景区迎来了进沟高峰。中午12时许,少数游客在正常候车时间内,急于赶车,不听从管理人员指挥,强行拦车,导致部分站点观光车辆受阻,无法正常运行。此现象迅速引发连锁反应,造成整个运营车辆无法循环运转、大量游客无法正常乘车。由于候车或步行时间较长,部分游客心生怨气,不听劝阻,翻越栈道,走在公路上,整个客运系统几乎瘫痪。截止19时许,景区共滞留客人4000余人。

　　事发后,九寨沟管理局协同相关部门迅速启动应急预案,全力开展疏导工作。一是立即从景区外抽调60余名工作人员、100余名志愿者,深入一线,开展劝解工作;二是迅速抽派20名公安干警、20名武警战士,分赴各候车点维护秩序、疏导交通,从县上抽调20辆摆渡车帮助景区转运游客;三是迅速组织力量采购矿泉水、面包等食品,分发给部分滞留游客。同时,全面开展退票工作,对未游览完景区的游客进行全额退票处理。通过多方努力,截止2日晚22时左右,滞留游客全部安全疏散。

　　亲爱的游客朋友们,因我们工作中出现的问题,给您们带来的不便,九寨沟管理局、阿坝大九旅集团九寨沟旅游分公司再次向广大游客朋友们致以深深的歉意!

九寨沟管理局
2013年10月3日

■ 资料来源：九寨沟管理局官方微博。

思考题：

上述事情发生后，九寨沟全额退款并致歉，赢得了许多人的赞赏。但也有少数人认为道歉没有诚意，他们说致歉书中并没有指出自己的任何过错，而是强调其他原因。你怎么看待此事？

第二节 景区公共关系的协调

一、景区公众的层次

公众是公共关系工作的对象。旅游景区的特点决定了其面对的公众范围是十分广泛的。为了有针对性地做好公共关系工作，首先要了解旅游景区公众的层次。

游客在旅游活动过程中的需求涉及食、宿、行、游、购、娱等方面，这就决定了对游客的接待服务工作必须是全方位的、多角度的。因此，旅游景区要通过和相关的公众密切配合，一起做好对游客的接待工作。

按照与旅游景区公共关系工作的关联程度，可以把景区的公众分为以下几个层次。

第一层次：游客。游客是旅游景区最终面对的服务对象，也是旅游景区面对的最主要的外部公众。

第二层次：旅行社、旅游交通部门、旅游饭店等。它们是旅游景区重要的合作伙伴，与旅游景区的关系相当密切。

第三层次：新闻媒体、环保、通信、公安等部门。它们为旅游景区的正常运行提供必要的支持，在社会范围内为游客创造良好的旅游环境。

第四层次：供水、供电、供气等部门。它们也为旅游景区提供重要的保障，旅游景区的发展离不开这些部门的支持。

二、景区与游客关系的协调

（一）景区与游客关系中存在的主要问题

1. 景区门票价格上涨过快

近些年来，一些著名景区纷纷调整了门票价格，而且增幅较大，引起了公众的不满。当然，有些景区是从控制客流量、保护旅游资源的角度来考虑的。在这种情况下，就迫切需要运用公共关系手段来加强与外部公众的沟通，让公众了解涨价的原因以及相关的门票政策。比如，有些景区实行的市民"一卡通"、学生票、老人免票等政策，要及时告知相关公众。

2. 景区欺诈行为屡禁不止

目前，有部分旅游景区向游客出售假冒伪劣商品，严重损害了游客的利益，同时给景区的形象带来了负面影响。曾经有位游客在某著名景区购买了10本印制精美、非常有地方特色的挂历，由于时间匆忙，没顾得上仔细挑选，回家后发现新买来的挂历居然是去年的。这位游客特别生气，就向有关部门进行了投诉，最后得以"新桃换旧符"。但是这件事情的发生已经严重影响了景区的形象和声誉，同时暴露了景区的个别经营户的短视行为。

3. 景区周边环境不好，秩序混乱

长期以来，很多景区包括一些著名景区的周边环境混乱，"黑车""黑导游"泛滥，严重影响了景区的形象。从心理学的角度来讲，人们的知觉具有整体性的特点，也就是说，人们往往会将景点和其周边地区看作一个整体，如果景点周边环境非常混乱，游客对景区整体形象的知觉会受到负面影响。

（二）景区与游客关系协调的策略

1. 妥善处理游客的投诉

景区公共关系人员要收集游客的反馈信息，倾听游客的意见，了解他们对旅游景区服

务、管理方面的意见和不满,并及时反馈给相关部门。旅游景区应设立游客投诉中心,并由专人来负责解决有关游客的投诉问题。对于反映比较集中的问题要及时找出原因,尽快整改,以提高整体的服务质量。对于严重破坏景区秩序、损害广大游客利益、影响景区良好形象的事件,要认真严肃处理。要加大对景区内违法、违规经营行为的查处力度,对查证属实的个别经营单位和直接责任者进行严肃查处,以维护景区的形象。

2. 进行市场调研,了解游客需求的变化

当今社会,旅游已经成为社会的时尚,旅游产品要不断更新才能够跟上时代的变化。公共关系人员要充分发挥自己的优势,及时发现新的市场机会,不断推出新产品,完善自己的服务。世界著名的娱乐品牌"环球嘉年华"就非常注重市场调研,在每到一个城市之前,该品牌相关负责人都要对所在地区消费者的消费习惯和心理进行周密的调研,在此基础上设计游乐项目,因此所到之处,无不掀起一阵阵"嘉年华热"。

3. 加强景区内部和周边环境的治理

加强景区内部和周边环境的治理,为游客提供优质的景区服务。旅游景区在发展过程中会受到各种因素的干扰和影响,在很多景区的周围都有商铺、店面林立,商业气息过于浓厚的情况,这严重影响了景区的整体形象。因此,必须要加大整治的力度,还景区以本来的面目。

4. 加强车辆的管理,创造一个文明有序的旅游环境

长期以来,客运车辆在景区内随意开、随意停的情况一直是景区治理的一个难点,一些景区针对这种情况已经积极行动起来,采取有效措施加强旅游景区的车辆管理,为游客创造一个文明有序的旅游环境。2004年初,九华山风景区管理委员会下定决心,对在景区内非法经营、违规经营以及车况不达标的车辆予以坚决取缔,同时由九华山旅游集团投资一千多万元,完成了对具备运营资格的客运车辆的收购、重组,组建了九华山旅游客运公司,对线路、站牌、发车时间等均实行统一管理,并在景区内实行交通一票制,即游客只须购买一张票,便可不受次数、不受线路限制地搭乘该公司的景区交通班车。

三、景区与旅行社关系的协调

景区与旅行社有着密切的联系,旅行社为景区带来的客源数量大,而且相对稳定。大量的团队游客又可以把景区宣传出去,形成一种良性循环。如果景区完全依赖散客,势必会增

加经营的风险。旅游活动的最末端资源是景区,最前端资源是游客,旅行社是通道。景区与旅行社建立战略同盟关系,努力使游客满意,才能达到三者共赢。因此,景区要十分重视与旅行社的沟通和协调,在这方面,景区要做好以下几个方面的工作。

(一)建立奖励制度,鼓励旅行社为景区输送大量的客源

旅行社是景区的重要销售渠道。为了激励旅行社为景区输送客源,一些景区建立了奖励制度,九华山风景区就是其中之一。为鼓励各旅行社组团来九华山旅游,提高团队游客在游客总数中的比重,九华山风景区管理委员会对组团每年超1万人次以上的旅行社,根据实际业绩给予不同幅度的奖励,借用市场杠杆调动旅行社的积极性。

(二)景区与旅行社合作,共同推出新的旅游产品

旅行社与景区的关系就像鱼和水一样,密不可分,互相依存。景区在旅游资源上有自己的优势,但是如果不通过合适的销售渠道把相关的旅游产品销售出去,那么美丽的景色也只能是"养在深闺人未识"。而旅行社在这方面有着独特的优势,它们了解游客的需要和旅游市场的行情,双方有合作的基础。景区可以与旅行社联手,共同打造新的旅游产品。

(三)景区在调整价格时要顾及旅行社的利益

游客参加旅游团的目的就是到景区游览,景区能够满足游客"游"的需要,双方之间是一种唇齿相依的关系。但是如果景区的门票价格不断提高,就会给旅行社带来很大的麻烦。当景区的门票大幅度提高时,就会增加旅行社的经营成本。如果旅行社无法消化价格升高带来的冲击,就需要重新核算成本,有时还要重新制定旅游线路的报价。同时,当旅行社调高报价时,游客也会做出反应。如果游客觉得价格还在自己能接受的范围内,就会继续参团旅游;否则,就有可能放弃出游的想法,进而直接影响了客源的数量。有时,为了不影响客源的数量,旅行社要自己消化由于景区门票价格上升所带来的成本增加,这样利润就会降低。旅行社难免会埋怨旅游景区甚至会与其发生摩擦,直接影响了双方关系的和谐。

(四)景区公共关系人员要经常拜访旅行社客户

为了及时了解旅行社对景区服务、管理方面的意见,景区公共关系人员要主动出击,定期拜访有密切业务往来的旅行社,或者通过定期举办座谈会或联谊会的形式与旅行社的负责人联络感情,倾听他们对于景区在门票价格、车辆管理以及相关服务方面的意见和建议,以便今后不断改进工作。同时,为了扩大市场范围,还要运用公共关系手段争取新的客户,

这对于新步入市场的景区十分重要。可以邀请旅行社的相关负责人到景区来参观、考察,促使旅行社把景区列入相关的旅游线路,提高景区的知名度。比如著名的中央电视台无锡影视基地就十分重视对旅行社的公共关系工作。相关负责人主动出击,到南京等地与知名旅行社负责人联系,请他们把该景区列入华东旅游线路,以增加景区的客源。通过一系列的公共关系工作,该景区如愿以偿地被列入华东旅游线路,扩展了客源市场。景区与旅行社也通过合作与沟通建立了良好的伙伴关系。

（五）向旅行社及时传递有关景区政策、活动方面的信息

景区在适应市场需求的过程中,要不断总结经验,及时开发新的游览项目。有关这方面的信息要及时地传递给旅行社,让旅行社向游客进行宣传。景区的产品是通过旅行社销售给终端的游客,从这个意义上说,旅行社是景区产品的分销商。所以,对于景区来说,给予旅行社以价格上的优惠才能对旅行社起到激励作用,同时要配合旅行社做好产品的促销工作。

四、景区与交通部门关系的协调

景区的发展离不开交通部门的支持。如果通往景区的道路交通系统不完善,景区的可进入性差,将会直接影响到景区对游客的吸引力。因此景区必须要主动与交通部门进行沟通,增加交通车辆,修建优质的道路,改善景区周围的交通环境,为游客直达景区提供便利。

五、景区与媒体关系的协调

（一）与媒体保持经常联系，增进相互了解

景区要与媒体密切联系,及时撰写新闻稿将景区内发生的新闻传递给媒体,凭借媒体在对外宣传方面的喉舌作用,让更多的公众认识景区、了解景区,提高景区的知名度。在市场竞争日趋激烈的今天,游客的选择余地越来越大,要想让游客更深入地了解景区及其变化,就要借助媒体的力量,为自己做广泛的宣传和报道,把最新的消息及时传递给公众。

（二）举办特色活动，邀请媒体参加

景区开展市场营销活动,要通过事件营销来吸引媒体的注意,也就是要善于借势、造势。

在2003年"十一"假期期间,华山风景区与相关部门策划了一次非常有特色的活动,邀请著名作家金庸先生来华山"论剑",吸引了众多"金庸迷"的关注。"华山论剑"代表着高境界的交流、探讨和较量。在主办方的策划下,金庸连闯"美人关""美酒关"和"围棋关"。论坛的内容围绕着金庸作品中与华山有关的情节展开,穿越文学、影视与实景之间的真幻时空,穿越作品、作者与读者之间的主、客体时空,阐述华山文化的丰富内涵。这次活动吸引了海内外众多媒体的关注,对于传播华山风景区的形象起到了巨大的推动作用。

(三)通过与媒体互动,提升品牌形象

景区在创出品牌后,还要善于与媒体互动合作,不断提升自己的品牌形象。品牌的建立绝非一朝一夕的事,为了让广大游客对景区品牌有更高的忠诚度,就需要通过策划高品质的活动项目,同时邀请媒体参与,共同提升品牌的形象。景区拥有资源上的优势,而媒体拥有传播方面的优势,双方存在优势互补的基础。在整合资源的基础上,媒体可以根据景区的特点来制作相关的节目,尤其是一些娱乐类节目,如果在景区实地拍摄,能够营造身临其境的氛围,增强节目的现场感和真实性,从而吸引观众观看。深圳的欢乐谷景区就非常注重走旅游景区与电视媒体互动之路,起到了很好的效果。

(四)通过媒体对景区的新形象进行宣传

一些景区长期以来在公众心目中留下了刻板印象。要想转变公众的心理定势,就需要借助媒体的力量,对景区的新形象进行宣传。为了改变在游客心目中北戴河只适合夏天旅游的固定印象,北戴河的公共关系人员进行了大规模的宣传,他们邀请了北京、天津、哈尔滨、保定等地的旅行社和俄罗斯的旅行社,以及《人民日报》、新华社等媒体记者专家50余人共同探讨北戴河旅游发展的大计。经过专家的热烈讨论,提出"北戴河旅游四季皆宜"的概念,全力打造"中西合璧的生态家园"的新形象,专家们还对旅游产品的创新和整合提出了意见。如举办以"海誓山盟"为主题的婚庆活动,建设婚庆主题公园,实现北戴河与北京、天津的联合促销,使其成为北京、天津两地旅游目的地的延伸。

(五)当景区遇到危机时通过媒体进行危机公关

媒体由于其功能上的特殊性,能够起到沟通景区与外部公众之间关系的桥梁作用。当景区遭遇危机时,如果能够与媒体保持密切的联系,及时向媒体传递真实的信息,有助于澄清事实的真相;如果回避媒体的关注,只能欲盖弥彰,不利于危机的平息和问题的最终解决。

六、景区与社区关系的协调

景区的发展离不开所在社区的支持。景区在发展的过程中有可能对当地带来一些负面的影响,如自然资源和环境遭到破坏、物价上涨、传统文化受到冲击、交通出现拥挤、犯罪率上升等。如果处理不好保护与开发之间的关系,势必会使旅游景区的可持续性发展受到影响。因此对于旅游景区来讲,要大力推广公关宣传工作使当地居民意识到发展旅游业的重要性,有助于树立旅游景区在游客心目中的形象。当然旅游景区的发展也会起到促进地区经济的发展,为当地居民提供就业机会以及促进地区间文化交流的作用。如水乡周庄的发展就是一个很好的例证。被称为中国第一水乡的周庄位于苏州城东南38千米的昆山市境内,已经有九百多年的历史。2003年,周庄获得联合国教科文组织亚太部授予的"文化遗产保护奖",同年荣获中国首批"历史文化名镇"称号。从一个默默无闻的小镇到今天的第一水乡,周庄通过发展旅游业取得了令世人瞩目的成绩,主要体现在以下几个方面。第一,促进了古镇的保护。旅游业的发展带来了丰厚的收入,镇政府又把其中一部分资金投入古镇的保护中,从而很好地保护了当地的自然、文化资源。第二,促进了产业结构的调整,使地方经济飞速发展。第三,改善了当地的人居环境。人们的用水、用电更加方便,生活条件明显改善。总之,旅游景区与当地社区是鱼水关系,景区的发展离不开所在社区公众的支持。通过公关宣传工作,让社区公众意识到发展旅游业的意义,使他们自觉地爱护资源、保护资源是十分必要的。

◇ **同步案例14-2**

华山避雨,租一件大衣200元

2005年5月1日至4日,华山景区游客激增,日均接待游客2万人次,达到饱和量。5月4日傍晚及夜间,华山景区突降暴雨,山上气温很低,个别经营单位和经营者趁雨哄抬物价,大衣租金一涨再涨,最高涨到了200元,是平时租金的10倍,并对前来避雨的游客每人收取20元左右的避雨费,引起千余游客强烈不满。同时,有关工作人员因担心雷雨天游客的安全,在疏导游客下山时未与游客进行很好的沟通,最终造成游客人为阻塞索道进出口和进山公路,致使山里山外游客长时间滞留。

事件发生后,相关部门高度重视,要求尽快彻查华山景区部分经营单位和个人借雨哄抬物价、刁难游客一事。陕西省假日旅游指挥中心和省旅游局要求渭南、华阴两市假日旅游指挥中心,要严肃处理这起严重破坏华山旅游景区秩序、损害广大旅游者利益、影响陕西旅游良好形象的事件,加大对违法违规经营行为的查处,对查证属实的个别经营单位和直接责任人要严肃查处。

■ 资料来源:http://finance.sina.com.cn/20050510/093250202.shtml.

思考题:

结合同步案例14-1,进行对比讨论。

第三节 景区 CIS 导入与形象塑造

一、景区导入 CIS 的必要性

(一)景区产品视角

第一,景区产品具有不可移动性。这就决定了旅游景区要靠形象传播,使其为潜在游客所认识,从而产生旅游动机,并最终实施出游计划。国内外研究表明旅游景区形象是吸引游客最关键的因素之一,"形象"使游客产生需求,进而驱动游客前往。

第二,景区产品是有形性产品和无形服务的综合。游客购买旅游景区产品,购买更多的是其中的无形服务,这使得旅游景区产品的核心是服务。服务是无形的,其评价标准弹性很大,况且有形的物体大多是通过无形的服务来实现的。所以游客购买景区产品存在不确定因素,而形象的传播在很大程度上减少了这种不确定因素的影响。

第三,景区产品具有一定的产品生命周期。除了具有垄断性的旅游景区外,一般旅游景区都会面临不同的竞争压力和挑战,这些旅游景区特别是同类的旅游景区会产生旅游产品的替代效应。

(二)游客视角

第一,游客购买的主要是一种感觉和体验,相对于其他购买行为,购买旅游产品更为感性。随着人民生活水平的提高和生活方式的改变,以及新消费趋势的出现,人们旅游经验增多,见多识广,现代游客消费理念日趋成熟,愈来愈挑剔,开始求新求异。这就要求旅游景区开发尽可能避免与其他景区同质或重叠。

第二,游客的消费行为是呈边际效用递减的,这种现象在现实社会中普遍存在,在旅游景区中也不例外。其一表现在游客购买同一个旅游景区产品的数量或次数越多,则在游客生理上和心理上的刺激和满足就逐渐减少,因此游客会逐步对该景区旅游产品失去兴趣。其二表现在旅游景区产品功能是多样化的,游客在第一次选择购买该旅游景区产品时看重的是旅游景区诸多功能中对他最有吸引力的一个,第二次购买则会关注较次的功能,所以随着游客购买次数的增多,旅游景区产品对游客的效用度是不断降低的。可见,消费者边际效用递减规律会促使游客不断寻找新的旅游景区产品来满足其不断发展变化的欲望和需求。因此,旅游景区要在其功能和产品形式上推陈出新,以不断吸引游客的注意。

第三,游客对景区所持有的感知形象在购买中起着至关重要的作用。游客一旦对景区形成负面印象,通常都很难加以改正。即使该景区开展的营销活动再大,也需要经过很长一段时间才有可能加以纠正。斯坦利·帕洛格将这一情况称为"10∶1"法则。其意思是说,如果人们根据最初接收的信息,已形成了某一负面感知,要想使人们改变这一感知的话,所需投入的信息量会相当于原来的 10 倍。

(三)旅游市场视角

第一,同质化是目前我国旅游景区发展过程中日益突出的一种普遍现象,也是制约我国旅游业进一步发展的一大瓶颈。同质化的旅游资源可以在短时间内被迅速开发,迅速进入市场,提高开发效率,但从旅游资源发展战略角度来说,这种现象将影响景区的创新、变革和可持续发展。这就要求景区开发尽可能避免与其他资源的同质或重叠,积极寻找市场"空缺",显现自身特点。

第二,旅游市场发展日趋成熟,竞争压力日趋增大。随着包价旅游和航空业的发展,游客面对国内外市场的选择性也在扩大,所以景区导入 CIS 也是参与国际市场竞争的需要。

二、景区导入 CIS 的程序

(一)明确目标阶段

在实施前,要明确目标,设计有吸引力的景区形象,以使游客满意并留下深刻印象,产生重游的想法或较好的口碑效应。明确的设计目标决定具体的设计操作,同时还应该设置组织机构和导入形象策划的具体日程。

（二）调查分析阶段

对景区展开形象现状调查。要调查游客对景区了解的程度、对景区的喜欢程度，即调查景区的知名度和美誉度。这是 CIS 导入的基础性工作。

景区的知名度是游客（包括潜在游客）对景区识别、记忆的状况。其测算公式是：

$$知名度 = 知晓公众人数 / 公众总人数 \times 100\%$$

景区的美誉度是游客（包括潜在游客）对景区的褒奖、赞赏、喜爱程度。其测算公式是：

$$美誉度 = 称赞公众人数 / 知晓公众人数 \times 100\%$$

（三）设计阶段

CIS 设计是对景区形象视觉要素的统合设计过程，这是 CIS 导入中专业性非常强的工作。它主要是以调查研究的结果为依据，进行景区未来的定位设计，构造理念系统，进而设计出系统的行动传达形式和视觉传达形式，以塑造景区全新形象。

（四）实施阶段

落实 CIS 计划，要将设计的内容和操作细则以文本形式编制下来，形成 CIS 手册，作为纲领性文件。当 CIS 设计开发取得阶段性成果后，应有目的、有计划地对内对外发表有关 CIS 活动的信息。

（五）CIS 效果评估阶段

在 CIS 导入过程中和导入完毕后，要对导入效果进行信息反馈、评价及总结。CIS 效果显示是需要一段时间的，在这期间可能存在一些问题。因此，它需要景区及时解决 CIS 导入过程中存在的问题，不断改进完善，发挥最大效应。评估标准有经营实绩测评和识别度测评。

三、景区导入 CIS 塑造景区形象的方法

（一）通过经营理念树立景区形象

经营理念就是景区的价值导向，是景区"社会定位"的物化结果，也是景区一切活动的指导方针。景区要确立自己的经营理念，在任何时候、任何情况下都表现出自己的经营理念，

始终不渝地恪守自己的经营理念。同时,还需要看到,在环境变化的条件下,也应变革自身的经营理念。重要的是,景区内外部环境会随时发生变化,景区必须适应这种变化,更新自己的理念。景区可以通过以下方式来宣扬自身的经营理念。第一,以景区员工的实际行动来具体表述自身的经营理念。第二,通过非直接商业目的的宣传来表达自身的经营理念,如景区形象广告。第三,通过一些非常事件、突发事件的处理来表述自身的经营理念。在自身产品出了问题而游客未发现之前,就主动承认、主动解决,甚至在那些非自身产品原因造成但与自身产品有连带关系的事件、事故中,亦表现出负责任的精神和帮助的态度。第四,通过自身的视觉形象,如景区的建筑、标志、招牌、推销用具、交通工具等,以构成强烈的暗示作用,经由人们的非理性知觉通道来传递景区的经营理念。

(二)利用事件树立景区形象

社会上发生的有些事情,看上去与景区无关,但是,若加以巧妙利用,可能就是树立景区形象的最佳机遇。如在景区举办体育、艺术比赛与展览等一些重大事件,可以创造机会,加强景区的文化形象,有助于扩大市场影响。

(三)利用名人树立景区形象

所谓名人,是指那些在社会上具有较高知名度的、为广大社会公众所喜欢和尊敬的人物。社会心理学的研究表明,由于人类心理中"晕光效应"的存在,如果将景区与某些名人发生相互联系,则能从名人的身上"借光",使景区形象更为良好,进而使景区知名度和美誉度进一步提高。

(四)利用公益活动树立景区形象

社会公益活动的目的在于造福公众、造福社会,所以景区参与社会公益活动更容易受到公众的关注,表现出自身的社会责任感,从而提高景区在公众心目中的地位。

(五)利用庆典活动树立景区形象

庆典活动指围绕重要节日、重大事件纪念日而举行的庆祝活动。如精心策划举办周年庆典,并有效地借助新闻媒体。如果这种庆典活动是成功的、有成效的,会使景区的知名度与美誉度大大提高。

(六)利用景区设施传播景区形象

景区辅助性设施和支撑性设施本身就是一个彰扬景区形象的"广告",许多景区巧妙地利用这一点,从而收到了良好的效果。

综上所述,导入 CIS 对于景区来说是一项基础性的、以长期效应为主的战略,目的是建立以明确理念为指导、更具有操作性的景区整体运作方式与统一化的标准,符合个性化、多样化、规范化的国际潮流。景区导入 CIS,有助于加速我国景区与国际接轨,借鉴国际通行的管理方法规范景区,达到强化管理和促进销售的目的,忽视 CIS 设计无疑会削弱景区的竞争能力。未来的竞争,不仅是产品质量、价格的竞争和促销手段、广告宣传与营销技巧的竞争,更重要的是形象的竞争,这是景区综合实力的竞争。因此,跟上时代的步伐,策划出富有魅力的景区形象是旅游营销策划工作永恒不变的主题。

同步案例14-3

武汉江汉路步行街面向全球征集视觉识别系统设计作品

为贯彻落实商务部对全国11条步行街的改造提升要求,江汉路步行街已封闭施工数月,并计划于2020年9月22日,即江汉路开街20周年纪念之际重装开街。为将江汉路步行街更形象化、标志化地展现给市民游客,"江汉路步行街视觉识别系统"全球征集活动于8月19日正式启动。

(一)征集目标

武汉江汉路自1906年建成商业街以来,商业地位闻名全国,直至今日江汉路步行街仍是全国商业名街的潮流领头之一。本次征集将综合展现江汉路步行街的商业、历史、文化底蕴。

(二)征集单位

武汉江汉路步行街投资发展有限公司

(三)征集内容

江汉路步行街整体视觉识别系统设计

(四)征集日期

2020年8月19日—8月25日

(五)征集要求

1.作品须体现江汉路步行街的历史、人文、商业等多维度文化特色。

2.作品创意构图要简洁、大气、直观。提交形式不限,可以是纸质(扫描版)或电子版 A4 幅彩色效果稿件。初赛作品须提供图片文件,内容与创作说明300字以内。

■ 资料来源:中传华夏国际文旅发展集团(湖北)有限公司。

思考题:

步行街视觉识别系统在全球征集有什么深刻的用意吗?

第四节 景区的基本公关礼仪

一、景区导游礼仪

为游客服务的景区导游人员,俗称"地陪"。通过导游对景点讲解,游客能更好地体会自然风光的美和文物古迹的历史文化底蕴,留下经久难忘的深刻印象。景区导游遵循的礼仪要求如下。

(一)语言优美

导游人员要具有比较扎实的语言功底,正确、优美、得体的语言表达能力对提高导游服务质量至关重要。

(二)内容准确

景区导游人员在向游客讲解时,内容一定要准确,这是导游人员在讲解时必须遵守的基本原则。通过旅游活动,导游人员向游客传播中华文明,传递审美信息。在这一活动中,"正确性"起着至关重要的作用。如果导游人员信口开河、杜撰史实、张冠李戴,游客一旦发现受了导游人员的蒙蔽,必定产生极大的反感。导游语言的科学性越强,越能吸引游客的注意,越能满足他们的求知欲,导游人员也会受到更多的尊重。

(三)通俗易懂

景区导游人员在进行讲解服务时,应该口齿清晰,简洁明了,确切达意。当游客提出质疑时,导游人员措辞要恰当,服务要到位。景点讲解层次要分明,逻辑性要强。对所在景区文物古迹的历史背景和艺术价值、自然景观的成因及特征,导游人员必须交代清楚,要使用通俗易懂的语言,忌用歧义语和生僻词汇。

（四）遵守程序

景区导游人员应根据与游客的约定进行旅行安排，不得随意改变游览路线、减少景点解说或敷衍行事；禁止向游客强行出售套票或者搭配物品，不应以明示或暗示的方式索要小费和强迫游客购物；对景点的讲解，应按照要求进行。

二、景区服务礼仪

（一）售票方便快捷，服务热情细心

景区的售票厅位置要合理，要有遮阳避雨措施和一米线距离等设施，告知牌清晰美观、内容齐全。对于景区内的景观和游览项目，可以分别设置单一门票或套票，由游客自主选择购买。售票人员要耐心回答购票者的各种疑问，最好能根据游客提供的信息，在最短时间内提供最合理的购票方式。微笑是必不可少的，它可以在一定程度上代替语言的更多解释，往往起到无声胜有声的作用。

（二）服务人员及设施配备齐全、规范

景区应公开服务项目和服务价格，依法经营、诚实守信，按书面合同或者约定的服务项目与标准提供服务。游客接待中心位置应合理，规模适度，设施齐全，功能完善。咨询服务人员要配备齐全，业务熟练，服务热情，应能根据游客旅游的不同需求提供相应的游览方案，供游客选择。各种引导标志造型特色要突出，要能烘托景区的总体环境。标志牌和景物介绍牌应做到文字规范、设计合理，能满足国内外游客的需要。公众信息资料要品种齐全，文字规范，内容丰富，制作精美，适时更新，能满足游客自愿选择的需要。游客公共休息设施要布局合理，数量充足，舒适安全，有艺术感。景区的旅行社应严格管理，为游客提供良好的服务。

（三）餐饮服务符合规范要求

餐饮服务要诚实、守信，应向游客公开就餐标准，明码标价，不应降低餐饮标准。景区的旅游餐饮在尽量满足广大游客不同用餐要求的同时，要着重提供特色食品和当地的风味小吃。景区旅游酒（饭）店不应提供违反国家有关规定的野生动植物。旅游酒（饭）店不应使用对环境造成污染的一次性餐具。

（四）公共设施布局合理、完善

景区入口处、主要景点、交叉路口和服务场所等应设置指示标志和导游标志。厕所有专人管理，保持洁净、无污垢、无堵塞，做到安全卫生。垃圾箱要布局合理，标志明显，造型美观，与环境相协调，垃圾箱应尽可能分类设置。垃圾清扫及时，日产日清，无堆积，无污染。景区出入口、主要通道、危险地段、警示标志等应有照明设施。为特定群体配备相应的设施及用品，提供特殊服务。

（五）卫生与医疗工作管理规范

景区管理部门应制定景区的卫生与医疗管理规范，做好卫生与医疗工作。景区对制作、销售和提供食品的单位制定食品采购、食品储存、运输、检验等管理制度，实行统一采购，统一管理，预防食品中毒和食品污染，以确保食品卫生安全。景区应配备一定数量的医疗室（站）和有相应资质的医护人员，配备必要的药品、医疗器械设施，建立医疗服务制度。景区配备救护车，并与地方医院建立长效联系机制，有规范的医疗急救措施和制度，能够进行医疗和急救。

（六）切实做好安全管理

景区的安全管理应贯彻"安全第一、预防为主"的方针，切实保障游客的人身、财物安全。

三、处理游客投诉礼仪

游客提出投诉的原因是多种多样的，多为服务人员对游客不尊重、态度不好、服务技能低，以及景区产品价格高、设施不配套、服务项目少等。其心理活动也是复杂多样的。一般来说，游客的投诉心理有三种情况：一是要求尊重，二是要求补偿，三是需求发泄。

投诉接待人员应了解游客的投诉心理，即使自己成为被投诉者，也应根据其投诉原因，积极配合有关部门合情、合理、合法地处理好游客的投诉。

当接待人员接到游客的口头投诉时，必须认真对待，正确处理。对于处理游客投诉问题，世界旅游业所采用的方法基本是一致的，其基本出发点是平息游客激动情绪，迅速解决游客问题。

处理的具体步骤如下。

（一）主动与游客沟通

投诉接待人员在接到游客口头投诉后，应引起高度重视，迅速地与投诉者沟通，沟通时避免让旁人参与进来，以免造成更大范围的不良影响。

（二）认真倾听

在与游客沟通时，投诉接待人员要耐心倾听投诉者的陈述，对于游客所投诉的问题要准确地了解。要注视游客，不时地点头示意，让游客明白"景区在认真听取我的意见"，而且听取意见时要不时地附和"我理解，我明白，一定认真处理这件事情"。即使游客言语过激，或没有正当理由，也不要立即辩解或马上否定，更不得与游客发生争吵，应让游客满足发泄"怨气"的心理需求。为了使游客能逐渐消气息怒，投诉接待人员应以自己的语言重复游客的投诉或抱怨，若遇上认真严肃的投诉游客，在听取游客意见时，还应做一些记录，以示对游客的尊重及对所反映问题的重视，同时也给解决投诉提供依据。

（三）态度诚恳，同情致歉

首先要让游客理解，景区非常关心并诚心了解哪些服务不能令他满意。如果游客在谈问题时表现得十分认真和生气，投诉接待人员就要不时地表示对游客的歉意，如"我们非常遗憾，非常抱歉听到此事，我们理解您现在的心情"。

（四）核查和分析投诉的原因

在认真倾听游客的陈述后，投诉接待人员应迅速做出判断，或向旅行社及有关旅游部门汇报，认真地调查，客观地分析投诉原因是否属实。若情况属实，则须分析投诉的性质。若个别游客因不合理要求得不到满足而提出投诉，投诉接待人员在了解情况后应认真向其解释，并委婉地指出其要求的不合理性。

（五）认真处理，积极弥补

在核实游客投诉的内容后，投诉接待人员首先应向其表示歉意，设法与有关部门商定弥补方案，或对服务缺陷进行弥补，或对服务内容进行替换，或进行经济赔偿，补偿损失一定不要拖延时间。时间和效率就是对游客的最大尊重，也是游客的最大需求。要努力挽回影响，最大限度地消除游客的顾虑和不快。

（六）做好说服与调解工作

若游客坚持向旅游管理机构投诉，投诉接待人员应努力做好调解工作，尽可能地说服游客与有关单位自行和解，以免事态扩大。当然，如果调解不成，投诉接待人员还应帮助其向旅游管理机构投诉，并协助对投诉的调查核实，实事求是地提供证据。

（七）继续做好服务工作

妥善处理投诉后，投诉接待人员应向游客表示谢意，感谢他们对景区和投诉接待人员的信任，若能圆满解决投诉问题，应感谢他们的谅解和合作，继续向他们提供热情服务。

必须注意的是，即使个别游客的投诉属无理的，或投诉涉及投诉接待人员本身，作为投诉接待人员也都不应冷落他们，而应继续为他们提供各类服务。如果所投诉的是其他服务部门，投诉接待人员切不可以与己无关为由，一推了之或与游客一起埋怨，而应认真处理，努力维护双方的利益。

投诉游客的最终满意程度，主要取决于景区对其公开抱怨后的特殊关怀和关心程度。另外，景区所有的管理人员和服务员也应认识到，游客包括那些投诉的游客都是有感情的，也是通情达理的，游客对景区的广泛赞誉及景区的社会名气来自景区本身的诚信和准确、细致、到位的服务。

◇ **同步案例14-4**

旅游景区从业人员常用语

您好，欢迎光临××景区！
您好，请收好门票，景区内有××景点需要验票。
谢谢，欢迎下次光临！
对不起，您的证件不符合免票规定，请到售票处补票，谢谢！
请拿好您的票，往这边走，祝您此次旅行愉快！
您好，有什么需要可以帮忙吗？
对不起，这个问题我现在无法回答，请留下您的联系方式，稍等了解清楚再回复您。
请您坐下，慢慢说。
非常抱歉给您造成这样的麻烦……
这是我们工作的疏漏，十分感谢您提出的批评。

■ 资料来源：作者整理。

思考题：

如果你是一名景区工作人员，能正确使用这些礼貌用语吗？

◇ 思考与练习

1. 简述景区公众的层次划分。
2. 景区与游客关系中存在的主要问题有哪些？
3. 论述景区公共关系协调的对策。

◇ 拓展案例

二维码 14-1

"世界上最好的工作"

参 考 文 献

[1] 李娅菲.试论公共关系中的语言沟通[J].云南行政学院学报,2013(1):80-83.
[2] 王佳.公共关系在饭店管理中的作用[J].中外企业家,2014(5):88-89.
[3] 王璐,郑刚强,邓雨薇.企业识别系统(CIS)设计理念与方法研究[J].科技创业月刊,2017(17):91-94.
[4] 赵英华,刘慧贞.北京威斯汀酒店客户关系管理研究[J].山西农经,2020(3):103-104.
[5] 王竹君.国际公共关系——中外公关之比较研究[J].国际公关,2017(1):32-37.
[6] 王德海,周圣坤.传播与沟通[M].北京:中国农业大学出版社,2002.
[7] 吕勤,郝春东.旅游心理学[M].广州:广东旅游出版社,2000.
[8] 皮伟兵.危机制胜[M].长沙:国防科技大学出版社,2005.
[9] 张践.公共关系:从理论到实务[M].北京:人民出版社,2003.
[10] 李祝舜.旅游公共关系学[M].武汉:华中科技大学出版社,2008.
[11] 巴文华.企业公共关系新编[M].广州:中山大学出版社,2006.
[12] 董桂英.公关礼仪教程[M].南京:东南大学出版社,2003.
[13] 李晓.旅游公共关系学[M].天津:南开大学出版社,2008.
[14] 王丽华,吕欣.旅游服务礼仪[M].北京:中国旅游出版社,2009.
[15] 王瑜.酒店公共关系[M].重庆:重庆大学出版社,2008.
[16] 陈红川.公共关系学[M].广州:广东高等教育出版社,2006.
[17] 迈克·伯恩,皮帕·伯恩.激励员工[M].杨东涛,钱峰,译.北京:世界图书出版公司,2011.
[18] 段鹏.传播学基础:历史、框架与外延[M].北京:中国传媒大学出版社,2013.
[19] 陶济.企业识别系统市场竞争的战略[M].北京:中国水利水电出版社,1995.
[20] 翟向坤.酒店危机管理[M].北京:经济科学出版社,2014.
[21] 任孝珍.旅游应用文写作[M].北京:对外经济贸易大学出版社,2010.
[22] 陶应虎.公共关系原理与实务[M].北京:清华大学出版社,2010.
[23] 倪东辉.公共关系策划[M].合肥:中国科学技术大学出版社,2011.
[24] 蒋楠,熊茜,杨丽萍.公共关系礼仪[M].北京:科学出版社,2018.
[25] 利蒂希娅·鲍德瑞奇.礼仪书:得体的行为与正确地行事[M].修文乔,韩卉,译.北京:中国人民大学出版社,2012.

[26] 弗雷泽·西泰尔.公共关系实务[M].北京:清华大学出版社,2017.
[27] 姜华,钱丽娟.饭店公共关系[M].武汉:武汉理工大学出版社,2010.
[28] 徐东文.旅行社管理[M].武汉:武汉大学出版社,2009.
[29] 彭淑清.景区服务与管理[M].北京:电子工业出版社,2010.

与本书配套的二维码资源使用说明

　　本书部分课程及与纸质教材配套数字资源以二维码链接的形式呈现。利用手机微信扫码成功后提示微信登录，授权后进入注册页面，填写注册信息。按照提示输入手机号码，点击获取手机验证码，稍等片刻就会收到4位数的验证码短信，在提示位置输入验证码成功，再设置密码，选择相应专业，点击"立即注册"，注册成功（若手机已经注册，则在"注册"页面底部选择"已有账号？立即登录"，进入"账号绑定"页面，直接输入手机号和密码登录）。接着提示输入学习码，须刮开教材封面防伪涂层，输入13位学习码（正版图书拥有的一次性使用学习码），输入正确后提示绑定成功，即可查看二维码数字资源。手机第一次登录查看资源成功以后，再次使用二维码资源时，在微信端扫码即可登录进入查看。